Carl-Auer

Rituale –
Vielfalt in Alltag und Therapie

Rosmarie Welter-Enderlin/
Bruno Hildenbrand (Hrsg.)

Vierte Auflage, 2019

Mitglieder des wissenschaftlichen Beirats des Carl-Auer Verlags:

Prof. Dr. Rolf Arnold (Kaiserslautern)
Prof. Dr. Dirk Baecker (Witten/Herdecke)
Prof. Dr. Ulrich Clement (Heidelberg)
Prof. Dr. Jörg Fengler (Köln)
Dr. Barbara Heitger (Wien)
Prof. Dr. Johannes Herwig-Lempp (Merseburg)
Prof. Dr. Bruno Hildenbrand (Jena)
Prof. Dr. Karl L. Holtz (Heidelberg)
Prof. Dr. Heiko Kleve (Witten/Herdecke)
Dr. Roswita Königswieser (Wien)
Prof. Dr. Jürgen Kriz (Osnabrück)
Prof. Dr. Friedebert Kröger (Heidelberg)
Tom Levold (Köln)
Dr. Kurt Ludewig (Münster)
Dr. Burkhard Peter (München)
Prof. Dr. Bernhard Pörksen (Tübingen)
Prof. Dr. Kersten Reich (Köln)

Prof. Dr. Wolf Ritscher (Esslingen)
Dr. Wilhelm Rotthaus (Bergheim bei Köln)
Prof. Dr. Arist von Schlippe (Witten/Herdecke)
Dr. Gunther Schmidt (Heidelberg)
Prof. Dr. Siegfried J. Schmidt (Münster)
Jakob R. Schneider (München)
Prof. Dr. Fritz B. Simon (Berlin)
Dr. Therese Steiner (Embrach)
Prof. Dr. Dr. Helm Stierlin (Heidelberg)
Karsten Trebesch (Berlin)
Bernhard Trenkle (Rottweil)
Prof. Dr. Sigrid Tschöpe-Scheffler (Köln)
Prof. Dr. Reinhard Voß (Koblenz)
Dr. Gunthard Weber (Wiesloch)
Prof. Dr. Rudolf Wimmer (Wien)
Prof. Dr. Michael Wirsching (Freiburg)

Umschlaggestaltung: Uwe Göbel
Satz: Verlagsservice Hegele, Heiligkreuzsteinach

Vierte Auflage, 2019
ISBN 978-3-89670-460-3
© 2002, 2019 Carl-Auer-Systeme Verlag
und Verlagsbuchhandlung GmbH, Heidelberg
Alle Rechte vorbehalten

Bibliografische Information Der Deutschen Nationalbibliothek:
Die Deutsche Nationalbibliothek verzeichnet diese Publikation
in der Deutschen Nationalbibliografie; detaillierte bibliografische
Daten sind im Internet über http://dnb.d-nb.de abrufbar.

Informationen zu unserem gesamten Programm, unseren Autoren
und zum Verlag finden Sie unter: **www.carl-auer.de**.

Wenn Sie Interesse an unseren monatlichen Nachrichten haben,
abonnieren Sie den Newsletter unter http://www.carl-auer.de/newsletter.

Carl-Auer Verlag GmbH
Vangerowstraße 14 • 69115 Heidelberg
Tel. +49 6221 6438-0 • Fax +49 6221 6438-22
info@carl-auer.de

Inhalt

Bruno Hildenbrand und Rosmarie Welter-Enderlin
Einleitung – Wie es zu diesem Buch kam ... 7

Jörg Hess
Übergänge im Leben von Tieren ... 24

Cornelia Vogelsanger
Chaos und Ordnung im Ritual – Eine heilsame Polarität ... 39

Luc Ciompi
Symbolische Affektkanalisation – eine therapeutische Grundfunktion von Ritualen ... 53

Evan Imber-Black
Rituale und Geheimnisse, Geheimnisse und Rituale ... 71

Celia J. Falicov
Die uneindeutigen Verluste der Migration – Familienresilienz durch kulturelle Rituale ... 89

Ulrich Clement
„Offene Rechnungen" – Ausgleichsrituale in Paarbeziehungen ... 122

Bruno Hildenbrand und Gunthard Weber
Ritualisierung in Familienaufstellungen und professionelles Handeln – Ein Gespräch ... 139

Jochen Schweitzer und Elisabeth Nicolai
Rituale der Organisation – Rituale der Organisationsentwicklung ... 163

Tom Levold
Rituale in Organisationen ... 184

Moritz Leuenberger
Rituale in der Politik ... 211

Beat Kappeler
Rituale oder Ratio in der Wirtschaft ... 223

Richard Reich
Heavy Mental ... 230

Rosmarie Welter-Enderlin
Nützlichkeit und Grenzen von Ritualen und ritualisierten Übergängen in der Praxis systemischer Therapie ... 237

Literatur ... 250
Über die Herausgeber ... 255

Einleitung
Wie es zu diesem Buch kam

Bruno Hildenbrand und Rosmarie Welter-Enderlin

Die Grundlagen für dieses Buch stammen aus zwei Kontexten: Im Sommer 1999 organisierte das Ausbildungsinstitut für systemische Therapie und Beratung Meilen/Zürich ein internes Symposium im Wallis. Dort stellten die rund 40 Teilnehmerinnen und Teilnehmer aus so unterschiedlichen Arbeitsfeldern wie Ethnologie, Soziologie, Psychologie, Theater, Psychiatrie, Therapie, Architektur und Organisationsentwicklung ihre jeweiligen Forschungs- und Praxiserfahrungen bezüglich Ritualen vor, fragten nach deren Funktion im jeweiligen Untersuchungskontext und verglichen sie mit ihren unterschiedlichen professionellen Erfahrungen. Den therapeutischen Praktikern war es ein besonderes Anliegen, die Möglichkeiten und Grenzen der Übertragung von Ritualen und ritueller Praxis auf ihr Arbeitsfeld zu diskutieren. Die gemeinsame Erkenntnis am Schluss des Symposiums war, dass eine voreilige Übertragung kultureller und religiöser Rituale auf therapeutische Techniken bzw. die Einebnung der Differenz von Stammesgesellschaften und Industriegesellschaften nur eine Trivialisierung zur Folge haben könne. Des Weiteren wurde diskutiert, ob der Ritualbegriff nur in Verbindung mit einer transzendenten (i. S. von: religiösen) Dimension verwendet werden dürfe oder ob auch im Alltag, zum Beispiel im Sport, in der Wirtschaft und Politik oder im Zusammenhang mit kritischen Lebensübergängen bei Individuen, Paaren und Familien, von Ritualen die Rede sein könne. Besonders vonseiten der Ethnologie wird dieser Punkt zurückhaltend behandelt und auf die Notwendigkeit einer transzendenten Perspektive bei Ritualen verwiesen. Praktikerinnen und Praktiker aus Beratung und Therapie definieren Rituale oder ritualisierte Übergänge *(Rites de Passage)* dagegen als angemessene symbolische Lösungsmöglichkeiten in verzwickten Lebenssituationen, auch wenn diese keinen Bezug zum „Heiligen" haben. Dabei hat es sich auch gezeigt, dass je nachdem, welche Definition von Religion zugrunde gelegt wird, diese Thematik ganz unterschiedlich behandelt wird.

Der zweite Kontext, aus dem dieses Buch hervorging, war ein internationaler Kongress, den dasselbe Institut 2001 an der Eidgenössischen Technischen Hochschule in Zürich unter dem Titel *Rituale in Alltag und Therapie* durchgeführt hat. Aus den im Symposium gewonnenen Erfahrungen und Erkenntnissen wurde ein Programm entwickelt, das der Frage gewidmet war, ob und in welcher Weise Rituale in einer Welt, die sich ständig verändert und in der Traditionen verloren gegangen sind, zum einen Identität stiften und dem Einzelnen die Einbettung in eine Gemeinschaft ermöglichen, zum anderen Transzendenz und Trost für Menschen in komplexen Situationen vermitteln können. Die Kontroversen, die im Walliser Symposium zutage getreten waren, wurden auf diesem Kongress wieder aufgenommen. Die Anordnung der Beiträge in diesem Buch spiegelt die Diskussion – es ist uns nicht daran gelegen, einer Harmonie das Wort zu reden in einem interdisziplinären Feld, in dem es diese Harmonie nicht geben kann. Vielfalt und Multiperspektivität waren demgegenüber unser Ziel.

Mit dem Thema Rituale schließen wir als Veranstalter dieses Kongresses an unser Interesse am Thema der Bedeutung affektiver Kommunikation in der menschlichen Entwicklung im Allgemeinen und in der Beratung bzw. Therapie im Besonderen an (Welter-Enderlin u. Hildenbrand 1998). Rituale interessieren uns in diesem Zusammenhang, weil sie emotionale, soziale und kognitive Prozesse, die untrennbar miteinander verbunden sind, in einer Weise verdichten, dass Lösungen für eingefrorene menschliche Entwicklungen entstehen können.

Im Folgenden setzen wir uns zunächst mit Grundlagen der Ritualforschung auseinander, die wir in Ethnologie und Soziologie finden. Themen sind hier das Verhältnis von Traditionalität und Rationalität im menschlichen und gesellschaftlichen Leben, unterschiedliche Konzepte von Ritualen, je nachdem, ob man einen engeren oder einen weiter gefassten Transzendenzbegriff zugrunde legt, und die für Berater und Therapeutinnen besonders interessante Diskussion um Übergangsrituale sowie die Frage nach der Struktur ritueller Praxis.

Rituale: Ethnologische und soziologische Zugänge

Ende Januar 2002 erschien in einer überregionalen deutschen Tageszeitung unter der Rubrik *Vermischtes* folgende Meldung:
„Früh im dritten Satz flatterte der Vogel ein paar Zentimeter an Arnaud Clément vorbei, als Michael Llodra eine ordentliche Rückhand auf den Weg schickte. Knapp über dem Netz trafen sich Ball und Vogel. Der eine fiel abgefälscht neben dem perplexen Clément ins Feld, der andere tot zu Boden. Der Punkt zählte nicht. Llodra kniete kurz neben der Leiche nieder, schlug ein Kreuz und beteuerte: ‚Es ist wirklich keine Absicht gewesen.' Nach ihrem Sieg beerdigten Llodra und Santoro den Vogel im Beisein eines Fernsehteams auf einem Tierfriedhof" (*Süddeutsche Zeitung*, 25.1.2002).

Rituale, so zeigt dieser Bericht aus dem alltäglichen Leben, haben einen festen Sitz in der sozialen Wirklichkeit, selbst wenn es die Wirklichkeit eines weltumspannenden Sportereignisses der *Australian Open* ist. Tennisspieler sind überall dort zu Hause, wo Tennis gespielt und reichlich Geld dafür bezahlt werden kann. Ihre Wohnorte wählen sie nach Gesichtspunkten des Steuersatzes und der Trainingsmöglichkeiten aus. Aus traditionalen Bindungen und den damit einhergehenden Weltsichten scheinen sie völlig herausgelöst. Und doch: Llodra, der Nutznießer des Vogeltods, fühlt sich in der Schuld, und er tut das, was traditionell in einer solchen Situation die Methode der Wahl für den westlich sozialisierten Menschen ist: Er handelt rituell auf der Grundlage christlicher Orientierung, und das gleich in doppelter Weise: Erst kniet er nieder und schlägt das Kreuz, später wird der Vogel beerdigt, und zwar auf einem (Tier-)Friedhof.

Llodra greift zurück auf Rituale, die bedeutsam werden im Zusammenhang mit dem Übergang vom Leben zum Tod. Ursprünglich reserviert für menschliche Übergänge, werden diese Rituale im vorliegenden Fall übertragen auf die nichtmenschliche lebende Natur. Und weil Tennissportler global agieren, kommen diese Handlungen nicht ohne mediale Inszenierung aus: In der Situation des Vogeltods war das Fernsehen schon da, auf den Tierfriedhof wird es gerufen. Damit kommt dem Geschehen eine neue Qualität zu, die als Bestandteil der so genannten Postmoderne gehandelt wird. Es ist die Inszenierung, die die Eigenlogik der traditionellen Handlung überlagert und sie damit perspektivisch bricht.

Mit diesem Beispiel wollen wir deutlich machen, dass die Beschäftigung mit dem Ritual in Alltag und Therapie keine rückwärts gewandte, antimodernistische und antiaufklärerische Aktion ist. Als eine solche wird sie jedoch von Mario Erdheim betrachtet, der Rituale als Mittel ansieht, einen Sinn „durchzusetzen, der nicht mehr hinterfragt werden soll" (Erdheim 1999). Damit werden, in seiner Sicht, Rituale und Ritualisierungen zu Machtinstrumenten in Gesellschaften, die dem Subjekt seine Autonomie verwehren wollen. Rituale sind, so gesehen, repressiv. Erdheims Devise wäre demnach, in Anlehnung an das berühmte Diktum von Freud: Wo Ritual ist, soll Bewusstheit werden.

Dies würde auf die Entwicklung eines ritualfreien, aufgeklärten Menschen in einer ebenso ritualfreien Gesellschaft hindeuten. Dem unterliegt die Konzeption eines historischen Kontinuums, an dessen Beginn Irrationalität (Magie, Ritual) stehen und an dessen vorläufigem Ende Rationalität (Bewusstheit, Reflexion) erreicht sein wird. Dieses Ende wird, verbleiben wir in Erdheims Denkwelt, durch die Epoche der 68er markiert: „Unter den Talaren der Muff von tausend Jahren", hieß die Parole, die damals durchaus ihren Sinn hatte. Heute, nachdem die 60er-Jahre als Epoche und durchaus nicht als Anfang vom Ende der Geschichte erkannt worden sind, lässt sich wieder unbefangener über Rituale und Ritualisierungen nachdenken.

So weist Luc Ciompi in seinem Buch *Affektlogik* (1982), vgl. auch seinen Beitrag in diesem Band, im Anschluss an die psychoanalytische wie auch die systemtheoretische, neuro- und emotionsbiologische Forschung darauf hin, dass auch das rationale Denken von Affekten durchzogen ist und von einer „reinen" Rationalität nicht die Rede sein kann.

Irrig ist auch, aus der Perspektive gesellschaftlicher Organisation ein Kontinuum von Traditionalität und Rationalität anzunehmen. Mary Douglas schreibt in ihrem Buch *Ritual, Tabu und Körpersymbolik* (1981, vgl. vor allem S. 33 ff.), dass Gesellschaften je nach der Ausprägung der Gruppenkohäsion ritualistisch oder antiritualistisch organisiert sind. Bei jenem Stammesteil der Navajos, der hoch kohäsiv ist, sind die Rituale ausgeprägt. Bei den Navajos, bei denen der Gruppenverband weitgehend aufgelöst und auf die Familie reduziert ist,

ist der Grad der Ritualisierung niedrig. Ein weiteres Beispiel: Bei den Ituri-Waldpygmäen, die in kleinen Gruppen umherziehen und bei denen also der Gruppenverband ebenfalls schwach ausgeprägt ist, sind Rituale praktisch nicht vorhanden. Einen Zusammenhang zwischen Ritualisierung und vormoderner Gesellschaft einerseits, Rückgang von Ritualisierung in modernen Gesellschaften andererseits zu unterstellen verbieten diese Beispiele.

Für die heutige Gesellschaft beklagt Mary Douglas die Abwendung vom Ritual als „eines der ernstesten Probleme unserer Zeit", und sie bringt diese Abwendung zusammen mit einer zunehmenden Personalisierung moderner Gesellschaften. Sie schildert als positives Beispiel für Ritualisierungen im Sinne identitätssichernder Praktiken das Beispiel der Iren in London, die dort abfällig *Bog Irishmen*, das heißt „Sumpf-Iren", genannt werden. Sie halten am kirchlichen Gebot, am Freitag kein Fleisch zu essen, trotz päpstlicher Aufhebung fest, um sich nach außen – gegen die Engländer – abzugrenzen und ihre Gruppenidentität zu sichern (vgl. Douglas 1981, Kapitel 3).

Auch Susan Langer ist in ihrem Buch *Philosophie auf neuen Wegen* (1965) der Auffassung, Rituale würden im gesellschaftlichen Modernisierungsprozess nicht verschwinden. Sie lokalisiert stattdessen das Ritual im Gesamtgefüge menschlichen Denkens und Handelns in der (modernen) Gesellschaft. Langer beschreibt heutige Gesellschaften als eine Art Flickenteppich unterschiedlicher Strukturierung von Wirklichkeiten mit je eigenem Recht:

> „Das menschliche Leben ist durch und durch mit Ritual durchsetzt, ebenso wie mit animalischen Praktiken. Es ist ein verwickeltes Gewebe aus Vernunft und Ritus, Wissen und Religion, Prosa und Poesie, Tatsache und Traum" (ebd., S. 55).

Rituale stellen für Susan Langer „die einfachste Widerspiegelung ernsten Denkens dar, sozusagen eine langsame Ablagerung der phantasievollen menschlichen Lebenseinsichten" (zit. nach Anselm Strauss 1992, S. 68), und Strauss fährt in seiner Würdigung des Denkens von Susan Langer fort:

> „Indem sie Ritual und Denken verbindet, bestreitet sie (oder verringert zumindest) den oft behaupteten Gegensatz zwischen Vernunft und Irrationalität, Denken und Phantasie. Ihre Formu-

lierung zwingt die Aufmerksamkeit auf eine ganze Reihe verwandter Vorstellungsprozesse, die, wie sie sagt, mit ‚Begriff und Orientierung' zu tun haben" (ebd., S. 68 f.).

Das Ritual als Ablagerung menschlicher Lebenseinsichten steht, diesen Ansätzen zufolge, neben anderen Orientierungsmustern wie jenen des Tagtraums und der Sprichwörter. Es konstituiert eine der vielen „mannigfaltigen Wirklichkeiten" (Alfred Schütz 1971, S. 237–298), die zusammen Gesellschaft und menschliches Handeln in gesellschaftlichen Bezügen ausmachen.

Während für Susan Langer ein Gegensatz zwischen Ritualen und moderner Gesellschaft nicht besteht, beklagt sie, dass in modernen Gesellschaften die alten, universalen Symbole zur Verankerung alltäglicher Handlungen in einer kosmologischen Ordnung verloren gegangen sind. Gleichzeitig seien noch keine Möglichkeiten gefunden worden, die neuen Ordnungen anders als mithilfe von Ritualen zusammenzufügen. Es fehle in der modernen Welt, so sagt sie, am geeigneten rituellen Ausdruck. Das wiederum gefährde die menschliche Freiheit, denn ein Leben, das kein Ritual kennt, habe keine geistige Verankerung: „Es entbehrt jene Struktur aus Intellekt und Gefühlen, die wir ‚Persönlichkeit' nennen" (Langer 1963, S. 290). Letztlich leiste das Ritual „den aktiven Abschluß einer symbolischen Transformation von Erfahrungen", und damit bestimmt sie das Verhältnis von Rationalität und Ritual eindeutig: Ohne Ritual bleibt vernünftiges Erkennen haltlos.

Religion kam bisher explizit noch nicht zur Sprache, aber implizit schwang das Thema immer mit, indem von „kosmologischen Ordnungen" die Rede war. Immer, wenn es um das Zusammenfügen von Ordnungen geht, steht die Frage der Religion an. Geertz spricht von „transzendenten Unbehagen", die einer gesellschaftlichen Regelung bedürfen. Diese Unbehagen beziehen sich auf drei Punkte: 1) auf die Grenzen der analytischen Fähigkeiten des Menschen, die Welt zu verstehen, 2) auf die Grenzen seiner Leidensfähigkeit, 3) auf die Grenzen seiner ethischen Sicherheit (Geertz 1983, S. 61). Auf diese transzendentalen Unbehagen antwortet die Religion:

„Die befremdliche Unverständlichkeit bestimmter empirischer Ereignisse, die dumpfe Sinnlosigkeit heftiger und unerbittlicher Schmerzen und die rätselhafte Unerklärbarkeit schreiender Ungerechtigkeit lassen gleichermaßen den beunruhigenden Verdacht aufkommen, daß die Welt, und damit das Leben der Menschen in der Welt, im Grunde vielleicht gar keine Ordnung aufweist – weder empirische Regelmäßigkeit noch emotionale Form noch moralische Kohärenz. Und die religiöse Antwort auf diesen Verdacht ist in allen Fällen dieselbe: Sie formt mittels Symbolen das Bild einer solchen genuinen Ordnung, das die ins Auge springenden Zweideutigkeiten, Rätsel und Widersinnigkeiten in der menschlichen Erfahrung erklärt oder sogar hervorhebt" (ebd., S. 71).

Das Ritual habe die Aufgabe, dieser genuinen Ordnung einen Sitz im Alltäglichen zu verschaffen:

> „Denn es ist das Ritual, d. h. der Komplex heiliger Handlungen, in dessen Rahmen sich in der einen oder anderen Weise die Überzeugung herausbildet, daß religiöse Vorstellungen mit der Wirklichkeit übereinstimmen und religiöse Verhaltensregeln begründet sind" (ebd., S. 78).

Nun ist es jedoch üblich geworden, die Frage der Religion als nicht mehr entscheidend für die Orientierung moderner Menschen in säkularisierten Gesellschaften zu behandeln und ihre Bedeutsamkeit auf das Studium traditionaler oder gar vorgeschichtlicher Gemeinschaften und Gesellschaften einzuschränken. Der Grund für diese Distanz zu religiösen Themen hängt natürlich mit einem spezifischen Religionsbegriff zusammen, in dem Religion an das Christentum in seiner institutionalisierten Form gebunden wird. Ein Religionsbegriff, der weiter gefasst ist und der die eurozentrische Perspektive verlassen hat, bezieht sich grundsätzlich auf die Frage nach Transzendenz, also auf die grundlegenden Fragen: Wo kommen wir her? Wo gehen wir hin? Was ist der Mensch? Diese Fragen stellen sich – meist in Krisensituationen wie schweren Krankheiten, Verlust naher Angehöriger – auch dem sich als säkularisiert verstehenden Menschen, und dieser wird versuchen, irgendeine Form von Antwort wenigstens zu suchen, wenn nicht zu finden. Unabhängig davon, ob jemand einen engen oder weiten Ritualbegriff vertritt: Eine namhafte Zahl von Ritualforscherinnen und -forschern hält, wie wir eingangs schon erwähnten, an der Auffassung fest, von Ritualen nur und ausschließlich im Zusammenhang mit Transzendenz zu sprechen. Mitunter werten sie jenen, die einen weiten Ritualbegriff vertreten, also zum Beispiel Therapeuten oder Beraterinnen, sogar vor, sich an einem weiteren Abbau von Transzendenz und damit an einem weiteren Sinnverlust der modernen Gesellschaft „schuldig" zu machen.

Die Vertreterinnen und Vertreter eines weiten Ritualbegriffs halten es für irrig, das Thema Ritual ausschließlich an Transzendenzfragen zu binden. Ein erster Versuch, den Fokus zu erweitern, besteht darin, sich jenem Bereich der wissenschaftlichen Erforschung von Ritualen zu nähern, der sich mit Übergangsritualen beschäftigt. Hier ist an erster Stelle Arnold van Gennep (1986) zu nennen. Die Kerngedanken seiner Theorie sind die folgenden: Jede Gesellschaft ist aus einer Vielzahl strikt voneinander getrennter sozialer Gruppierungen zusammengesetzt: Familien-, Lokal-, Berufs-, Religionsgruppen etc. Die Dynamik des sozialen Lebens erfordert ständige Grenzüberschreitungen in Raum und Zeit. Diese Grenzüberschreitungen stehen einer Störung der Stabilität des Soziallebens im Wege. Grenzüberschreitungen sind daher von mehr oder weniger stark ausgestalteten Riten begleitet, deren Funktion es ist, mögliche Störungen der Sozialordnung durch eine Steuerung der Veränderungsprozesse abzuschwächen: Dies sind die Übergangsriten. Übergangsriten haben eine Dreiphasenstruktur: Trennungsphase (Lösen vom früheren Zustand) – Schwellen- bzw. Umwandlungsphase (zwischen den beiden Welten) – Angliederungsphase (Integration in den neuen Ort oder Zustand).

Zunächst soll der Punkt herausgegriffen werden, der sich auf die Notwendigkeit bezieht, die verschiedenen, teils sich widersprechenden gesellschaftlichen Bereiche zu integrieren, sofern eine solche Integration für die Aufrechterhaltung und Entwicklung menschlicher und gesellschaftlicher Praxis erforderlich ist. Hierzu hat Müller (1984) folgende Überlegungen formuliert: Es gibt universelle Probleme im menschlichen Leben, für die universelle Problemlösungsmuster zur Verfügung stehen. Beide fasst er in einem Axiomensystem zusammen, das folgende Punkte enthält:

- Menschen bedürfen stabiler Orientierungssysteme, um sich in der Welt zurechtzufinden. Diese haben jeweils den gleichen topographischen Aufbau: Zentralbereich vs. Peripherie, Außenraum als Kontrast- und Negativbereich vs. Innenraum als positiv besetzte Sphäre. Die Orientierung besitzt im Zentralbereich ihre höchste Verlässlichkeit.

- Neben den Orientierungssystemen bestehen Stabilisierungsmechanismen, die die Verlässlichkeit der Orientierungssysteme sicherstellen sollen: Abgrenzung, Rationalisierung, Dogmatisierung, Ritualisierung, Verabsolutierung und Negation. Ritualisierung setzt Dogmatisierung in Handeln um.
- Problemstellen des sozialen Lebens treten vor allem dort auf, wo Binnen- und Außensphäre sich berühren: räumliche Durchgänge (Haustüren, Vorräume), Übergänge zwischen sozialen Gruppierungen (Geburt, Heirat, Tod), Wechsel von einer Phase zur anderen (Jahreszeiten, Generationen). Um dies an einem einfachen, alltäglichen Beispiel zu verdeutlichen: Bei Besuchen kann der typische Vorgang beobachtet werden, dass Besucher und Besuchte zunächst im Eingangsbereich verharren und unentschlossen ein Gespräch über ein unverfängliches Thema (Wetter, wie man hergefunden hat etc.) beginnen, bis eine(r) der Besuchten sich aufrafft und sagt: „Was stehen wir hier herum, kommt doch rein." Dabei wird das Prekäre dieses Übergangs gern durch pragmatische Erwägungen heruntergespielt: „Es wird sonst kalt im Haus" oder „Drinnen ist es gemütlicher".
- Das Verhalten bei Grenzüberschreitungsprozessen vollzieht sich generell in streng ritualisierter Form und damit kontrolliert: Trennung, Umwandlung, Angliederung.

Übergangsritualisierung ist demnach ein Mechanismus, der das Konfliktlösungsverhalten an neuralgischen (nicht nur die Transzendenz betreffenden) Punkten menschlichen Zusammenlebens standardisiert und die dort auftretenden Probleme überschaubar und vor allem beeinflussbar erscheinen lässt.

Auf die innere Struktur von Übergangsritualen richtet sich die Forschung von Victor Turner. Seine Leistung ist es, auf eine spezifische Phase im rituellen Prozess hingewiesen zu haben, die er die Übergangsphase (liminale Phase) nennt. Hier sein Argumentationsgang: Die mittlere Phase der Übergangsriten gewinnt oft eine gewisse Eigenständigkeit: Die Vergangenheit hat ihre Macht verloren, die Zukunft hat jedoch noch keine definitive Form angenommen. Sie ist die wichtigste Phase des rituellen Prozesses, indem sie den Angelpunkt der Transformation darstellt. Diese Phase weist Merkmale des Unstrukturierten, des Vieldeutigen, des Chaotischen und des Paradoxen auf. Während eine normative Sozialstruktur auf Differenzierung, Hierarchisierung und Trennung beruht, sind in der Zwischenphase Gleichheit, Undifferenziertheit, Solidarität, Spontaneität die zentralen Merkmale.

Je weiter der Begriff des Rituals aus dem Bereich der Transzendenz herausgelöst wird, desto näher rückt er an das heran, was als Routinisierung verstanden werden kann. Routinisierungen sind für Soziologen Mechanismen der Alltagsbewältigung, indem sie Entlastung von der Notwendigkeit schaffen, sich immer wieder neu orientieren zu müssen. An erster Stelle sind hier, mit Arnold Gehlen (1961, v. a. S. 23 ff.), die Institutionen zu nennen, die gewissermaßen die Großorganisatoren der Alltagsentlastung darstellen. Rituale wären dann der Schmierstoff, der diese Organisatoren im Alltag wirksam werden lässt.

Rituale, so hat die bisherige Übersicht gezeigt, können unter mindestens drei Perspektiven behandelt werden: Wenn wir Rituale behandeln im Kontext der Frage nach dem Bedürfnis von Menschen, eine Antwort auf grundlegende Fragen ihrer Existenz zu finden, und auf die Fähigkeit von Gesellschaften eingehen, Antworten auf diese Fragen bereitzustellen, so lässt sich dies zunächst im Kontext eines engen Religionsbegriffs bewerkstelligen. Wir können aber auch den Religionsbegriff erweitern und jede Form von Transzendenz, mit Thomas Luckmann verstanden als Einübung des Einzelnen in ein das Einzeldasein transzendierendes Sinngefüge,[1] unter dem Blickwinkel von Ritualen thematisieren. Drittens können wir die Frage nach Transzendenz völlig beiseite lassen und ganz allgemein die Rolle und die Leistungsfähigkeit von Ritualen im alltäglichen Leben in den Blickpunkt rücken oder gleich jede Alltagsroutine als Ritual verstehen.

Catherine Bell, auf deren Werk wir uns nun konzentrieren wollen, integriert die im letzten Abschnitt aufgeführten Perspektiven auf das Ritual unter dem Aspekt der rituellen Praxis und spricht vom

---

1 „Aber die Modellierung selbst, die den einzelnen in eine gesellschaftlich und geschichtlich transzendente Wirklichkeit stellt, ist ein religiöser Vorgang. Religiös ist dieser Vorgang der Einfügung des individuellen Organismus der Gattung Homo sapiens in die Transzendenz einer historischen Gesellschaft selbst dann, wenn Erfahrungen von Transzendenzen höherer Größenordnung (das wären die klassischen Religionen; die Verf.) in einer solchen Gesellschaft nicht vorkonstruiert sind oder, wenn sie es sind, sich einzelne oder viele an den vorkonstruierten Modellen nicht ausrichten" (Luckmann 1991, S. 165).

Prozess der Ritualisierung als einer flexiblen und strategischen Handlungsweise. Diese Autorin schlägt eine Typologie von sechs rituellen Aktivitäten vor, die breit angelegt ist und einen Kompromiss aus Komplexität und Einfachheit darstellen soll (Bell 1997, S. 91 ff.): *Rites de passage* binden kulturelle Werte an natürliche Phänomene, wodurch die Weltsicht einer Gesellschaft als nichtzufällig und als in der Wirklichkeit verankert erscheint. *Jahreszeitliche (kalendarische) Riten* balancieren historischen Wandel und zyklische Erneuerung und Kontinuität. *Riten des Austauschs und der Kommunion* unterstützen die Artikulation komplexer Beziehungssysteme zwischen menschlichen Wesen, Göttern, Dämonen, Vorfahren und Tieren. Indem die Riten für eine Zeit lang Routinen dekonstruieren, scheinen sie Machtquellen von außerhalb des Systems aufzugreifen. Damit können sie Systemwandel erleichtern und legitimieren. Religion und Ritual dienen damit nicht nur der Aufrechterhaltung des Status quo, sondern können ihn auch erschüttern, vergleiche Victor Turner (2000). *Trauerrituale* stellen Ordnung im Kosmos wieder her und zeigen, dass den menschlichen Angelegenheiten eine kosmische Ordnung unterliegt. *Politische Rituale* zeigen, dass das Ritual als Medium von Kommunikation und Interaktion nicht einfach Worte und Botschaften ausdrückt, sondern Situationen schafft: Beziehungen von Autorität und Unterwerfung, die die Interaktionen zwischen Regierenden und Regierten strukturieren. *Rituale des Fastens und des Feierns* belegen das religiöse Wertesystem mit Erfahrungen relativer Ganzheit und Hierarchie, sie zeigen, dass die kosmischen Kräfte nicht in die alltäglichen Routinen integriert werden können, auch wenn sie religiös und sozial wichtig sind.

Des Weiteren formuliert Catherine Bell sechs Kategorien ritualähnlicher Handlungen (Bell 1997, S. 138 ff.). Die erste nennt sie *Formalismus*. Es handelt sich hier um einen Kommunikationstypus, bei dem Abweichung eher eingeschränkt ist. Insofern bekräftigt er Tradition und Hierarchie. Formalisierte Kommunikationen kommunizieren komplexe soziale Botschaften sehr effizient und ökonomisch, im Sinne eines „restringierten Codes", wie Basil Bernstein (1964) ihn verstanden hat.[2] Sie dienen dazu, ein *self* (i. S. Goffmans 1982) zu

---

2 Sowohl Mary Douglas als auch Catherine Bell sehen rituelles Handeln in engem Zusammenhang mit einem restringierten Code. Mit restringiertem Code sind verbale Äußerungen gemeint, „deren Bedeutung weitgehend implizit ist und weitgehend durch standardisierte averbale Kanäle übermittelt wird"

schaffen. Gesten und Rituale des Grüßens erzeugen soziale Konfigurationen, ebenso die Tischsitten (Elias 1978). Es folgt der *Traditionalismus*. Alte Kostüme, alte Bräuche bieten eine hoch ausgeprägte Identität und sichern traditionelle Gemeinschaften.[3] Ebenso akademische Roben.[4] Das Erfinden von Traditionen hat den Sinn, Neues bzw. Fremdes zu integrieren.

Catherine Bell nennt die dritte Kategorie ritualähnlicher Handlungen *Invarianz*. Es handelt sich dabei um eine Gruppe von disziplinierten Handlungen, welche durch präzise Wiederholung und

(Douglas 1981, S. 53). Da nun ein Zusammenhang zwischen personalen Familienstrukturen und Distanz gegenüber Ritualen besteht und personale Familienstrukturen zunehmend in modernen Gesellschaften dominant werden, kann der Abbau von Ritualen auch sozialisationstheoretisch interpretiert werden. Eine andere Theorie zum Verfall von Ritualen verfolgt den Gedanken, dass dieser in direktem Zusammenhang mit dem Aufkommen der Schrift stehe, denn die Schrift führe zu einem Kulturwandel des kulturellen Gedächtnisses. Wo das kulturelle Gedächtnis schriftlos ist, muss die Identität einer Gruppe rituell wiederholt werden, damit sie nicht vergessen wird, und dafür gibt es Experten, die ihr Wissen als exklusives Geheimwissen behandeln. Wo Schrift vorhanden ist, soll jedes Mitglied der Gemeinschaft die Texte lesen (vgl. Jan Assmann, *Neue Zürcher Zeitung*, 19./20.1.2002). Damit nimmt der Individualitätsgrad des kulturellen Gedächtnisses zu, und dies ist die Brücke zur Theorie des Zusammenhangs von Personalisierung von Familienstrukturen, wie sie Mary Douglas skizziert hat.

3 Ulf Matthiesen (1992) hat in seiner Studie von Arbeitermilieus im Ruhrgebiet gezeigt, wie dort die Übernahme traditionaler Bräuche und Kleidungsstilen in „post-moderner" Weise bergmannstypisch deftig inszeniert wird und so neue Formen personaler Selbstverständigung entwickelt werden.

4 Im *Merkur*, jener Monatszeitschrift, in der die Aufklärung zu Hause ist, beschreibt Ralf Dahrendorf (1993), ein dezidierter, kirchenferner Liberaler und damit geborener Antiritualist, sein eigenes Erstaunen über seine Bereitwilligkeit und am Ende Behaglichkeit, als Pro-Vice-Chancellor der Universität in Oxford (dem Bund der dort vorhandenen Colleges) zum Semesterbeginn am gemeinsamen Kirchgang sowie am rituellen *High Table*, dem gemeinsamen Mahl, teilzunehmen, das mit einem Gebet beginnt. Den Lesern von Xavier Marías (1997) ist dieser rituelle Vorgang sicher in heiterer Erinnerung. „Das Ritual", so schreibt Dahrendorf, seine Selbstbeobachtungen zusammenfassend, „ist wichtig. Es bedeutet ein Gerüst, mit dem man sich abfinden, gegen das man sich auch auflehnen kann, das aber Strukturen schafft und mit ihnen eine gewisse Disziplin, die den meisten nicht schadet. Wer sind wir schon, um die lange Geschichte, in der wir stehen, plötzlich abzubrechen?" (Dahrendorf 1993, S. 88). Auffallend ist, dass Dahrendorf nur die beharrende, nicht die innovative Komponente von Ritualen betont.

physische Kontrolle gekennzeichnet sind. Ignoriert wird dabei meistens das Vergehen von Zeit: Das unterscheidet diese Gruppe vom Traditionalismus. Ein Beispiel dafür wären die AA-Rituale (Rituale bei den Anonymen Alkoholikern), wo z. B. jede Äußerung eines Gruppenmitglieds eingeleitet wird mit dem Satz: „Ich heiße Willi, und ich bin Alkoholiker." Es folgt der Aspekt der *Regelgeleitetheit* ritualähnlicher Handlungen. In Sport und Krieg werden menschliche Energie und hoch codierte Mittel des Engagements miteinander verknüpft. Macht wird gezeigt, aber auch gleichzeitig kontrolliert. Bei Staatsempfängen wird die Streitmacht in Form einer Ehrenkompanie vorgeführt, aber gleichzeitig überreicht ein kleines Mädchen, Symbol für Harmlosigkeit, einen Blumenstrauß. Das Ritual stellt insofern ein Bündel formulierter Normen dar, welche dem Chaos und der Widersprüchlichkeit menschlicher Aktion und Interaktion übergestülpt werden.

Die fünfte Kategorie ritualähnlicher Handlungen bezieht sich auf den *heiligen Symbolismus*. Symbole wie die Flagge sind summierende Symbole, die viele Gefühle und Ideen unter einem Bild zusammenfassen. Wenn sie in der profanen Welt integriert sind, ermöglichen sie Erfahrungen der Transzendenz. Ein aktuelles Beispiel wäre der immens gestiegene Gebrauch amerikanische Flaggen im handlichen Mitnehmformat nach dem 11. September 2001. Der Sinn von Ritualen enthüllt sich schließlich in der Art und Weise, wie sie aufgeführt werden. Sie sind demnach unter dem Aspekt der *Performanz* zu untersuchen, wofür auch das Theater ein sinnfälliges Beispiel ist.

Catherine Bell fasst ihre eigene Position zum Ritual wie folgt zusammen: Ritualisierte Handlungen geben den Akteuren das Gefühl, dass das, was sie tun, keine Begründung benötigt. Die Akteure verstehen in der Regel auch nicht, dass und wie sie Traditionen konstruieren. Sie sehen sich eher als Reagierende denn als Agierende, denn Rituale nehmen in ihrer Erwartbarkeit den Charakter natürlicher Vorhandenheit an. Hervorgebracht wird dieser Charakter durch performative und traditionalisierende Eigenschaften rituellen Handelns. Ritualisierende Handlungen weisen auf eine Ordnung hin, die hinter der aktuellen Situation liegt. Diese Ordnung ist autoritativ und einer der grundlegenden sozialen Akte bei der Konstruktion von Wirklichkeit.

Der Vorzug der Ritualkonzeption von Catherine Bell als rituelle Praxis liegt darin, dass sie einen breiten Schirm bietet, unter dem vielfältige und zum Teil einander widersprechende Definitionen ihren Platz finden können.

RITUALE IN BERATUNG UND THERAPIE

Es sind folgende Erkenntnisse aus der ethnologischen und der soziologischen Ritualforschung, die für die Praxis von Beratung und Therapie von Bedeutung sind.

Erstens die Erkenntnis des Sachverhalts, dass sowohl im Alltag wie auch im Ritual die Polarität von Ordnung und Chaos erscheint. Im Ritual „werden die Kategorien von Chaos und Ordnung bewusst inszeniert, und zwar mit der Intention, auf die Alltagswirklichkeit einzuwirken, sie zu verändern" (Vogelsanger in diesem Band). Insbesondere die Ritualtheorie von Viktor Turner (2000), der das Ritual als Dreischritt von Trennung vom Alltag – Aufhebung der Strukturierung des Alltags – Rückkehr in den Alltag beschreibt, ist für Praktiker in Beratung und Therapie äußerst attraktiv, denn mit genau diesen Phänomenen haben sie ständig zu tun: Dysfunktionalen Alltag gilt es zu dekonstruieren, um neue Alltäglichkeiten zu etablieren.

Ebenso großes Interesse bei Beratern und Therapeuten findet der Befund der Ritualforschung, dass das Ritual als „restringierter Code" zu begreifen sei, als eine Kommunikationsform also, die vorreflexiv und symbolisch verdichtet ist. Dies schließt an die Erfahrung an, dass Interventionsformen in Beratung und Therapie vor allem dann wirksam sind, wenn sie nicht ausschließlich auf das reflexive Erkennen von Problemen und Veränderungsnotwendigkeiten und deren Umsetzung in Sprache bauen, sondern auf Verankerung der Veränderung im Vorbewussten, im Symbolischen, in der Routine des Alltags wie im affektiven Leben der Klienten abzielen.

Wir eröffnen diesen Band mit drei Beiträgen, die den Rahmen der Ritualforschung abstecken. Im Beitrag von Jörg Hess, dem Primatenforscher aus Basel, wird deutlich, dass rituelle Formen von Interaktion kein Privileg des Homo sapiens sind, sondern dass auch Primaten sich die Orientierungsstabilisierung und Übergangsregulierung durch Ritualisierungen zunutze machen. Cornelia Vogelsanger stellt anhand eines Beispiels aus der indischen Kulturgeschichte die Dynamik des Rituals bei der Regulierung von Ordnung und Chaos dar. Luc Ciompi schlägt die Brücke zu Beratung und Therapie: Im Kontext seiner Forschungen zur Affektlogik stellt er die symbolische Affektkanalisation als eine Grundfunktion von Ritualen heraus, und als Modell dient ihm dabei u. a., wie dies auch bei Cornelia Vogelsanger der Fall ist, der Ritualbegriff von Viktor Turner. Entsprechend stehen auch hier Übergänge und ihre rituelle Gestaltung im Zentrum.

Nach dieser – auswählenden – Vergegenwärtigung der Leistungen der Ritualforschung für das Feld von Beratung und Therapie behandeln die nächsten Beiträge die Verwendung von Ritualen in der Therapie. Schon im Beitrag von Luc Ciompi war zu erkennen, was für ihn Rituale in der Therapie bedeuten: Sie sind *Beschleuniger bzw. Katalysatoren affektlogischer Prozesse*. Evan Imber-Black setzt Rituale *kompensatorisch* ein, um Klienten zu helfen, die unter Fehl- oder Unterritualisierung leiden. Insbesondere im Bereich von Übergangsritualen (Ablösung von der Familie, Trennung und Scheidung, Suizid, tödliche Krankheiten, Sterben) ist dies von Bedeutung. Celica Falicov greift auf Rituale im Sinne einer *funktionalen Technik* zurück; sie dienen dazu, die Macht von Gewohnheitsbildungen zunichte zu machen und Entwicklungen zu initiieren.

Ulrich Clement bedient sich der Beichte als kulturell vorliegenden Lösungsmusters, um Ausgleichsrituale in der Paartherapie zu entwerfen. Dabei kommt es ihm ausdrücklich darauf an, sich vom Bereich des Heiligen abzugrenzen und den weltlichen Charakter des an der Beichte orientierten therapeutischen Rituals zu betonen, und dies bewerkstelligt er dadurch, dass er das Ritual in technischer Hinsicht thematisiert.

Hildenbrand und Weber diskutieren das Verfahren der „Familienaufstellungen" unter dem Aspekt ihres rituellen Charakters. Dieser liege darin begründet, dass Aufstellungen die grundsätzlichen Themen menschlichen Zusammenlebens fokussieren und damit verstärkt Affekte ansprechen, welche in der Schlussphase in jenen Prozess der Ritualisierung einmünden, den Luc Ciompi „Affektkanalisierung" genannt hat.

Im Kapitel über Rituale in Organisationen stellen zunächst Schweitzer-Rothers und Nicolai ein Verfahren der Organisationsentwicklung vor, in welchem ein weiter Ritualbegriff eine tragende Rolle spielt. Dieser Ritualbegriff nutzt zwar wesentliche Elemente der in den beiden Grundlagentexten zu diesem Band aufgeführten Ritualkonzeptionen, jedoch verzichten die Autorin und der Autor auf eine Erörterung der Prozessualität ritueller Vorgänge wie auch auf eine

Diskussion der transzendenten Aspekte von Ritualen. Und doch zeigt sich gerade im Beispiel eines Übergangsrituals, das die Autorin und der Autor vorstellen, wo die kulturellen Quellen sprudeln, aus denen sie schöpfen.

Wieder näher an den Ritualtheorien im engeren Sinne orientiert ist der Beitrag von Tom Levold. Er zeigt an einem Fallbeispiel, dass in ritualfernen, auf Personalität ausgerichteten Organisationen die Einführung von Ritualen den Mitarbeiterinnen und Mitarbeitern dazu verhelfen kann, festgefahrene Beziehungsmuster aufzuweichen. Damit wird einmal mehr die Veränderungskraft von Ritualen betont.

Der Band schließt mit drei Beiträgen zum Vorkommen von Ritualen und Ritualisierungen in der Wirtschaft, der Politik und im Sport. Moritz Leuenberger, der als Schweizer Bundespräsident amtierte, als er den vorliegenden Beitrag verfasste, warnt vor dem potenziell verfestigenden und zementierenden Charakter von Ritualen in der Politik. Jedoch greift er den Gedanken auf, dass Politik in Vernunft nicht aufgehe, sondern auch affektive Aspekte aufweise. Diese würden durch das Ritual unterstützt.

Beat Kappeler diskutiert unser Thema entlang der ökonomischen Rationalitätsfrage. Auf eine engere Definition von Ritualen legt er sich nicht fest. Seine Position ist, dass Rituale, wenn man sie in ihrer Selbstreferenzialität und damit in ihrer Eigenlogik betrachtet, soziale Tatsachen darstellen und als solche eine Rationalität aufweisen.

Seinen Vortrag zur Frage nach Ritualen im Sport eröffnet der Journalist Richard B. Reich mit der Ansage zu einem Fußballländerspiel und dem Abspielen der sowjetischen Nationalhymne, die das Publikum, dem Brauch (oder dem Ritual?) folgend, stehend sich anhörte. Was dann folgte, lesen Sie am besten selbst.

Dieses Buch über Rituale im Alltag und in der Therapie dokumentiert die Begegnung unterschiedlicher Möglichkeiten, über Rituale und ihre Praxis nachzudenken. Die angestammten Ritualforscherinnen und Ritualforscher beharren auf begrifflicher Strenge, und sie sehen die Begeisterung von Therapeutinnen und Therapeuten, Beraterinnen und Beratern, das Ritual in den Fundus ihres Denkens und Handelns aufzunehmen, mit einer aus ihrer Sicht begründeten Skepsis. Manche unter ihnen sind entsprechend bemüht, das Interesse am Ritual in der Berater- und Therapeutenszene zum Anlass mehr oder weniger strikter Abgrenzung zu nehmen. Ihre Sorge ist, dass die Ritualforschung zum Baukasten wird, aus dem andere Disziplinen wahl- und respektlos herausklauben, was sie für ihre Zwecke brauchen können, zum Schaden Ersterer. Darin haben sie nicht Unrecht, denn seit den Zeiten von Mara Selvini Palazzoli (vgl. 1979) ist es üblich geworden, mehr oder weniger gut durchdachte systemische Interventionen, die mit dem Einrichten von Gewohnheiten oder mit dem Durchkreuzen von Gewohnheiten zu tun haben, als „Ritual" zu markieren.

Bricolage und Beliebigkeit sind nicht das Ziel dieses Buches. Uns geht es darum, Vertreterinnen und Vertreter der Ritualforschung einerseits, der Beratung und der Therapie andererseits in ein Gespräch zu bringen, das nicht der Grenzüberschreitung, sondern dem Klären von Grenzen und der Erkundung gemeinsamer Interessen dienen kann.

Die Fachleute aus Beratung und Therapie ihrerseits sind vorwiegend an Praxis und deren Verbesserung orientiert. Der Skepsis der Ritualforscher begegnen sie teils mit Sympathie, teils mit Ignoranz. Ihre Sicht der Frage, wo die Nützlichkeit und die Grenzen von Ritualen und von Ritualisierungen von Übergängen in der Praxis systemischer Beratung und Therapie liegen, legt Rosmarie Welter-Enderlin abschließend dar.

Übergänge im Leben von Tieren[1]

Jörg Hess

Unter Menschen ist das Sichbegrüßen eines der häufigsten Rituale. Es gehört zu den freundlichen Konventionen, dass man zumindest Bekannte, wenn man sie am Morgen oder tagsüber zum ersten Mal trifft, auf diese oder jene Weise begrüßt. Dabei zeigen sowohl die gewählten Worte wie auch die Gesten die typischen Merkmale der Ritualisierung.

Vor etwa einem Jahrzehnt hatte ich das Glück, als Beobachter in den zentralafrikanischen Virunga-Wäldern bei einer frei lebenden Berggorillafamilie zu Gast sein zu dürfen. In dieser Familie lebte zu der Zeit ein junger Schwarzrücken namens Shinda. Schwarzrücken sind jungerwachsene und geschlechtsreife Gorillamänner, die aber weder ausgewachsen noch sozial matur sind. Die tägliche Beobachtungsroutine schloss unter anderem mit ein, die Familie frühmorgens aufzusuchen, sich ihr zu nähern und, noch bevor man das erste Familienmitglied zu sehen bekam, sich mit freundlichen „Rülpslauten" anzumelden und gleich auch vorzustellen. Schon im Verlaufe der ersten zwei Besuchswochen fiel mir auf, dass, aus welcher Richtung ich auch kam, mir zuerst immer Shinda in den Weg trat. Nur allmählich merkte ich, dass diese täglichen Erstkontakte mit Shinda nicht auf Zufall beruhen konnten, sondern dass er mir, auf die ersten Geräusche meines Herannahens hin, entgegengelaufen kam. Ich dachte schon zu der Zeit an eine sehr persönliche Form einer individuellen Begrüßung, die mir von Shinda zuteil wurde, und ich war natürlich beglückt darüber, von einem Gorilla auf diese Weise beach-

---

[1] Der vorliegende Text folgt im Wortlaut dem auf dem Internationalen Kongress *Rituale in Alltag und Therapie* gehaltenen Referat.

tet zu werden. Doch Shinda beließ es nicht einfach bei diesem Empfang. Er gestaltete diese Morgenbegrüßung auf die typische Weise jugendlicher Gorillas aus. Er begann, auf mich zuzulaufen, drehte einige Pirouetten, drückte sich im engen Vegetationspfad dicht an mir vorbei und stieß mich im Vorbeigehen, mit einer geschlenkerten Hand oder dem Fuß, freundlich, aber kraftvoll in den Rücken. Er blieb dann stehen, schaute spitzbübisch und erwartungsvoll über die Schulter zu mir hin und schien immer auch etwas irritiert, weil er von mir die erwartete Antwort nicht bekam. Erst als ich mich dann entschloss, auch eine Pirouette zu drehen und ihm dabei mit dem in der Luft nachgezogenen Fuß einen sanften Tritt in den Hintern zu versetzen, war Shindas Morgengruß so erwidert, wie er sich das wünschte. Doch Shinda schien noch nicht zufrieden. Später, als ich am Ende eines Beobachtungstages meinen Sack packte, um zur Station zurückzukehren, setzte Shinda sich hinter mich und umklammerte mein Fußgelenk mit einem kräftigen Griff. Shindas Kraft war so groß, dass ein Entwinden nicht möglich war. Nur reden konnte helfen. Ich sprach ihm lange Zeit zu, erklärte mich und bat ihn, mich gehen zu lassen, aber ohne Erfolg. Ich war erregt, weil ich vor Einbruch der Dunkelheit zurückzukehren hatte. Als alle sprachlichen und gestischen Befreiungsversuche nichts fruchteten, setzte ich mich resigniert einfach hin. Wir saßen etwa fünf Minuten beisammen, und dann wagte ich einen neuen Versuch. Shinda blieb sitzen und ließ mich gehen. Diese Abschiedsszene wiederholte sich nun täglich. Shinda pochte auf sein Recht, von mir vor dem Weggehen fünf Minuten Zeit geschenkt zu bekommen, und er wachte aufmerksam darüber, die ersten Zeichen meines Aufbruchs ja nicht zu verpassen. Als ich wusste, was er wollte, war gewaltsames Zurückhalten nicht mehr nötig. Shinda hat also zum obligaten Morgengruß noch eine besondere Abschiedsszene erfunden und so seine Beziehung zu mir weiter ausgebaut, später setzte er sich manchmal auch während der Mittagssiesta seiner Familie neben mich, lehnte seinen schweren Körper an den meinen und schlief so kurze Zeit. Wer weiß, was das im Körper-Kontakt-Schlafen bei Berggorillas bedeutet, wird mir zustimmen, dass auf Shindas Initiative hin zwischen ihm und mir etwas entstanden ist, was man getrost als vom Vertrauen getragene Freundschaft bezeichnen darf.

Man könnte nun bei dem, was sich entwickelt hat, von einem Ritual sprechen. Ich will theoretisch nicht so weit gehen. Sicher sind

jedoch die Akte des Einbauens von „Pirouetten" und von „Schlagen"
– aus dem spielerischen Kontext herausgelöste Verhaltensweisen, die
Shinda beim Kontaktnehmen in seine Begrüßung integriert hat – ein
Beispiel für Ritualisierung.

Ritualisierung und Rituale bei Tieren

Die Ritualisierung und die aus ihr entstehenden Rituale spielen im
Verhalten von Tieren eine auffallende und gewichtige Rolle.

Der Begriff Ritualisierung wurde für Tiere 1923 zum ersten Mal
von Huxley (1923) gebraucht. Er brachte ihn damals in seiner Definition auf den kleinsten Nenner, indem er sagte: Die Veränderung
von Verhaltensweisen im Dienste der Signalbildung nennt man Ritualisierung.

Ich halte mich für das, was folgt, nun an Eibl-Eibesfeldt (1967). Er
zählt neun Veränderungen auf, die sich bei der Ritualisierung vollziehen können:

1. Das Verhalten erfährt einen Funktionswechsel. Ein Beispiel
   dafür sind Hühnervögel, bei denen aus dem Zum-Futter-Locken eine Balzhandlung wird.
2. Die ritualisierte Bewegung kann sich von der ursprünglichen
   Funktion völlig lösen und eigene motivierende Mechanismen
   entwickeln. Ein Beispiel hierzu sind die Paviane, bei denen aus
   dem weiblichen Präsentieren Grußgebärden geworden sind.
3. Die Bewegungen werden nach Frequenz und Amplitude oft
   mimisch übertrieben und gleichzeitig vereinfacht, indem einzelne Komponenten ausfallen, während andere betont werden.
   (Heute spricht man allerdings von „gestisch übertrieben".)
   Winkerkrabben etwa verstärken ihr Winken – eine Drohgeste
   – nicht nur durch die Übertreibung des Bewegungsausschlages, sondern auch durch die rhythmische Wiederholung.
4. Die Schwellenwerte für auslösende Reize ändern sich oft so,
   dass die höher ritualisierte Verhaltensweise im Allgemeinen
   auch leichter auszulösen ist.
5. Bewegungen „frieren" häufig zu Stellungen ein. So entstehen
   Drohstellungen aus den einander entgegengesetzten Antrieben des Angreifens und des Flüchtens.

6. Es ändern sich die Orientierungskomponenten. Deutlich wird das in der Entenbalz, wenn beim „Hetzen" rückwärts, also vom Partner weg gedroht wird.
7. Eine zuvor in ihrer Intensität variable Verhaltensweise wird stereotyp in stets gleich bleibender Form geäußert, und das auch bei unterschiedlicher Motivation. Die Schnabelbewegungen des Spechtes beim Nahrungserwerb variieren abhängig von den jeweiligen Gegebenheiten. Wenn Spechte „trommeln", also mit Schnabelbewegungen erzeugte Klopflaute als Signale benutzen, so werden diese zur stereotypen Folge von Schlaglauten, und auch deren Lautstärke wird nicht mehr variiert.
8. Variable Bewegungsfolgen können zu starren, vereinfachten zusammengesetzt werden.
9. Hand in Hand mit solchen Veränderungen können auch auffällige Körperstrukturen entstehen, etwa das Rad des Pfaues.

Häufig werden Verhaltensweisen aus den Funktionskreisen der Mutter-Kind-Beziehung, der Sexualität und des Nahrungserwerbes in einem anderen als dem ursprünglichen Kontext verwendet. Man kann sich fragen, warum. Diese Verhaltensweisen sind, als primär lebenserhaltend, evolutiv ausgesprochen stabil. Die Erfahrungen mit ihrer Effizienz sind fast ausschließlich positiv. Das Kind bettelt, und die Mutter will es füttern. Beide Partner befinden sich in Paarungsstimmung und sind motiviert, sich gegenseitig zu entsprechen. Es ist vorteilhaft, als Signale, die ankommen sollen, Verhaltensweisen auszuwählen, die im ursprünglichen Kontext sicher sind und ohne große Ausfälle zum Ziel führen.

Lange Zeit hat man die Ritualisierung ausschließlich als phylogenetischen Prozess verstanden. Heute sieht man ihn auch als ontogenetische Möglichkeit und spricht auch von „ontogenetischer Ritualisierung". Der im Zoo bettelnde Bär etwa lernt, welche seiner Gesten und Haltungen am reichsten belohnt werden. Er wird allmählich die erfolgreichen Bewegungen und Stellungen übertreiben und die weniger oder nicht effizienten Beibewegungen weglassen.

Wie im Laufe von Ritualisierungsprozessen weggelassen wird, zeigt Rudolf Schenkel (1956, 1958) sehr schön an Hühnervögeln. Sie alle benutzen die Gesten des Scharrens, kurzen Zurücktretens und des Pickens – also das von der Henne an ihre Küken gerichtete

Zum-Futter-Locken – ritualisiert als Balzelement. Der Haushahn scharrt und pickt und nimmt vielleicht noch kleine Steinchen auf, so als wären sie Futter. Die Hennen kommen herbei und picken auch.

Beim Glanzfasan bleibt alles ähnlich, aber es wird nur noch mit dem Schnabel in den Boden gehackt, und dazu sind die Flügel abgestellt. Kommt die Henne, so spreizt er Schwingen und „Schwanz", bleibt mit gesenktem Kopf ruhig, und in der „Ekstase" wird allein der „Schwanz" auf- und abgeneigt.

Der Pfaufasan deutet Verbeugungen mit Flügelheben und Schwanzfächern an, und kommt das Weibchen nahe, so wird rhythmisch der Kopf zu ihr hin und von ihr abgewandt, Kopfgesten, die die Fütterungsbewegungen nur andeuten.

Am stärksten ritualisiert zeigt sich der Pfau. Bei ihm ist äußerlich das Zum-Futter-Locken nicht sofort zu erkennen. Er spreizt das Rückengefieder zum Rad, schüttelt raschelnd den Schwanz, tritt drei Schritte zurück, geht wieder vor und senkt, bei aufrecht getragenem Hals und Kopf, das Rad so nach vorne, dass der Brennpunkt des Radhohlspiegels vor ihm auf den Boden gerichtet ist. Er weist so auf imaginäres Futter hin. Die angelockte Henne pickt dann genau an dieser Stelle. Das Pfauenrad ist also nicht ein „Werbeplakat" im herkömmlichen Sinne, sondern vielmehr ein „Hinweisschild".

Mit dem Blick auf Menschenaffen, die heute als Kulturwesen gelten, ist noch festzuhalten, dass gelegentlich belegt wird, dass auch die so genannte kulturelle Ritualisierung nicht mehr in allen Teilen eine Domäne menschlichen Verhaltens bleiben wird.

Zum Schluss hier noch eine anders formulierte Definition von Tembrock (1968): Ritualisierung ist die Umwandlung von Gebrauchssystemen in Signalsysteme. Dabei werden zum Signalisieren geeignete Anteile von Verhaltensweisen verstärkt und verändert.

Übergänge bei Tieren

Den Begriff „Übergang" verstehe ich für meine Zwecke sehr weit gefasst, er dehnt sich beispielsweise auch auf den Weg von einer Aktivität zur andern aus oder auf den von einer sozialen Situation in eine andere.

Wie der Begriff „Übergangsrituale" zeigt, sind auch bei Menschen Übergänge im engeren Sinne oft sehr stark mit Ritualen besetzt.

Es soll nun nicht tierliches Verhalten nach Ritualisierungsprozessen und Ritualen hinterfragt, sondern so detailliert wie möglich, analog zum einleitenden Beispiel, von Beobachtungen und Erlebnissen erzählt werden, die zeigen, was in Übergangssituationen bei Tieren alles geschehen kann. Die dargestellten Daten aus der Literatur und die geschilderten eigenen Erlebnisse können dazu anregen, nach Analogien zu unseren menschlichen Ritualen zu suchen. Vielleicht lässt sich da und dort spekulierend auch der eine oder andere Zipfel einer Homologie entdecken, der uns auf die stammesgeschichtlichen Wurzeln unserer menschlichen Rituale verweist.

Die ausgewählten Beispiele bleiben aus Gründen der entwicklungsgeschichtlichen Nähe auf Säugetiere beschränkt: auf Elefanten, Affen und, schwergewichtig, auf Menschenaffen.

Es ist vielleicht etwas übertrieben, über alles den Titel *Übergänge im Leben von Tieren* zu stellen. Ein Beispiel führt uns in den Bereich sozialer Strategien, ein weiteres in den des Nahrungserwerbes, aber alle anderen drehen sich um den Tod von Tieren und um die Auseinandersetzung von Sozialpartnern mit toten Artgenossen.

„AGONISTIC BUFFERING"[2] (BERBERAFFEN)

In verschiedenen menschlichen Kulturen werden Gäste empfangen, indem man diesen mit einem Kind an der Hand oder in den Armen entgegentritt. Man teilt Fremden so mit, dass sie willkommen sind und man ihnen gegenüber keine feindliche Haltung einnimmt.

Berberaffen gehören in die Gattung der Makakken und sind unter diesen die einzigen auf dem afrikanischen Kontinent. Ihre linear aufgebaute und nach Geschlechtern getrennte strenge Hierarchie hindert vor allem die Männer daran, untereinander zu freundlichen Kontakten zu kommen oder verunmöglicht das sogar. Erstaunlicherweise trifft man aber gerade bei ihnen häufiger als bei anderen Makakken Männer, die beisammensitzen und sich ihre freundlichen Gefühle über die sozial verbindlichen Gesten des Fellpflegens ausdrücken. Die Schwierigkeit, miteinander Kontakt aufzunehmen, überspielen die Berberaffenmänner auf einmalige Weise. Steht einem Mann der Sinn nach einer solchen Begegnung, so leiht er sich von

---

2 Vgl. Deag a. Crook (1971, p. 183–200).

einer Mutter ein Kleinkind aus, bevorzugt einen noch schwarz gefärbten Säugling. Er nimmt diesen „mütterlich" an den Körper und sucht, so ausgestattet, den erwählten Kontaktpartner auf. Die beiden setzen sich zusammen, wenden sich dem mitgebrachten Kind zu, schmatzen es freundlich beschwichtigend an, neigen die Köpfe über es, fassen es an, heben es hoch über ihre Köpfe, inspizieren gemeinsam mit großer Konzentration sein Körperchen, und das alles von anhaltendem Schmatzen begleitet. Nach dieser Eröffnungsszene hat das Kind seine Schuldigkeit getan, und die beiden Männer können sich nun einander direkt freundlich zuwenden. Das Kind kann nach diesem Begegnungsauftakt beim Träger bleiben, vom Kontaktpartner übernommen werden, von der Mutter, die die Szene aus Distanz verfolgt hat, abgeholt oder, wenn das Alter das zulässt, einfach entlassen werden.

Das geschilderte Begegnungsritual mit einem Kind als Vermittler wird als *agonistic buffering* bezeichnet. Mit ihm wird auf der Seite des sozial überlegenen Partners die Aggression und auf der des unterlegenen die Angst abgebaut. Die beschriebenen Verhaltensweisen sind nicht an den Rang der Agierenden gebunden, und das Kind selber spielt im ganzen Ablauf nur eine passive Rolle. Ausnahmsweise benutzen Berberaffen auch Gegenstände, etwa Flaschen, auf die gleiche Weise und mit derselben Wirkung. Bedingung dafür, dass Kinder so benutzt werden, ist jedoch, dass sich das Kind beim Träger wohl fühlt. Ein schreiendes Kind verdirbt die Szene. Häufiger als andere Makakkenmänner kümmern Berberaffen sich um Säuglinge und Kleinkinder und gehen ausgesprochen differenziert auf deren Bedürfnisse ein. Sie verfügen über fast alle Elemente des mütterlichen Verhaltensinventars. Das zeigt uns, dass so komplexe Rituale oft an Voraussetzungen gebunden sind, die, weit über den ritualisierten Ablauf hinaus, ins soziale Verhalten übergreifen.

Jagen und Fleisch essen (Schimpansen)

Schimpansen ernähren sich nicht ausschließlich von pflanzlicher Kost, sondern sie jagen auch und verzehren Fleisch. Ihre Jagdbeute sind meist kleinere Affenarten. Gejagt wird normalerweise sozial, das heißt, es schließen sich mehrere Individuen zusammen und gehen mit verteilten Rollen vor. Innerhalb einer Schimpansengemeinschaft hat der dominante Mann, der Chef, das Nahrungsprivileg. Er kann, wenn ihm danach zumute ist, jedem Mitglied seiner Gemeinschaft Nahrung einfach wegnehmen. Die von solchen Verlusten Betroffenen können sich nicht zur Wehr setzen, sondern nur lautlich und gestisch protestieren und damit ihr Missfallen ausdrücken.

Im Zusammenhang mit Jagen und Fleischessen sind drei Aspekte besonders interessant und auffallend.

Erstens: Es wird nicht immer gejagt. Wochen und Monate können verstreichen, ohne dass Fleisch gegessen wird. Plötzlich gelingt es dann einem Individuum, Beute zu machen und, wie eine Mode, setzen danach tägliche gemeinsame Jagden ein, die nach einer bestimmten Zeit einfach wieder aufgegeben werden.

Zweitens: Das erbeutete Fleisch ist „Besitz" des Individuums, dem der Akt des Fangens und Tötens gelang. Alle übrigen Gemeinschaftsmitglieder haben sich bei ihm mit Bettelgesten um einen Fleischanteil zu bewerben.

Drittens: Auch der Chef der Gemeinschaft muss sich seinen Anteil beim „erfolgreichen" Jäger erbitten. Im Falle der Fleischnahrung setzt er sein Nahrungsprivileg nicht durch. Aber natürlich sind seine Chancen, über Bitten zu Fleisch zu kommen, größer als die vieler anderer Bittsteller. Fleisch besitzen und es verteilen können ist ein Politikum, das Schimpansen in ihrer Gemeinschaft auf meisterliche Weise nutzen, um soziale Strategien durchzusetzen. Das geht, einigen Beobachtern zufolge, bis hin zum Tauschhandel „Fleisch gegen Sex", wenn sich eine Bittstellerin um einen Fleischanteil bemüht.

Geheimnisvoller Elefantentod (Elefanten)

Wenn Elefantenherden auf einen toten Artgenossen stoßen, so versammeln sie sich um diesen, berühren mit den Rüsseln und Füßen den Toten, versuchen, Knochenteile und die Stoßzähne aus dem Kadaver zu lösen, nehmen solche Teile auf, wirbeln sie durch die Luft und werfen sie umher. Während Stunden können Elefanten sich so mit einem Toten ihrer Art beschäftigen. Meist enden solche Begegnungen damit, dass die Tiere einen Knochen oder Stoßzahn aufnehmen und dann, einer Prozession ähnlich, mit diesen Skelettteilen weggehen. Oft tragen sie diese Lasten über weite Strecken mit, bis sie sie dann wahllos in der Landschaft deponieren oder irgendwo zerschmettern. Douglas-Hamilton, ein ausgewiesener Elefantenspezialist, gibt in dem Buch *Unter Elefanten* (Douglas-Hamilton u. Douglas-Hamilton 1976) eine Übersicht über solche Ereignisse und hat die beobachteten Verhaltensweisen auch im Experiment überprüft und bestätigen können.

Ebenso erstaunlich ist ein anderes Verhalten der Elefanten toten Tieren gegenüber. Treffen sie auf den Kadaver irgendeines Tieres, so bedecken sie diesen gelegentlich mit Pflanzenteilen, die sie von Bäumen reißen, und überhäufen ihn mit Gras oder Erde. Es sind sogar drei Fälle bekannt, in denen sich Elefanten auch toten Menschen gegenüber so verhielten. Es existiert selbst ein Erlebnisbericht einer derart von einem Elefanten „begrabenen" Frau. Diese verirrte sich, legte sich ermattet unter einen Baum und schlief ein. Als sie erwachte, stand ein Elefant über ihr, und sie blieb vor Schreck starr und rührte sich nicht. Der Elefant begann dann, die Frau völlig zuzudecken, und zwar so sehr, dass diese sich nicht aus eigener Kraft von der mächtigen Ast-, Laub- und Erddecke zu befreien vermochte. Sie wurde am folgenden Morgen, von den erfolglosen Befreiungsversuchen geschwächt, nur gefunden, weil ihre Hilferufe zufällig gehört wurden.

Elefanten verweilen lange Zeit bei sterbenden Gemeinschaftsmitgliedern, verteidigen sie und umstehen und bewachen Verstorbene auch lange über deren Tod hinaus.

Eine ergreifende Beobachtung schildert Rennie Bere in seinem Buch *The African Elephant* (1966): Eine Elefantenkuh, die sich offensichtlich mit dem Tod ihres Kalbes nicht abfinden konnte, lud sich das tote Kind auf die Stoßzähne und trug es so während mehrerer Tage mit sich.

Schimpansenunfall

Die Schimpansen der Gombe-Stream-Population in Tansania werden von Jane Goodall (1986) schon seit mehreren Jahrzehnten kontinuierlich untersucht. Von Geza Teleki (1973a, b), einem ihrer früheren Mitarbeiter, stammen eindrückliche Beobachtungen, in deren Zentrum der Tod stand. Teleki folgte beobachtend einer kleinen Schimpansengruppe und sah, wie diese auf eine andere, vergleichbare Gemeinschaft stieß. Noch während die Schimpansen, erregt über diese Begegnung, sich lautstark und mit kraftvollen Imponierläufen ausdrückten, fiel ein erwachsener Schimpansenmann von einem Baum in ein ausgetrocknetes Bachbett und brach sich dabei das Genick. Sein Tod trat sofort ein. Der Unfall löste unter den Schimpansen auffällige Bestürzung aus. Sie begannen, zu rufen und zu schreien, scharten sich eng zusammen, tauschten gegenseitig beschwichtigende und versichernde Gesten aus, setzten hin und wieder zu heftigem Imponieren an, stampften auf, rissen Pflanzenteile ab und schleuderten diese umher. Unter den Rufen war ein Laut zu hören, der wie „Wraah" klingt und sonst nur selten geäußert wird und immer als Reaktion auf eine erregende oder beängstigende Situation. Teleki schließt nicht aus, dass dieser Ruf direkter mit dem Ereignis, ja sogar mit dem Tod zu tun haben könnte als alle anderen Lautäußerungen. Entgegen der Gewohnheit zog die Gruppe nicht weiter, sondern blieb ganze vier Stunden in der Nähe des Toten. Die erste große Aufregung legte sich erst zehn bis 15 Minuten nach dem Todessturz. Von da an waren, während Stunden, immer wieder ergreifende Szenen zu sehen. Einzelne Tiere erhoben sich, stellten sich alleine oder zusammen ganz nahe zum Toten, umstanden ihn mit gesenkten Köpfen oft mehrere Minuten lang wie erstarrt. Die Schimpansen setzten sich auch einfach in die Nähe des Toten und blieben ihm mit Kopf und Blick zugewandt. Auffallend war, dass die älteren Individuen weniger lange und weniger stark im Banne des Toten standen, und die Häufigkeit von Zuwendungen war unterschiedlich, abhängig vom Geschlecht, Alter und der sozialen Stellung der Beteiligten. Erstaunlich blieb jedoch, dass all die Zeit über kein Schimpanse den Toten berührte. Die Kontakte aller blieben auf das Hinsehen und Beriechen beschränkt. Der Todessturz erfolgte am Morgen gegen halb neun Uhr. Erst zehn nach zwölf schickten sich die ranghöheren Individuen an, ihre tägliche Wanderung fortzusetzen, und 20 nach zwölf verließen die letzten, zwei junge Männer, den Toten, nachdem sie nochmals während einer Minute wie versteinert zu ihm hingesehen hatten.

Der Alterstod (Berggorillas)

Berggorillafamilien werden von einem Silberrücken geführt, also von einem ausgewachsenen und sozial maturen Mann. Untereinander leben Berggorillas in einer Altershierarchie, was heißt, dass Rangfindung und Änderungen in der Rangordnung innerhalb der Familie kaum je mit Auseinandersetzungen und Aggressionen verbunden sind. Der Chef einer Familie bleibt überdies bis in seine letzten Tage in seiner Stellung, und er wird auch dann nicht infrage gestellt.

Bisher sind etwa sechs Beobachtungen bekannt, die zeigen, dass sehr alte Silberrücken, die ihren Tod herannahen spüren, etwa zehn bis 14 Tage, bevor sie sterben, ihre Familie verlassen. Die Tatsache, dass man normalerweise ihre sterblichen Überreste nicht oder nur schwer findet, weist darauf hin, dass sie vermutlich unzugängliche Vegetationsverstecke aufsuchen.

Gelegentlich wird, wie bei Zunduruka, dem Chef der gleichnamigen Familie, der alte Silberrücken auf seinem letzten Weg von jüngeren Männern, wohl seinen Söhnen begleitet. Als Samuel seine Familie verließ, eskortierten ihn ein Schwarz- und ein Silberrücken, Rafiki und Salama. Die drei zogen weit von ihrer ursprünglichen Familie weg. Zehn Tage nach dem Auszug starb Samuel. Seine beiden Begleiter blieben weitere zehn Tage in der Umgebung des Verstorbenen, suchten ihn täglich mindestens einmal auf, setzten sich zu ihm hin, berührten seinen Körper und entfernten in den letzten Tagen auch immer Fliegenlarven, von denen der verwesende Körper des Toten besetzt war. Nach zehn Tagen verließen die beiden die weitere Umgebung des Toten.

Tod im Kreise der Familie (Gorillas)

Pepe, der alte Silberrücken der Basler Gorillafamilie, hatte sich nur kurzfristig von seiner Krankheit erholt. Er starb. Schon in den Tagen vor seinem Tod wichen Quarta, die Chefin der Familie, und ihre erwachsene Tochter Faddama nicht mehr von Pepes Seite. Als man Pepe dann eines Morgens tot inmitten seiner Familie fand, entschied man sich dafür, den Familienmitgliedern mit dem toten Pepe noch einige Stunden Ruhe zu lassen, und man schloss für diese Abschiedsstunden das Affenhaus. Die neun Mitglieder der Familie hielten sich gegen fünf Stunden ausschließlich in dem Raum auf, in dem sich der tote Pepe befand, obwohl die Türen zu den beiden angrenzenden Räumen wie üblich Tag und Nacht offen standen. Jedes Familienmitglied gestaltete den Abschied seinem Wesen entsprechend. Pepe wurde mit starr anmutenden Blicken angesehen, freundlich berührt und berochen, und Einzelne versicherten sich seiner Nähe dadurch, dass sie sich kurz zu ihm hinsetzten und einfach eine Hand auf seinen Körper legten. Die ältere Gorillafrau Kati rempelte Pepe gelegentlich imponierend an, aber ihr Verhalten galt vermutlich nicht dem Toten, sondern entsprang Katis Eifersucht all denen gegenüber, die Pepes Nähe allzu lange für sich beanspruchten. Quarta und ihre erwachsene Tochter saßen etwas abseits, Pepe zugewandt, erhoben sich aber etwa jede Viertelstunde, gingen zu Pepe hin, berührten ihn kurz und setzten sich danach wieder auf den alten Platz zurück. Die drei Kleinkinder Viatu, Wima und Vizuri – sie waren alle zwischen einem und drei Jahre alt – hatten die ganze Zeit über an den Körpern ihrer Mütter zu bleiben und durften sich nicht wie üblich in deren Umfeld spielerisch beschäftigen. Kisoro, der jungerwachsene Schwarzrücken, verhielt sich dem Toten gegenüber wie zur Zeit, als Pepe noch lebte. Er saß ruhig und freundlich beim großen, toten Gefährten, schaute ihn an und berührte ihn sanft und zurückhaltend, bis sein Jungmännertemperament von ihm verlangte, sich aufzuspielen. Er ergriff in solchen Augenblicken eine Hand oder einen Fuß Pepes und versuchte erfolglos, den Toten auf diese Weise von der Stelle zu bewegen. Goma, die älteste unter den Gorillafrauen, blieb als Einzige fast vier Stunden lang direkt neben Pepe im Körperkontakt sitzen und hielt ihre eine Hand auf den Körper gelegt. Gelegentlich beugte sie sich vor, sah Pepe ganz nahe forschend ins Gesicht oder beroch ihn. Gomas intensive Zuwendung ist verständlich, denn sie war Pepes Gefährtin von der frühesten Kindheit an. Erst als die Familienmitglieder hin und wieder für kurze Zeit auch die Nebenräume aufzusuchen begannen – und das war nach etwa fünf Stunden der Fall –, schloss man die Schieber zum Raum, in dem Pepe lag, und brachte seinen Körper anschließend zur Obduktion.

Abschied von Mahari (Elefanten)

Die Elefantenkuh Mahari lebte über viele Jahre in der kleinen Gemeinschaft afrikanischer Elefanten im Zoo Basel. Mahari erkrankte und starb, obwohl man über sieben Stunden auf vielseitige Weise und mit großem Personalaufwand versucht hatte, ihr zu helfen. In Kenntnis dessen, dass Elefanten äußerst empfindsame Wesen sind, entschied man sich dafür, den drei anderen Kühen, Ruaha, Heri und Malayka, Gelegenheit zu geben, sich von ihrer verstorbenen Gefährtin zu verabschieden. Man öffnete das Tor zu Maharis Stallteil und die große Schiebetür auf die Freianlage. Malayka und Heri traten zuerst und gemeinsam ein, stellten sich dicht an Maharis Körper, berührten diesen immer wieder mit den Rüsselspitzen, gingen um ihn herum und betasteten ihn ruhig und zurückhaltend von allen Seiten. Nach etwa fünf Minuten verließ Malayka den Stall, blieb aber an der Kopfseite Maharis stehen und befühlte mit ihren Rüsselfingern Maharis einen Stoßzahn auf dessen ganzer Länge. Sie trat noch etwas weiter aus dem Stall, blieb erneut stehen und stellte die Sohle eines Hinterfußes mehrmals sanft auf denselben Zahn. Danach zog sie sich in den Stallgang zurück. Erst jetzt, als nur noch Heri bei Mahari war, erschien Ruaha, die Matriarchin. Sie blieb ruhig unter der Tür stehen, betrachtete die Szene, die sich ihren Augen bot, berührte und befühlte danach Mahari auf ähnliche Weise, wie die beiden anderen das zuvor auch getan hatten, umrundete Mahari einmal und verließ den Stall wieder. Ihr Abschiedsbesuch dauerte nur etwa zehn Minuten, und es blieb ihr einziger. Heri allein blieb ständig in Maharis Nähe und zeigte, über das Berühren hinaus, auch andere Kontaktformen. Sie stellte sich zweimal dicht an Maharis Rücken, senkte den Kopf tief und stieß Mahari mit der Stirn mehrmals sehr langsam, aber so kräftig an, dass der tote Körper sich bewegte. Es war, als wolle sie Mahari aufwecken oder sie auffordern, doch noch aufzustehen. Danach kam für kurze Zeit Malayka noch einmal zu Besuch und berührte Mahari ausgiebig.

Es war deutlich zu sehen, dass diese Erlebnisse die drei Kühe bewegten. Sie blieben die ganze Zeit über zurückhaltend und ruhig, alle ihre Äußerungen waren ausschließlich auf Mahari gerichtet, und sie behandelten diese nicht übermütig, sondern auf bewundernswerte Weise respektvoll. Dass Ruaha sich, als Älteste, auf nur einen Besuch beschränkte, hat wohl damit zu tun, dass sie, trotz ihres Alters, auf unvertraute Situationen immer erregt und übervorsichtig reagiert und immer Zeit braucht, bis sie entscheidet, was zu tun ist. Ebenso verständlich ist, dass Heri sich Zeit nahm und bei Mahari blieb. Die beiden – Heri und Mahari – waren schon seit ihrem dritten Lebensjahr zusammen und kamen als jungerwachsene Kühe auch zusammen nach Basel. Eine Freundschaft von mehr als 20 Jahren hat sie verbunden.

Mütter und Kinder (Menschenaffen)

Mehrere und detailreiche Beobachtungen – aus dem Freileben und aus dem Zoo – zum Verhalten von Menschenaffen toten Artgenossen gegenüber sind von Müttern bekannt, die den Tod eines Säuglings oder Kleinkindes zu verkraften hatten.

Menschenaffenmütter tragen ihre Neugeborenen von der Geburt an während drei bis vier Monaten rund um die Uhr am Körper. Weil bei ihnen die Kindersterblichkeit mit etwa 30 Prozent, im Zoo und im Freileben, relativ hoch ist, wird jede Mutter damit konfrontiert, ein solches „Schoßkind" zu verlieren. Im Anschluss an solche Todesfälle ist bei allen Menschenaffen zu beobachten, dass verstorbene Kinder von den Müttern noch sechs bis zwölf Tage über den Tod hinaus am Körper mitgetragen werden. Stellvertretend für solche Fälle möchte ich hier persönliche Beobachtungen an Jacky, einer Schimpansenmutter in der Familie des Basler Zoologischen Gartens, schildern.

Jacky ist eine ältere, im Umgang mit Kindern äußerst erfahrene Mutter. Vor einigen Jahren verlor Jacky ein Töchterchen, das knapp vier Wochen alt war. Jacky war an jenem Tag nicht dazu zu bewegen, ihr totes Kind dem Pfleger auszuhändigen, und verweigerte das auch in den Tagen danach. Während der ersten beiden Tage nach dem Tod verhielt Jacky sich dem toten Kind gegenüber genauso mütterlich wie zuvor, als es noch lebte. Sie trug es sorgsam am Körper, wandte sich seinem Körperchen pflegend mit Fingern, Lippen, Zähnen und Zunge regelmäßig zu, und sie brachte es gelegentlich auch andeutungsweise zur Brust, wohl in der Hoffnung, dort die beim Kind ausbleibenden Reaktionen auf ihre Zuwendungen wachrufen zu können. Von der üblichen Routine wich Jacky nur darin ab, dass sie ihr Kind, das sich nicht mehr selber festhielt, ständig mit einem oder beiden Armen stütze. Am dritten Tag schien sich Jackys Bindung an ihr totes Kind etwas zu lockern. Sie pflegte sein Körperchen nicht mehr so häufig, trug es oft einfach über den Unterarm gelegt, wobei es beidseitig nach unten baumelte, mit sich oder hielt es in einer Faust. Setzte sie sich für längere Zeit irgendwo hin, so legte sie jetzt ihr totes Kind einfach neben sich auf den Boden. Noch immer trug sie es aber, wenn sie unterwegs war, bei sich und hütete es aufmerksam. Allmählich begann sie auch zu dulden, dass neugierige Familienmitglieder mit dem Körperchen sanfte Erkundungskontakte aufnahmen. Der nächste Schritt in diesem Ablösungsprozess war dann, vom vierten Tag an, dass sie ihr Kind, wenn keine anderen Schimpansen in der Nähe waren, auch einfach liegen ließ und sich zwei bis drei Schritte von ihm entfernte. Sobald allerdings jemand dem Körperchen zu nahe kam, eilte sie herbei und unterband jegliche Kontakte. Zugeständnisse im Hinblick auf Kontakte machte sie nur ihrem eigenen älteren Kind gegenüber. Am sechsten Tag ließ Jacky ihr Kind kurz in einer Schlafbox liegen, als sie, auf die Schreie eines ihrer älteren Kinder hin, diesem zu Hilfe eilen wollte. Man schloss hinter ihr den Schieber, und so gelang es am sechsten Tag, das verwesende Körperchen des toten Kindes zu bergen.

Das Verhalten von Mutter Jacky ihrem toten Kind gegenüber ist kein Einzelfall und bleibt auch nicht auf Schimpansen beschränkt. Bis in alle Details vergleichbare Beobachtungen an Müttern, deren Kinder im Verlaufe der „Schoßzeit" verstarben, konnte ich in zwei Fällen auch bei wild lebenden Berggorillas machen. Auch diese beiden Mütter, Liza und Walanza, bezeugten Mühe, sich von den verstorbenen Kindern zu trennen, und trugen deren leblose Körperchen, bevor sie sie einfach eines Tages hinter sich zurückzulassen vermochten, von einem oder von beiden Armen gestützt, noch während acht respektive zehn Tagen mit sich.

Chaos und Ordnung im Ritual – Eine heilsame Polarität[1]

Cornelia Vogelsanger

Auf diesem Kongress wird ein Fächer von Definitionen und Analysen des Ritualbegriffs ausgebreitet. Ich werde die Fragestellung einschränken und nur vom religiösen Ritual im engeren Sinne sprechen – von dem also, was meiner Meinung nach ein religiöses Ritual ausmacht, worin seine Bedeutung und seine Wirkung bestehen. Ich nehme mir auch die Freiheit, da und dort Einspruch zu erheben gegen Äußerungen in den anderen Beiträgen zu diesem Band. Meinen Ausführungen lege ich die Kategorien von Chaos und Ordnung zugrunde und knüpfe damit an die großen Entwürfe von Arnold van Gennep und Victor Turner an, aber auch an eigene Erfahrungen, die ich in Indonesien, v. a. aber in Indien über viele Jahre mit Ritualen machen konnte und die mich erst ein tieferes Verständnis für das, was im Ritual geschieht, gelehrt haben.

Als Ethnologin sehe ich Rituale in erster Linie als Schöpfungen der Kultur an, als Erfindungen, Gesamtkunstwerke und damit auch, selbstverständlich, als Produkte geschichtlicher Gegebenheiten – Produkte, die der Kulturkritik unterzogen werden dürfen. Hier werden uns jedoch gläubige Menschen aus ganz verschiedenen Religionen sogleich widersprechen, sehen sie doch das Ritual – ihr eigenes Ritual – nicht als eine kulturelle Leistung, eine Erfindung, die in einem bestimmten Kontext gemacht wurde, sondern als aus einer anderen Dimension stam-

---

[1] Der vorliegende Text wurde nicht zu einem Aufsatz umgearbeitet, sondern behält, dem Wunsch der Herausgeber gemäß (mit Ausnahme notwendiger Anpassungen an die schriftliche Form; die Hrsg.) die Form des mündlichen Vortrages bei. Erhalten blieb auch der aktuelle Bezug zum Erdbeben, das am 26. Januar 2001 den Westen Indiens heimsuchte – eine Katastrophe, die in unserem Gedächtnis unterdessen längst durch jüngere Ereignisse abgelöst wurde.

mend an; für sie wurde es gefunden, übermittelt, geschaut. Ihnen ist das Ritual ein Geschenk der Götter, der Seher und Propheten, der Ahnen. Vielleicht könnten wir uns indes darauf einigen, dass, woher auch immer die Rituale ihren Ursprung haben, das Bewahren und Tradieren von Ritualen eine wichtige Aufgabe der Kultur ist.

Bevor wir uns einigen Definitionen zuwenden, zitiere ich zwei allgemeine Sätze zur Bedeutung von Ritualen. Den ersten habe ich mir aus einem Radiogespräch mit der britischen Ethnologin Mary Douglas notiert. „Rituale sind für die Kommunikation wichtiger als die Wörter für das Denken." Eine provokative Aussage, die auch zum Widerspruch reizt – aber lassen wir uns einmal darauf ein. Ritual, meint Mary Douglas, leiste Kommunikation, und ohne Kommunikation sei Kultur nicht denkbar. Menschen können gar nicht anders als Rituale erfinden, und wir haben sogar gesehen, dass Rituale nicht erst beim Menschen beginnen. Der Mensch ist, wie Victor Turner behauptet und wie die in den vergangenen Jahrzehnten seit seinem Tod vorangetriebene Hirnforschung zu bestätigen scheint, neurobiologisch darauf angelegt, durch Rituale zu kommunizieren.

Der zweite Satz stammt von André Malraux und ist nicht nur auf die Rituale gemünzt, sondern auf die Kunst allgemein: „Die Welt ist stärker als der Mensch, aber die Sinndeutung der Welt ist stärker als die Welt." (Diesen Satz verdanke ich der verstorbenen Künstlerin Irma Breitwieser.) Auf das Ritual bezogen, betont der Satz die Konstruktion von Sinn als kulturelle Leistung. Der Mensch transzendiert seine physische Existenz dank der Möglichkeit, die Welt deuten und ihr einen Sinn abringen zu können. Seine Deutung überdauert sein irdisches Leben. Sokrates ist nicht vergessen, und die wedischen Schriften wie auch die wedischen Riten sind nach Jahrtausenden noch immer im Gebrauch.

Wenn nun aber Kommunikation und Konstruktion von Bedeutung wesentliche Funktionen des Rituals sind, so ist auch der *konservative* Charakter von Ritualen damit hinlänglich erklärt. Was auf Kommunikation abzielt, was Sinn ergibt, kann nicht täglich neu erfunden werden. Warum hält man im Ritual so zäh an archaischer Sprache, an unverständlichen Gesten fest? Nicht aus Mangel an Fantasie oder Spontaneität, sondern ganz einfach deshalb, weil ständige Neuerungen die Kommunikation sinnlos erschweren, ja verunmöglichen. An wen richtet sich denn die Kommunikation? Sozialwissenschaftler denken seit Émile Durkheim zuerst an die Gesellschaft.

Aber ein religiöses Ritual ist ein vielschichtiges Geschehen. Kommuniziert wird mit Göttern, Geistern, Ahnen – mit der Anderswelt, mit der Umwelt, mit dem Ursprung, von dem man sich nicht abschneiden möchte. Es geht um Kommunikation mit der Vergangenheit und der Zukunft, mit vergangenen und zukünftigen Generationen, mit der großen und der kleinen Schöpfungsordnung. Und so mehr nebenbei – aber deshalb nicht weniger wirksam – bietet das Ritual auch sehr präzise Mitteilungen, die sich an die eigene Gesellschaft richten.

Wie in den Beiträgen zu diesem Band zu sehen ist, definiert sich ein *religiöses* Ritual dadurch, dass es auf Transzendenz abzielt, dass es einen Kontakt mit dem Bereich des Transzendenten herstellt. Ist es denn notwendig, auch Religion näher zu definieren? Ich glaube, ja, weil herkömmliche Konzepte noch immer die Diskussion über Religion zu einseitig bestimmen. Die Vorstellung einer oder auch mehrerer Gottheiten kann meiner Meinung nach nicht das zentrale Kriterium für Religion sein. Ich bin mit der Position einverstanden, dass es im Ritual um das Knüpfen einer Verbindung geht, um einen Kontakt mit „etwas", aber dieses Etwas hat nicht unbedingt mit Gott zu tun, ist auch nicht Gott zu nennen. Es gibt Religionen ohne Gottesvorstellung wie etwa den Buddhismus oder auch gewisse Formen des Hinduismus, und es gibt andererseits Religionen, die zwar höhere Gottheiten – z. B. Schöpferwesen – kennen, aber mit ihnen gar keinen Kontakt anstreben, sondern vielmehr die Verbindung zu den Ahnen oder zu kleineren, untergeordneten Geisterwesen suchen. Der Gedanke an Gott scheint deshalb kein so entscheidendes Kriterium zu sein, wie frühere Forscher aus ihrer ethnozentrisch europäischen Sicht anzunehmen geneigt waren. Ich folge ein Stück weit Clifford Geertz (1983), wenn er Religion als ein Symbolsystem definiert, „das lange anhaltende Stimmungen und Motivationen schafft".

Und ich schlage außerdem vor, die Frage nach dem Menschenbild mehr ins Zentrum zu rücken, als es bisher in der Religionsforschung geschehen ist. Wer bin ich? Woher komme ich? Wohin gehe ich? Was mache ich hier? In welche Ordnung gehöre ich? Mit wem bin ich verbunden und auf welche Weise? Mit welcher Intensität und Tiefenschärfe diese Fragen gestellt bzw. beantwortet werden, bestimmt weitgehend die gelebte Religion. Deshalb darf das Menschenbild als zentrales Kriterium für Religion gelten. Rückt man jedoch das Menschenbild ins Zentrum der Religion, wird man sich auch vermehrt der Tatsache bewusst, dass andere Religionen andere Psychologien hervorgebracht haben als unsere jüdisch-christliche. Es geht hier nicht nur um Mentalitäten, sondern um Paradigmen – ein weites Feld für die Religionsforschung und ein noch weitgehend unbeackertes.

Kehren wir jedoch zum Ritual zurück: Es kann als ein geordneter Ablauf symbolischer Handlungen definiert werden. Einerseits steht dieser Handlungsablauf in einer komplexen Beziehung zur Alltagswirklichkeit, andererseits stellt er aber doch auch etwas Geschlossenes, vom Alltag Abgetrenntes dar. Die Polarität von Ordnung und Chaos erscheint sowohl in der Alltagswirklichkeit wie auch im Ritual. In Letzterem werden die Kategorien Ordnung und Chaos bewusst inszeniert, und zwar mit der Intention, auf die Alltagsrealität einzuwirken, sie zu verändern.

Auf wie verschiedene Weise die Polarität Chaos/Ordnung spielen kann, sei hier nur kurz umrissen: Einerseits kann die erstarrte Alltagskonvention durch ein im Ritual inszeniertes Chaos radikal infrage gestellt werden (Fastnacht, Saturnalien sind Beispiele dafür). Das Ritual hebt dann die weltliche Ordnung vorübergehend auf, stellt eine Verbindung her mit einer größeren, umfassenderen Ordnung – die auch für die Umkehr aller Werte, für Chaos, Raum enthält, die alle gleich macht und dadurch heilend wirkt. Allerdings kann man hier einwenden, dass durch solche Umkehrrituale letztlich meist doch der gesellschaftliche Ist-Zustand, mit anderen Worten der bestehende Filz, bestätigt und sogar gestärkt wird. Eine andere Spielart der Polarität zeigt sich im Ritual zum Zeitpunkt großer Krisen, wenn im Alltag real die bestehende Ordnung zusammengebrochen ist. Hier kann möglicherweise das Ritual Ordnung schaffen, vielleicht in zwei Schritten, indem im geschützten Rahmen des Rituals zunächst die Krise dramatisch *zugespitzt* und dann symbolisch *gelöst* wird. Auch hier – immer – schafft das religiöse Ritual einen Bezug zu einer größeren, umfassenderen Ordnung, in der die Gesetze der Alltagswirklichkeit zugleich relativiert und aufgehoben (im doppelten Sinne) werden.

Um das Krisenritual, das eine spezielle Form der Rites de Passage ist, geht es mir in diesem Beitrag.

Das Krisenritual folgt den gleichen Regeln wie andere Übergangsrituale (die ja immer ein Element der Krise enthalten): Es ist ein geordneter Ablauf von symbolischen Handlungen, es besteht aus *Anfang – Mitte – Ende,* also drei (wiederum unterteilbaren) Phasen, deren Verlauf und Abfolge bekanntlich immer gewissen formalen Regeln unterliegen. Die wichtigste Regel lautet: Anfang und Ende müssen klar strukturiert sein, in der mittleren Phase dagegen – der liminalen – ist vieles möglich, da darf, da soll allenfalls die Welt völlig aus den Fugen gehen. In vielen Kulturen – allerdings nicht in der unsrigen – geht die ganze Intention des religiösen Rituals darauf aus, mit allen denkbaren Mitteln, als da sind Besessenheit, Schreien, Zungenreden, Tanzen, Lärmen, Langeweile, Erschöpfung, ja völliger körperlicher und seelischer Zusammenbruch, *die Verbindung mit einer höheren Ordnung wieder zu finden,* und genau dadurch geschieht Heilung.

Es leuchtet ein, dass die Beziehung von Chaos und Ordnung im Ritual eine *labile* ist, gekennzeichnet durch gegenseitige Abhängigkeit: Mit anderen Worten, wenn der *Anfang* (die Trennung vom Alltag) und das *Ende* (die nun wiederum notwendige Trennung von der transzendenten Wirklichkeit und Rückkehr in den Alltag) nicht klar genug strukturiert sind, können sich die Teilnehmenden auf den Heilung versprechenden Zusammenbruch nicht wirklich einlassen, sie bleiben entweder gehemmt, weil sie sich vom rituellen Rahmen nicht genügend geschützt fühlen. Oder sie öffnen sich trotzdem, bleiben in der liminalen Phase hängen und werden womöglich psychotisch, weil die Rückkehr in den Alltag nicht gelingt.

Das Krisenritual bleibt auch gerade *deshalb* immer ein riskantes Unternehmen, weil eine unwiderrufliche Veränderung gefordert oder intendiert ist.

Verschiedene Forscher, unter ihnen Victor Turner, treffen eine Unterscheidung zwischen Zeremonie und Ritual, die mir nützlich erscheint. Die Zeremonie zielt darauf ab, bestehende Hierarchien und Ordnungen darzustellen und zu bestätigen (Beispiel Königskrönung). Zeremonie verstärkt die geltende Ordnung, unterstreicht Machtverhältnisse, ihre Wirkung ist statisch. Das Ritual dagegen intendiert Veränderung, es ist ein dynamisches Geschehen, es ist, um es etwas überspitzt auszudrücken, sozusagen auf das Unvorhersehbare ausgerichtet. Im konkreten rituellen Geschehen stellen wir allerdings fest, dass rituelle und zeremonielle Aspekte meistens untrennbar miteinander verknüpft sind. So wird bei der Königskrönung einerseits mittels zeremonieller Prachtentfaltung die Kontinuität der Herrschaft bestätigt, andererseits ist die Krönung auch ein Übergangsritual mit den üblichen Merkmalen ritueller Krisenbewältigung, in dem unwiderruflich eine Statusänderung vollzogen bzw. ein neuer Herrscher eingesetzt wird.

Vor einigen Jahren wurde bei den Bestattungsfeierlichkeiten für Prinzessin Diana die immer latent vorhandene Spannung zwischen zeremoniellen und rituellen Aspekten in Einzelheiten deutlich: z. B. dann, als die Königin dem Druck der Öffentlichkeit nachgab und, vor dem Buckingham-Palast stehend, den vorbeiziehenden Leichenwagen ihrer Schwiegertochter grüßte, während die Palastfahne heruntergelassen wurde. Dies war eine unvergessliche Szene am Bildschirm, eine unwiderrufliche rituelle Geste, die zeigte, dass Rituale verändert werden *können,* die aber auch belegt, welche Widerstände rituellen Änderungen entgegenstehen und welche Risiken solche Änderungen enthalten. Man hat vermutet – die Zukunft wird es erst erweisen –, dass die Stellung der Königsfamilie in der britischen Öffentlichkeit in dieser Minute für immer verändert wurde. Die kleine, rein symbolische Handlung machte auch deutlich, welche Machtkämpfe rituellen und zeremoniellen Konventionen zugrunde liegen können.

Im Folgenden stelle ich anhand einer Bildergeschichte vor, wie die universalen Kategorien von Chaos und Ordnung sowohl in einem Mythos wie auch im Ritual ganz allgemein dargestellt und erfahren werden. Es handelt sich um einen Zyklus von Bildern, die ein nordindischer Künstler am Ende des 18. Jahrhunderts geschaffen hat: Illustrationen zu einem Sanskrit-Text, der aus dem 6. Jahrhundert stammt und der einen Mythos erzählt. Dieser Text oder dieses Gedicht wird noch heute von Millionen von Menschen rezitiert, entweder täglich – oder auch gelegentlich. Die Rezitation des Textes ist selbst ein Ritual. Sie wird als esoterisches Ritual von Initiierten und Priestern ausgeführt oder aber, besonders heutzutage, als Krisenritual, das auch von Laien aus gegebenem Anlass vollzogen werden kann. Der Text heißt *Devimahatmya* oder auch *Durgasaptashati* und ist ein Ruhmgedicht auf die Macht und den Sieg der großen Göttin. Beschrieben wird, wie die Welt wieder einmal im Chaos zu versinken droht; da greift die Göttin ein und befreit den Kosmos von der Frechheit der Dämonen. Religionsgeschichtlich gesehen, ist dieser Text ein bedeutsames Dokument, belegt er doch einen Transformationsprozess, der im Hinduismus viele Jahrhunderte gedauert hat: die Aufnahme der autochthonen Göttin der indischen Ureinwohner in das stark patriarchal geprägte wedische Pantheon. Der Mythos ist nichts anderes als die brahmanische Interpretation dieser großen Veränderung. Sanskrit ist die heilige Sprache der Weden, der Priesterklasse vorbehalten, in deren Texttradition ab dem 6. Jahrhundert Dewi, die große Göttin, ihren Platz behaupten wird.

Wie erwähnt, sind die Bilder rund 1200 Jahre jünger als der Text, den sie illustrieren, und für den Maler des ausgehenden 18. Jahrhunderts ist Dewis Platz im Götterhimmel unumstritten. Er stellt den zu seiner Zeit längst allgemein akzeptierten Mythos in mehr oder weniger konventioneller Manier dar. Gleichzeitig und beiläufig, dem Künstler vielleicht unbewusst, fließt auch sein *Ritualverständnis* in die Bilder ein, und darauf richtet sich hier unser Augenmerk.

Das erste Bild (vgl. S. 49) zeigt einen leeren, reinen, von den Wirren des Alltags getrennten Raum, in dem sich die Götter versammelt haben. Sie bilden einen Kreis, in dem die höchsten Gottheiten des indischen Pantheons deutlich zu identifizieren sind: Brahma oben rechts mit vier Köpfen, Shiva und Vishnu links. Die Götter konzentrieren sich auf die Mitte des Kreises, zu dem sie ihre subtile Lebenskraft (Prang) senden, was durch feine rote Strahlen, die von jedem Gott zur Mitte ausgehen, dargestellt ist. Im Augenblick der Krise rufen die vereinigten Götter die Göttin aus dem All, oder sie erschaffen sie, geben ihr Form. Die Göttin erscheint in einem Flammenmeer, sie ist rot gekleidet, was ihre weibliche Schöpfungskraft (Shakti) andeutet. Sie ist vielarmig, d. h. potent und aktiv. Und die Götter übergeben ihr Waffen.

Damit ist die Eingangsphase des Rituals, die Reinigung, Sammlung und Anrufung enthält, abgeschlossen. Sie wird in sämtlichen indischen Ritualen immer wieder inszeniert. Im Dorfritual kann das beispielsweise so geschehen, dass die Frauen einen Kreis bilden und die ganze Nacht tanzen, um die herbeigerufene Kraft, Shakti, durch ihre Konzentration in der Nähe zu halten. Dörfliche Rituale von Angehörigen niedriger Kasten sind dadurch gekennzeichnet, dass alle an der Kraft teilhaben. Anders verhält es sich im Tempelritual. Da vollzieht der Priester, der Brahmane, die Herbeirufung der Gottheit, er verehrt sie, er belebt das Götterbild, er führt alle Riten stellvertretend für die andern aus, die dabei nicht unbedingt aufmerksam oder präsent zu sein haben. Und nochmals anders verhält es sich im esoterischen Ritual. Der oder die Initiierte reinigt den Raum, ruft die Gottheit herbei, bringt die Opfergaben dar, alles ganz alleine und in der Imagination, vielleicht bewegt sich die Person dabei gar nicht und vollzieht die Riten nur im Geiste oder aber mit minimalen symbolischen Gesten und Instrumenten.

Im zweiten Bild erscheint die Göttin zum Kampf bereit, der im Ritual der mittleren, der liminalen Phase entspricht. Die Götter ziehen sich jetzt zurück, und es ist amüsant zu sehen, wie die mächtigen männlichen Götter am Rande stehen oder aus ihrem sicheren Wolkenthron das weitere Geschehen beobachten. Denn die irdischen Machtverhältnisse sind vorübergehend aufgehoben: Dewi, die große Göttin, kämpft allein in verschiedenen Episoden. Mit ihr kämpft ihr Gefährte, der Löwe. Er stellt die wilde, unkontrollierte Kraft der Natur dar, die man sich in Indien als dem Weiblichen (Shakti) sehr nahe vorstellt. Der Kampf wogt nun hin und her, Shakti beherrscht die Szene, während die Götter der Frechheit der Dämonen bestürzt und verdattert gegenüberzustehen scheinen. Im dritten unteren Bild treibt die Krise auf ihren Höhepunkt. Der Göttin sind alte Muttergottheiten zu Hilfe geeilt, archaische Gottheiten, wie sie in Indien heute noch in den Dörfern verehrt werden: Sie sind auf ihren verschiedenen Reittieren dargestellt, sie greifen an. In einer weiteren Episode hat es die Göttin mit einem Dämon zu tun, der Raktabija („Blutsame") genannt wird. Wie die griechischen Halbgötter ist er ein Sohn der Mutter Erde, und sobald einer seiner Blutstropfen auf die Erde fällt, entstehen daraus unzählige neue Dämonen. Die Göttin gerät hier an ihre Grenzen, und diese Grenzen sind diktiert von den Reinheitsregeln und dem Kampfeskodex der höchsten Kasten. Sie kann mit Blut nicht direkt umgehen und wird deshalb sehr zornig. Aus ihrem Zorn, aus ihrer im Zorn aufschwellenden Stirn wird nun Kali geboren, die schwarze Göttin, und mit ihr erscheint eine Kraft, die alle Regeln bricht und alle Werte umkehrt. Kalis Aufgabe ist die Reinigung des Universums von allem, was sich überlebt hat. Sie erscheint in einer Gestalt, die allen Konventionen der indischen Gesellschaft ins Gesicht schlägt: schwarz, nackt, hässlich, abgemagert, mit verfilzten Haaren. (So darf das Weibliche im Alltag nicht in Erscheinung treten.) Kali scheut sich nicht, das Blut ihrer Opfer zu trinken. Sie entspricht der untersten Schicht der indischen Kastengesellschaft, den dunkelhäutigen Ureinwohnern (Adivasi), die gemieden und verachtet werden, denen aber in der indischen Kultur die sehr notwendige Arbeiten der Reinigung übertragen sind (was wiederum die höheren Kasten von den Tieferkastigen abhängig macht).

In zwei weiteren Bildern wird nochmals der Gegensatz zwischen Dewi und Kali vor Augen geführt, die eins sind und doch so verschieden erscheinen. Dewi, die edle Göttin auf ihrem Löwen, zwar bewaffnet, sehr gefährlich, imposant – aber auch hell und lächelnd: Sie lächelt auch, wenn sie tötet. Alan Ginsberg hat das in einem Gedicht ausgedrückt: *The Smile of Greta Garbo on the Face of Durga*. Die Göttin trägt eine Lotosblüte, ein Hinweis auf ihre ewige, göttliche, unbewegt friedliche Natur. Ein blühender Baum deutet ebenfalls ihre freundliche, letztlich die Menschen beschützende, wohlwollende Seite an. Kali hingegen ist schwarz. Ihr Ausdruck ist verzerrt, sie ist abgemagert, ihre Haare sind gesträubt, sie ist nackt, sie hat kein Reittier, sondern wird von Schakalen begleitet, manchmal sind es auch Hunde, Krähen oder Geier, also Aasfresser, die großen Reiniger in der Natur. Das Überlebte entsorgen: Genau dies ist auch Kalis Aufgabe im Universum. Der Baum auf diesem Bild verliert seine Blätter, denn Kali ist als ältere Frau dargestellt, als Frau nach der Menopause, eine Frau, deren entfesselte destruktive Energie in Indien allgemein gefürchtet wird. Es geht nun, im Moment der Krise, darum, die gerufene Energie zu kanalisieren. Der Künstler versucht dies, indem er Kali als Dienerin der großen Göttin darstellt, sie in eine Hierarchie einordnet; denn das Problem ist, die Energie, die man gerufen hat, auch rechtzeitig wieder loszuwerden. Tatsächlich ist es nicht so einfach, im Ritual die liminale Phase einzugrenzen und zu einem guten Ende zu bringen. Während viele Stammesreligionen alle möglichen Formen von Besessenheit, Trance und Unordnung im Ritual tolerieren und sogar in diesen Grenzerfahrungen den Königsweg zu Heil und Heilung sehen, fürchten Hochkulturen eher die Riten entfesselter Kraft. Entsprechend erzählt der Mythos von Kali, wie sie nach ihrem Sieg über die Dämonen in Raserei verfällt und sich anschickt, die Welt, die sie gerade befreit hat, nun gänzlich zu zerstören. Nur *einer* unter den Göttern kann es in dieser Phase mit Kali aufnehmen, nämlich der Gott Shiva, der selber einen destruktiven Aspekt hat und der zu dieser wilden Weiblichkeit einen andern Zugang hat als die andern Götter. Shiva legt sich nun der über das Schlachtfeld rasenden Kali in den Weg und beruhigt sie so, er bringt sie zum Anhalten, weckt aus dem Wahnsinn, der sie beherrscht, ihre mütterliche, friedliche Seite.

Im Ritual ist es entscheidend, wie die liminale Phase zum Abschluss gebracht wird. Je wilder die Kräfte sind, die entfesselt wurden, desto schwieriger ist es, sie wieder zu beruhigen. Im nächsten Bild ist diese Beruhigung vollbracht. Die Götter sind auf den Schauplatz zurückgekehrt. Sie ehren die Göttin auf ihrem Thron mit Dank- und Demutsbezeugungen. Hier wird die Göttin als Herrin des Universums dargestellt. Ihr Löwe sitzt imposant und wachsam zu ihren Füßen. Doch deutet die gesammelte Rückkehr der männlichen Götter schon an, dass nun bald die alten Hierarchien wieder hergestellt werden. Und das nächste Bild zeigt den Abschied. Die Göttin wird nun verabschiedet, der Besuch ist vorbei. Jedes Ritual kann auch mit einem Besuch aus der transzendenten Welt verglichen werden. Ein indisches Ritual endet unweigerlich damit, dass die aus dem Universum herbeigerufene Macht wieder zurückgegeben wird, und dies geschieht konkret, indem das Götterbild ins Wasser gebracht, im Wasser wieder aufgelöst wird. Was herbeigerufen wurde, muss wieder entlassen, verabschiedet werden, so lautet eine wichtige Regel des Rituals. Oder, wie Johanna Pfaff einmal formuliert hat: „Was aufgewühlt wurde, muss wieder beruhigt werden." Der Löwe hat sich schlafen gelegt. Die Göttin sitzt jetzt auch nicht mehr auf ihrem Thron, sondern sie hat ihre transzendente, friedliche Form angenommen, sie sitzt auf einer Lotosblüte, die in Indien ein Symbol nicht nur für die ewige Natur der Götter, sondern auch für das Göttliche im Menschen ist. Das allerletzte Bild schließlich zeigt die so außerordentlich wichtige Phase der Auflösung (Visarjana). Die Form, in der sich das Göttliche manifestiert hat, wird wieder aufgelöst, und aufgelöst wird auch die Communitas. Die Götter gehen auseinander und kehren an ihre verschiedenen Orte zurück. Verwirrung breitet sich aus, man ahnt Ratlosigkeit, Diskussion, neu erwachende Rivalitäten, der Transfer in den Alltag steht bevor.

Ich fasse zusammen. Im Mythos vom Kampf der Göttin gegen die Dämonen wird eine Struktur des Rituals erkennbar, die in den indischen Religionen auf allen Ebenen praktiziert wird; esoterische Rituale, orthodoxe Tempelriten oder Rituale, die von Adivasi und Dalit im Freien gefeiert werden, weisen alle im Grunde dieselbe Struktur auf. Und diese Struktur findet sich auch in Ritualen anderer Religionen mehr oder weniger deutlich. Selber habe ich anhand indischer Rituale am eindrücklichsten erlebt und auch verstanden, wie notwendig der Anfang, das Herstellen von Leerheit bzw. die Reinigung des sakralen Raumes ist und wie notwendig am Ende das Aufgeben jeder Form.

Ich möchte mit einer Erfahrung abschließen, die ich Ende Februar dieses Jahres in Indien gemacht habe bzw. von der mir berichtet wurde. Auch hier geht es um die Beziehung von Chaos und Ordnung und um die Bedeutung des Rituals in der Krise. Vier Wochen nach den großen Erdbeben in Gujarat[2] besuchte ich eine Region in Kutch, nahe der pakistanischen Grenze, in der kein einziges Haus mehr ste-

---

2 Indischer Staat an der Westküste des Subkontinents (Anm. der Hrsg.).

Abb. 1: Anrufung: Die versammelten Götter rufen die weibliche Schöpfungskraft aus dem All

Abb. 2: Liminale Phase, Chaos: Kali, Durga und Muttergöttinnen in der Schlacht gegen die Dämonen

Abb. 3: Der Kampf ist zu Ende. Abschied

Abb. 4: Auflösung der Form. Die Göttin ist ins All zurückgekehrt

hen geblieben war. Vor dem 26. Januar 2001 war Kutch war für seine schönen, innen bemalten und ausgeschmückten Häuser, seine stolzen Menschen mit ihrem aufrechten Gang, für die anmutigen Frauen in ihren gestickten Kleidern berühmt gewesen und war in den letzten Jahren auch zunehmend von Touristen besucht worden. Nun erlebte ich einen Trip in die Hölle – eine Hölle, in der Regierungsvertreter, Händler, Polizisten, leitende Manager international renommierter Hilfswerke die Kontrolle übernommen hatten. Funktionäre setzen sich mit Jeeps und Mobiltelefonen in Szene, vor allem an der Hauptstraße, wo die Armee den Schutt zerstörter Ortschaften weggeräumt und Platz für die großen Zelte der Kontrollposten, Hilfsorganisationen und der zahlreichen neu eröffneten „Offices" geschaffen hatte. In wenigen Tagen war eine Zeltstadt von imposantem Ausmaß entstanden. Das zerstörte Land wirkte auf mich vor allem wie ein Land im Krieg, ein besetztes Land. Die Menschen, die Häuser, Angehörige, Hab und Gut verloren hatten, kampierten im Freien und versuchten, nicht aufzufallen. Unzählige Kinder, die ihre Eltern verloren hatten, wurden bei Verwandten und Nachbarn versteckt – es war von tausenden von Waisenkindern die Rede, aber niemand wusste Genaueres. Offensichtlich hatten die Leute Angst, die Kinder würden an Organhändler, Bettlerorganisationen oder an die Bordelle von Bombay verkauft. Von den Hilfsgütern, die aus der ganzen Welt, aber auch von der sehr großzügig spendenden indischen Bevölkerung gesandt wurden, gelangte wenig zu den Opfern – der Großteil wurde auf dem Schwarzmarkt in den Städten verkauft oder verrottete in Schiffen im Hafen. Die Regierung stellte den Leuten nicht einmal Schaufeln zur Verfügung, geschweige denn Futter für ihre verhungernden Kühe. Und das Beklemmende war, dass die Menschen von Kutch gar nicht um Hilfe baten. Ganze Dörfer wehrten sich dagegen, von irgendwelchen Organisationen „adoptiert" und entmündigt zu werden. Wehren mussten sich allerdings die Dörfer an der Straße. Die meisten zerstörten Dörfer liegen nicht an der Straße und dürften bis heute keinerlei Hilfe bekommen haben. Mit anderen Worten: Auf die Naturkatastrophe war ein von Menschen geschaffenes Chaos gefolgt, das viel schlimmer ist als das Erdbeben selbst, das noch lange andauern wird und an dem viele gut verdienen.

Da wurde mir eine Geschichte erzählt, der ich von Dorf zu Dorf nachgehen konnte. Einige Tage nach dem Erdbeben tauchte in einem der am meisten betroffenen Landstriche eine Gruppe von über hundert Tibetern auf, vor allem junge Männer und Mönche, die von sehr weit her kam, aus dem Norden Indiens. Sie sagten, der Dalai Lama habe sie geschickt. Sie kannten sich in der Gegend überhaupt nicht aus, sprachen die Landessprache nicht, sahen exotisch aus, und außerdem waren sie Buddhisten – diese Religion ist in Kutch seit vielen Jahrhunderten nicht mehr bekannt.

Warum kamen Tibeter nach Kutch? Sie begründeten das ganz einfach: Indien hat sie einst als Flüchtlinge aufgenommen, als sie nicht mehr besaßen als das nackte Leben. Sie betrachten deshalb Indien als ihre Mutter, und nun war, wie sie sagten, die Mutter in Not.

In jenen Tagen war die Luft in dieser Gegend von unerträglichem Leichengestank erfüllt, der von den verwesenden Menschen und Tieren ausging. Die Überlebenden standen unter Schock, es fehlte an Werkzeug, und außerdem ist der Tod für Hindus ein rituelles Problem – viele sahen sich aus religiösen Gründen gehindert anzupacken. Die Tibeter schlugen bei einem zerstörten Dorf ihr Lager auf, banden sich Tücher vor die Gesichter, zündeten Weihrauch an und begannen mit der Arbeit. Die Mönche in ihren rotgelben Gewändern, die jungen Männer mit Baseballmützen, auf denen „Free Tibet" aufgedruckt war, räumten Trümmer beiseite, bestatteten die Toten und rezitierten dabei vom Morgen bis zum Abend unaufhörlich Gebete, die von den Dorfbewohnern nicht verstanden wurden, aber doch völlig die Atmosphäre verwandelten. Die Wirkung dieser Verbindung von Ritual und Aufräumarbeit war unbeschreiblich. Friede breitete sich aus, die Menschen erwachten plötzlich aus ihrer Erstarrung und wurden selber aktiv. In den Gebeten übrigens, die tibetische Mönche bei einem Todesfall rezitieren, geht es darum, die verwirrten Seelen der Verstorbenen sicher durchs Jenseits zu begleiten, ihnen den Weg zu zeigen. Es erwies sich, dass der kleine Hindutempel des Dorfes wunderbarerweise fast unzerstört war, und die Tibeter räumten zusammen mit den Dorfbewohnern den Schutt beiseite und stellten den Hindutempel sorgfältig instand. Nach wenigen Tagen hatten sie das Dorf von Trümmern befreit, verabschiedeten sich und zogen weiter zum nächsten Dorf, ins Landesinnere. Sie versicherten, sie würden mindestens ein Jahr in der Gegend bleiben und beim Wiederaufbau helfen.

Vielleicht vermuten Sie jetzt, ich idealisiere das Ganze ein wenig. Doch habe ich bereits beträchtlich abgeschwächt, was mir viele Leute selbst über die Präsenz der Tibeter erzählt haben. Die Tibeter waren in der mündlichen Überlieferung mehrerer Dörfer schon nach wenigen

Wochen zu göttlichen Heldengestalten mutiert. Tatsächlich waren die Dorfbewohner zutiefst bewegt von dieser Begegnung, von diesem für sie ganz ungewohnten Umgang mit ihrer Not. Weniger erfreut war die Regierung von Gujarat, die fundamentalistischen Hindukreisen nahe steht. Sie unterdrückte Zeitungsberichte über die Präsenz der Tibeter und sorgte dafür, dass die aufgeräumten Dörfer unverzüglich von orthodoxen Hinduorganisationen übernommen wurden – von fundamentalistischen Vereinigungen, die sich in den letzten Jahren zunehmend in abgelegenen Gegenden etablieren, um die Dorfbewohner zu lehren, welche Götter und Rituale aus den zahllosen Göttern und Ritualen Indiens dem einzig wahren und richtigen Hinduismus entsprechen.

"Yes, the Tibetans have been here, but they have left – *we have taken* this village now", erklärte mir eine imposante, sehr orthodox aussehende Dame, die auf einem Bett unter einem Baum thronte und ihre Anweisungen an die Dorfbewohner gab (auch sie sprach die Landessprache nicht). Ich fragte zurück: "What do you mean by *taken? Is* this a *war?"* Sie korrigierte sich sogleich: "We have *adopted* this village. The government has appointed us." Was ich an dieser Geschichte hervorheben möchte, ist die bemerkenswerte Tatsache, dass ein Ritual unter Umständen auch dann eine große Wirkung haben kann, wenn Inhalt, Sprache und Akteure völlig fremd sind. Es kommt eben immer auf den Kontext an.

Robert Musil hat, wie ich mich gestern erinnerte, in seinem Roman *Der Mann ohne Eigenschaften* einmal die Gründung eines *Erdensekretariates für Genauigkeit und Seele* vorgeschlagen. Darum geht es auf unserem Kongress, dachte ich, es geht um die Seele – was immer man sich darunter vorstellen mag –, und es geht um Genauigkeit. Unsere Art, von der Seele zu reden, Seele zu erfahren, ist vermutlich sehr fragmentarisch, ungenau, sogar chaotisch zu nennen. Aber Genauigkeit ist doch etwas, was die Seele dringend braucht, was ihr Not tut. Ich spreche nicht von der Genauigkeit der Wissenschaft, sondern schon eher von der Klarheit, wie sie im Ritual manchmal plötzlich aufscheint, wenn nämlich alles aufgeräumt ist: die Objekte der materiellen Welt, die Emotionen, die Beziehungen, wenn alles seinen Platz gefunden hat und eine größere Ordnung spürbar wird. Vielleicht, dachte ich, wäre die Gründung eines *Erdensekretariats für Genauigkeit und Seele* eine Aufgabe für unsere Versammlung. Dann müssten allerdings Schamanen, SeherInnen, Propheten, Weise, Künstler aus verschiedenen Gegenden der Welt in dieses Projekt einbezogen werden.

Symbolische Affektkanalisation – eine therapeutische Grundfunktion von Ritualen[1]

Luc Ciompi

In diesem Beitrag soll die Hypothese überprüft und in einigen ihrer psycho- und soziotherapeutischen Konsequenzen weiter bedacht werden, dass eine Grundfunktion von rituellen Handlungen darin besteht, überbordende Gefühle zu fassen, zu formen und in konstruktive Bahnen zu lenken – mit anderen Worten, affektive Energien symbolisch zu kanalisieren. Diese Auffassung ergibt sich aus der Perspektive der Affektlogik, einer Theorie von gesetzmäßigen Wechselwirkungen zwischen Fühlen und Denken, die in psychiatrischen und psychotherapeutischen Erfahrungen wurzelt, sich indessen weit über diesen Bereich hinaus als gültig erwies.

In der nachfolgenden Untersuchung wird zunächst versucht, anhand von Alltagserfahrungen und Befunden aus der Literatur einen Überblick über Erscheinungsformen und soziale Funktionen von Ritualen aller Art zu gewinnen. In einem zweiten Teil wird das Wesen von rituellen Handlungen aus der Perspektive der Affektlogik weiter beleuchtet. Abschließend ziehe ich auf dieser Basis eine Reihe von allgemeinen und auch therapeutisch relevanten Schlussfolgerungen.

Erscheinungsformen und soziale Funktionen von Ritualen

Rituale gibt es praktisch für jede Lebenslage, für jeden Anlass und – bemerkenswerterweise – auch für jedes Grundgefühl, von Freude und Angst über Wut oder Zorn bis zur tiefsten Trauer. Neben den

---

[1] Überarbeitete Fassung des Eröffnungsvortrags beim Internationalen Kongress *Rituale in Alltag und Therapie*, Zürich, 28.–31. März 2001.

großen Initiations- und Passageriten, auch den religiösen Fasten-, Dank-, Opfer- Buß- oder Beichtriten, an die wir vielleicht in erster Linie denken, sind noch unzählige weitere, weniger spektakuläre ritualartige Phänomene zu beobachten – so zum Beispiel die komplizierten Riten, die manche Kinder und manchmal sogar Erwachsene regelmäßig beim Schlafengehen veranstalten, die Riten und Regeln, die jedes Spiel strukturieren, oder die seltsamen ritualartigen Handlungen, die nicht selten im Rahmen von Zwangsneurosen oder Psychosen auftreten. Auch manche ärztliche und speziell psychotherapeutische Abläufe sind oft eigentümlich ritualisiert, von der psychoanalytischen Standardsituation über die familientherapeutischen Aufgabenverschreibungen etwa einer Mara Selvini Palazzoli – dies ist die Psychotherapeutin, die meines Wissens das heilende Potenzial von Ritualen als erste entdeckt und gezielt eingesetzt hat – bis zu den aktuellen so genannten Familienaufstellungen.

Schon in der frühen Kindheit wie auch in der Frühzeit der Menschheit als Ganzem tritt ritualartiges Verhalten immer wieder auf. Aller Wahrscheinlichkeit nach haben, so versichern uns die Experten, schon die ersten bekannten künstlerischen Produktionen des Menschen – vergleiche etwa die prähistorischen Höhlenmalereien von Lascaux – einem rituellen Jagdzauber gedient. Überhaupt scheint alle Kunst ursprünglich mit Ritus und Mythus zusammenzuhängen. Manche Forscher vermuten, dass Ähnliches sogar für die Entwicklung der Lautsprache und später der Schrift und der Zahl gelten könnte, die alle zunächst wohl kultische Funktionen hatten. Auch Sigmund Freud hat sich bekanntlich mit Ritualen vielfach befasst. Unter anderem hat er den frühkindlichen so genannten Fadenspulenritus beschrieben – das unermüdliche Verschwindenlassen und Wiederhervorholen eines kleinen Gegenstandes, in seinem Beispiel einer Fadenspule –, das nach seiner Deutung der Verarbeitung des hochemotionalen Erlebnisses des Weggehens und Wiederkommens der Mutter diente. Piaget seinerseits hat einmal beobachtet, wie ein Kleinkind quasi rituell zuerst mehrfach den Mund aufmachte, bevor es plötzlich begriff, wie man eine Streichholzschachtel öffnet. Offensichtlich geht es bei solchen Handlungen immer wieder um die Formung von vorher Ungeformtem, eine Funktion also, die auch in jeder Symbolisierung bis hin zum Sprechen, darunter sogar im alltäglichen Erzählen, steckt. So hat Peter Bichsel (1990) einmal den heilenden Effekt des „Geschichtenerzählens" eindrücklich anhand der

Art und Weise beschrieben, wie er als Bub der erzürnten Mutter haarklein die Umstände erklärte, die dazu geführt hatten, dass sein Fußball leider eine Fensterscheibe eingeschlagen hatte ...

Unzählige versteckte Riten gibt es in der Tat auch im Alltag: Wir schütteln uns zur Begrüßung die Hände und lächeln oder umarmen uns, ohne einen Augenblick an die tiefere Bedeutung unseres Tuns zu denken (s. u.). Bei Tisch prosten wir uns zu, jemand hält eine Rede, alles klatscht. Wir klatschen ritualartig auch im Theater, im Konzert, nach Vorträgen – und dann folgen unterschiedlich ritualisierte Reaktionen der Beklatschten, von der gemimten Gleichgültigkeit über ein gnädiges Kopfnicken bis zu einer subtil kodifizierten Reihenfolge von Einzel- oder Kollektiverbeugungen. Manchmal gibt es rituelle Blumensträuße, Medaillen, Küsse. Die Spanier werfen nach dem Ritual aller Rituale, dem Stierkampf, ihre Hüte in die Arena, vor dem modern ritualisierten Krieg im Fußballstadion wird die Landeshymne abgesungen, der glückliche Torschütze macht phallische Gebärden, kniet auf den Boden, umarmt die Mitspieler. Jedes Gericht, jeder Verwaltungsrat, jeder Verein hat seine Riten. Das öffentliche Leben, zumal die Politik und, sehr bemerkenswert, auch das Militär sind voll von Riten, ja sie gleichen zuweilen, jedenfalls solang es nicht wirklich Ernst gilt, einem einzigen großen Ritual.

An dieser Stelle mag allerdings die Frage auftauchen, ob denn all dies tatsächlich noch Riten im eigentlichen und engeren – aber was wäre das genau? – Sinn seien. Sind wir nicht im Begriff, den Begriff des Rituals gewaltig zu überdehnen? Was ist, so müssen wir uns weiter fragen, das Wesentliche und Gemeinsame an all diesen doch sehr unterschiedlichen Situationen und Verhaltensweisen? Und vor allem: Was hat dies allfällig Gemeinsame mit unserem eigentlichen Anliegen, das psychotherapeutischer Art ist, zu tun?

Ein Blick in die Literatur zeigt, dass es auch dem Spezialisten nicht leicht fällt, diese Fragen allgemein gültig zu beantworten. Als *gemeinsame Charakteristika von Riten* werden zwar immer wieder repetitive, regelhafte, symbolische, kommunikative und emotional Aspekte genannt. Besonders bedeutsam erscheint dabei das Element des Wiederholens, wörtlich Wiederhervorholens, eines emotional wichtigen Geschehens. Auch finden Riten typischerweise in einer „eigenen Zeit" und einem „eigenen Raum" statt; sie stehen gewissermaßen außerhalb der gewöhnlichen Zeit und des gewöhnlichen Raums. Riten sind außerdem fast immer mehrdeutig; sie können, ganz ähnlich wie der Traum, viele Bedeutungen auf sich vereinen, die sie gewissermaßen kondensieren und zugleich konservieren. Hervorzuheben ist ferner, dass Riten ganz wesentlich aus Handlungen bestehen: Sie sind meist mehr ein Tun als ein Reden, obwohl es natürlich auch sprachbetonte Riten (z. B. das Beten, Beschwören, Verwünschen) gibt. Auch enthalten Riten sehr oft irrationale oder magische Elemente, speziell im Zusammenhang mit Mythen, die sie aktualisieren. Letztlich haben nach der einschlägigen Literatur fast alle Riten etwas mit dem so genannten Numinosen, d. h. mit den sowohl attraktiven wie auch Furcht erregenden „höheren Mächten" zu tun, die es zu beschwichtigen, gnädig zu stimmen, den eigenen Zwecken gefügig zu machen gilt.

Man kann Riten natürlich auch nach ihrem Anlass ordnen: Besuchs-, Empfangs-, Tauf- oder Initiationsriten, Hochzeits- oder Begräbnisriten usw. Es gibt archaische und moderne, magische und religiöse, heilende und – notabene – auch schädigende, beengende, tabuisierende Riten. Sogar die Scham und der Schmerz – beispielsweise am mittelalterlichen Pranger, am indianischen Marterpfahl – können ritualisiert werden. Die gewaltige Komplexität ritueller Phänomene zeigt sich unter anderem in der Tatsache, dass fast jeder Experte sich gezwungen sieht, seine eigene Sichtweise zu relativieren: Immer wieder erweist sich das, was er für besonders wichtig hält, noch nicht als „die ganze Wahrheit", sondern bloß als ein Teilaspekt eines ungeheuer vielfacettigen Gesamtphänomens.

Ebenso verwirrend wirkt zunächst die Vielfalt der *Funktionen von Riten*, auf die wir in der Literatur stoßen. Emile Durkheim (vgl. 1979) zum Beispiel, der Gründervater der Soziologie, nannte als Hauptfunktion des Rituals die Strukturierung des sozialen Raums durch das Unterscheiden von Profanem und Sakralem. Malinowski, Bergson und andere klassische Autoren heben die rituelle Regulierung des Trieblebens, speziell der Sexualität, hervor. Für Freud geht es dabei in erster Linie um die Bewältigung von ödipalen Ängsten (Cazaneuve 1985). Nach Victor Turner, dem großen Erforscher afrikanischen Brauchtums, dienen Riten vorab der „kognitiven Klassifizierung des Universums". Unter viel anderem stoßen wir bei ihm aber auch mehrfach auf die Feststellung, dass Riten „sinnreiche Mittel zur Mobilisierung, Kanalisierung und Kontrolle starker Emotionen wie Haß, Furcht, Zuneigung und Leid" seien. Im Zusammenhang mit den destruktiven Potenzialen von Sexualität und Aggressivität schreibt er ferner wörtlich, dass durch das Ritual „Rohenergien kanalisiert und auf die Hauptsymbole gerichtet" würden (Turner 2000, S. 47, 56, 93). Von besonderem Interesse sind die drei Phasen, die er speziell bei Initiationsriten unterscheidet: Nach einer ersten Phase der mehr oder weniger schmerzhaften Trennung von der alten Identität und sozialen Stellung komme es zunächst zu einem undifferenzierten, ängstlich-unsicheren Zwischen- oder so genannten Schwellenzustand, nach welchem in einer letzten Phase typischerweise die Wiederaufnahme in die Gemeinschaft mit einer neuen sozialen Rolle und Identität erfolge. Der Soziologe Niklas Luhmann seinerseits hebt hervor, dass Riten die Imagination steuern, Erwartungen setzen und „externe Unsicherheit in einen internen Schematismus" verwandeln. Andererseits betont er aber auch, dass Riten „die reflexive Kommunikation coupieren" würden (Luhmann 1982, S. 55; 1984, S. 253, 613). Mit wohltuender Klarheit ordnen schließlich die amerikanischen Familientherapeuten Evan Imber-Black und Janine Roberts (1992) die therapeutischen Funktionen von Riten in: 1. Beziehung schaffen *(relating)*, 2. verändern *(changing)*, 3. heilen *(healing)* und 4. feiern *(celebrating)*. Familienriten insbesondere seien wie Linsen oder Vergrößerungsgläser, die familiäre Beziehungsmuster verdeutlichen und stabilisieren, Vergangenheit tradieren, Kontinuität schaffen sowie, praktisch wohl wichtiger als alles andere, Übergänge erleichtern und Krisen überwinden helfen würden.

Schon aus diesem knappen Überblick ergeben sich also, nebst manchem anderen, zahlreiche Anhaltspunkte für die Hypothese, dass eine Grundfunktion aller Riten in der Kanalisation von intensiven Affekten besteht. Bevor wir diese Annahme aus der Perspektive der Affektlogik näher untersuchen, ist es angezeigt, noch einen Blick auf ein faszinierendes Nebengebiet zu werfen, nämlich auf die *Funktion von Riten bei Tieren*. Denn Ritualartiges gibt es, wie schon die Alltagsbeobachtung lehrt und die vergleichende Verhaltensforschung uns vielfach bestätigt, keineswegs nur beim Menschen: Denken wir nur an die komisch-peinlichen Begrüßungszeremonien, die zwei sich begegnende Hunde regelmäßig aufführen. Denken wir an unzählige komplizierte Kampf-, Balz- und Paarungsrituale bei Hirschen, Katzen, Vögeln, ja selbst noch bei Fischen und Insekten. Im berühmtem Buch *Das sogenannte Böse* von Konrad Lorenz finden wir ein ganzes Kapitel über die evolutionäre Entstehung von Tierritualen und deren Verwandtschaft mit Riten beim Menschen (Lorenz 1963/

1983, S. 62–89). Als Beispiel sei nur das Ritual des so genannten Hetzens in Form von eigentümlichen Kopfbewegungen bei der Begegnung zwischen zwei rivalisierenden, von ihren Gatten begleiteten Entenweibchen erwähnt (s. Abb. 1), bei welchem sich nach Lorenz offene Aggressivität über mehrere evolutionäre Schritte zu bloß noch symbolischen Drohgebärden gemildert hat.

Für unser Thema besonders interessant ist auch der Fall einer Raubfliegenart, bei der das Männchen der Dame seiner Wahl vor der Paarung zunächst ein erbeutetes Insekt überreicht, das sie dann verspeist, während er sie – was sonst nicht ungefährlich wäre – begatten kann. Einige evolutionäre Stufen weiter aber wird dasselbe aggressionshemmende Ritualverhalten mit gleicher Wirkung nur noch durch einen feinen Schleier symbolisiert, den die Männchen scheinbar sinnlos bei der Paarung zwischen Mittel- und Hinterbeinen mit sich tragen. Viele, aber keineswegs alle Tierrituale sind angeboren. Bei einer in seinem Haus aufgezogenen Graugans beobachtete Lorenz zum Beispiel die stufenweise weiterdifferenzierte Wandlung einer automatisierten Fluchtreaktion beim Ersteigen einer Innentreppe bis zu bloß noch kurz angedeuteten ritualartigen Ausweichbewegungen. Und einer seiner Hunde tarnte sein geliebtes, aber streng verbotenes Jagen von Hühnern, die in „seinem" Garten nach Nahrung suchten, jeweils dadurch, dass er zwar nach wie vor mitten durch sie hindurchpreschte, dann aber scheinheilig eine leere Gartenecke verbellte (Lorenz 1950/1998, S. 80). Solche Verhaltensweisen hätten eindeutig die Funktion, gefährliche Aggressionen zu bremsen und, wie Lorenz wörtlich formuliert, „in unschädliche Kanäle abzuleiten" (S. 71). Zugleich würden sie soziale Bindungen festigen. Andere Tierforscher nennen als zentrale Funktion von Riten das „For-

Abb. 1

malisieren eines emotional motivierten Verhaltens" (Cazaneuve 1985). „Traditionsmäßige Ritenbildung stand", so schreibt Lorenz, „ganz sicher am ersten Anfang menschlicher Kultur, so wie auf einer sehr viel niedrigeren Ebene phylogenetische Ritenbildung am Urbeginn sozialen Zusammenlebens höherer Tiere gestanden hat" (Lorenz 1963/1983, S. 79). Unser Exkurs ins Tierreich verdeutlicht nicht nur die tiefen evolutionären Wurzeln der Ritualisierung. Er stützt auch die eingangs erwähnte Leithypothese weiter, die wir nun aus der Perspektive der Affektlogik näher ins Auge fassen wollen.

RITUALISIERTE AFFEKTKANALISATION IM LICHT DER AFFEKTLOGIK

Affektlogik ist der Titel eines 1982 erschienenen Buches, in welchem ich erstmals den Versuch unternommen hatte, scheinbar heterogene psychoanalytische, systemtheoretische, neuro- und emotionsbiologische Erkenntnisse mit der eigenen Forschung zu einer neuen Sicht des Zusammenspiels von Fühlen und Denken zu verbinden. Im Zentrum stand damals das Rätsel der Schizophrenie. Wie schon erwähnt, hat sich inzwischen gezeigt, dass die gefundenen Zusammenhänge viel allgemeiner gültig sind als ursprünglich angenommen – so für psychische Störungen aller Art, für Paar-, Familien- und überhaupt Sozialprozesse, sowie, nicht zuletzt, für zahlreiche Alltagsphänomene. Speziell interessieren uns im heutigen Rahmen deren soziodynamische Implikationen. Diese lassen sich, unter Verweis auf detaillierte Darstellungen an anderem Ort (insbesondere in *Die emotionalen Grundlagen des Denkens. Entwurf einer fraktalen Affektlogik,* Ciompi 1997a, ferner in Ciompi 1982, 1997b), in aller Kürze wie folgt zusammenfassen.

Die Affektlogik geht zentral von der These aus, dass Fühlen und Denken – oder Emotion und Kognition, Affektivität und Logik – in sämtlichen psychischen Leistungen obligat zusammenwirken. Was ein *Affekt* oder, überlappend, auch ein Gefühl, eine Emotion oder eine Stimmung sei, wird freilich in der Literatur höchst uneinheitlich definiert. Mit „Gefühl" ist meist ein mehr subjektives und bewusstes, mit „Emotion" ein mehr objektives und unbewusstes und mit „Stimmung" ein längerfristiges Geschehen von wechselnder Bewusstseinsnähe gemeint. Die mangelnde definitorische Klarheit von Wesen und Funktion affektiver Phänomene ist m. E. ein Hauptgrund für die verbreitete Ratlosigkeit der Wissenschaft im Umgang mit Gefühlen ganz allgemein. Interessant ist im – übrigens von René Descartes in die Wissenschaft eingeführten – Wort „Emotion" die Wurzel *motio* = Bewegung, auch Motor, also etwas klar Energetisches und Dynamisches. Der Begriff „Affekt" seinerseits kommt vom lateinischen *afficere* = anmachen, anregen, *tuning* auf Englisch, und verweist auf eine sowohl Seele *wie* Körper „affizierende" Befindlichkeit. – Genau dies ist m. E. das Wesentliche und zugleich Gemeinsame an allen gefühlsartigen Erscheinungen. Als Oberbegriff im Sinn einer *umfassenden psychophysischen Gestimmtheit von wechselnder Dauer, Intensität und Bewusstseinsnähe* ist der Terminus „Affekt" in der Affektlogik denn auch definiert.

Affekte in diesem Sinn können bloß Sekunden oder Minuten wie auch – so z. B. in depressiven oder manischen Verstimmungen – tage- bis wochenlang anhalten. Sie können klar bewusst oder praktisch unbewusst sein, z. B. sich fast nur körperlich äußern. Besonders wichtig ist auch die Implikation, dass man, so gesehen, gar nie affektfrei sein kann, denn irgendwie gestimmt – z. B. ängstlich, fröhlich, ruhig oder auch „neutral" – ist man schließlich immer. Jede solche Gestimmtheit aber hat – und dies ist eine zentrale These der Affektlogik – tiefe, wenn auch keineswegs immer bewusste Wirkungen auf das gesamte Denken und Verhalten.

Von großer Bedeutung ist im Hinblick auf unsere Ausgangshypothese ferner, dass Affekte im Rahmen der Affektlogik als *unterschiedlich gerichtete bioenergetische Zustände* aufzufassen sind. Um Missverständnissen sogleich vorzubeugen: Es geht hier primär nicht um mysteriöse so genannte Lebensenergien, sondern um ganz gewöhnliche Energien, wie sie die Biologie längst kennt und überall im Körper – so neuerdings auch im Gehirn – immer präziser zu lokalisieren und auch zu messen weiß. Affekte wirken wie Motoren und manchmal auch wie Bremsen, die Form und Tempo von Denken und Verhalten laufend regulieren: speedig ideenflüchtig in der manischen Euphorie, zähflüssig verlangsamt in der Melancholie, irgendwo dazwischen in den alltäglichen emotionalen Schwankungen. Eine beschränkte Zahl von solchen energetischen Mustern haben sich als so genannte Grundgefühle, weil überlebenswichtig, im Lauf der Evolution schrittweise herausgebildet und mit bestimmten Verhaltensweisen verbunden: so Angst mit Abwendung und eventuell Flucht vor Gefahr, Wut und Aggressivität mit Revier- und später

Identitätsverteidigung, Lust und – auf höherer Stufe – Freude und Liebe mit Nähe und Bindungsverhalten mit Einschluss von Sexualität und Brutpflege, Trauer(arbeit) dagegen mit dem Lösen von Bindungen nach Verlusten. Sinnvoll sind, so gesehen, somit keineswegs bloß die „positiven" Affekte wie Lust und Liebe, sondern auch die „negativen" wie Angst, Wut und Trauer. Nicht umsonst hat Darwin, was häufig übersehen wird, neben seinem Hauptwerk *Über die Entwicklung der Arten* (1859) auch ein hochinteressantes Buch über den *Ausdruck der Emotion bei Mensch und Tier* (1872) geschrieben. In Anbetracht der tiefen evolutionären Wurzeln der Gefühle ist die funktionelle Verwandtschaft von Tier- zu Menschenritualen nicht mehr so erstaunlich. Auch die offenbare Häufung von Ritualen in den Frühphasen des Menschen wird auf dieser Basis besser verständlich.

Wenn wir davon ausgehen, dass Gefühle gerichteten energetischen Zuständen entsprechen, so klärt sich noch viel mehr: So etwa, dass emotionale Energien für jede kognitive (oder sonstige) Leistung unverzichtbar sind, und auch, dass sie mächtigen Naturkräften entsprechen, die ähnlich wie Feuer, Wind oder Wasser sowohl gewaltige Zerstörungen anzurichten wie auch, gebührend domestiziert, wunderbar aufbauend zu wirken vermögen. Individuelle wie kollektive Gewaltausbrüche, Kriege, Fundamentalismen, sektiererische oder ideologische Phänomene wie der Nationalsozialismus auf der einen, die schönsten Werke der Kunst und Kultur, der Technik, auch der Staatskunst auf der anderen Seite liefern hierfür zahllose Belege. Je chaotischer die Affektenergien durcheinander wirbeln, umso gefährlicher, und je feiner dosiert sie sind, desto fruchtbarer werden sie. Um konstruktiv zu wirken, müssen Affekte also irgendwie gebändigt und in fruchtbare Bahnen gelenkt werden – und gerade diese Funktion haben meines Erachtens unter anderem die Rituale: Riten sind seit Urzeiten ein probates Mittel, um potenziell gefährliche Gefühlsentladungen durch kontrollierte Wiederholung im Wortsinn sowohl zu entschärfen wie auch zu kanalisieren.

Von Interesse für ein affektdynamisches Verständnis von Ritualen sind des Weiteren die folgenden Postulate der Affektlogik: Affektive Zustände steuern über ihre so genannten *Operatorwirkungen auf Denken und Verhalten* ständig den Fokus der Aufmerksamkeit, regulieren damit auch die ganze Denkhierarchie und bestimmen zugleich weitgehend, was im Gedächtnis gespeichert und aus ihm wieder hervorgeholt wird. Außerdem tendieren emotional ähnlich gefärbte kognitive Inhalte dazu, sich zu größeren mentalen Gestalten bzw. „Gedankengebäuden" oder „Logiken" i. w. S. zu verbinden. So fassen wir unwillkürlich alle angenehmen Seiten einer Person, einer Stadt oder eines Landes zu einem positiven Gesamtbild zusammen, und ganz analog verfahren wir mit allem Negativen. In der Politik ist im gleichen Sinn zu Recht bald von einer „Logik des Friedens" und dann wieder von einer „Logik des Krieges" die Rede. Zusammenfassend bedeutet all dies, dass unser Denken – bzw. unsere Logik, in der Affektlogik weit definiert als die Art und Weise, wie wir Kognitionen miteinander verknüpfen – in viel größerem Maß von Affekten beeinflusst wird, als uns im Allgemeinen bewusst ist. Das Resultat ist, dass wir uns nicht selten – um uns auf die Grundaffekte zu beschränken – im Rahmen einer typischen *Angstlogik, Wutlogik, Freudelogik, Trauerlogik, auch Liebeslogik, erotischen Logik usw.* bewegen.

In der gewöhnlichen *Alltagslogik* dagegen, in welcher kein einzelnes Grundgefühl alles Denken beherrscht, sind alle genannten Affekte in gedämpfter, flexibler und vielfach kaum noch bewusster Form enthalten: Zum Alltag wird alles anfänglich Neue und Aufregende, das sich oft genug wiederholt. Durch Gewöhnung werden ursprünglich intensive Emotionen zunehmend automatisiert. Ihre steuernden Effekte auf Denken und Verhalten behalten sie indessen praktisch unverändert bei. So vermögen wir z. B. nur deshalb routiniert Auto zu fahren und gleichzeitig lebhafte Konversation zu betreiben, ohne zu verunfallen, weil sämtliche im Lernstadium intensiv bewussten Ängste und Freuden untergründig weiter wirksam bleiben: Automatisch bremsen wir vor Kurven vorsichtig ab, geben bei freier Fahrt entspannt Gas, passen zugleich aber misstrauisch auf auftauchende Nebenstraßen mit Hunden, Kindern usw. auf etc. Unversehens sind wir am Ziel der Reise, ohne recht zu wissen, wie wir dahin gelangt sind. Passiert indes Ungewohntes, so flammen alle anfänglich bewussten Emotionen in alter Heftigkeit wieder auf. Analog verhält es sich mit unzähligen anderen Fühl- und Denkautomatismen, die unser Alltagsdenken und -verhalten prägen.

Energieökonomisch betrachtet, ist die alltagstypische Dämpfung der emotionalen Intensität durch Wiederholung bzw. Gewöhnung natürlich höchst sinnvoll, denn sie ermöglicht gleiche Leistung mit viel geringerem energetischem Aufwand. Ganz Ähnliches bewirken nun ebenfalls die Rituale. Denn gerade die Wiederholung ist, wie wir gesehen haben, dabei ja von zentraler Wichtigkeit. Rituale sind deshalb ein hervorragendes Mittel, um intensive Emotionen mitsamt ihren Wirkungen auf Denken und Verhalten unvermerkt in den Alltag einzuschleusen. Dieser ist denn auch voll von ritualisierten scheinbaren Selbstverständlichkeiten, deren tiefer Sinn uns nur noch dunkel bewusst ist. Ein Beispiel ist das schon einmal erwähnte Händeschütteln. Warum geben wir uns eigentlich die Hand, wenn wir uns begegnen? Wer denkt noch daran, dass das Sichberühren mit der starken, potenziell bewaffneten Hand ursprünglich bedeutet: „Ich bin dein Freund, nicht dein Feind, ich habe nicht (mehr) Angst vor dir, wir wollen zusammenhalten, ich vertraue deinem Wort und Handschlag, vielleicht gar: Ich liebe dich"? – Was aber, wenn uns plötzlich jemand ostentativ nicht mehr die Hand reichen will, uns vielleicht nicht einmal mehr grüßt? Und was, wenn ein Händedruck, wie so oft in der Politik, Bände spricht, d. h. alles andere als selbstverständlich ist? Wer erinnert sich nicht an den vom Fernsehen in die ganze Welt übertragenen Händedruck zwischen Jassir Arafat und Yitzhak Rabin, der 1992 den Beginn des – in der Folge leider immer wieder schwerstens gefährdeten – „Friedensprozesses" zwischen Israel und Palästina einleitete: Auf einen Schlag enthüllt ein scheinbar sinnentleertes Alltagsritual bei solchen Gelegenheiten seinen ursprünglichen, latent weiter mitgeführten Sinn. Rituale sind also auch – um einen Moment lang von der wissenschaftlichen in die esoterische Sprache zu wechseln – eine Art von spirituellen Botschaftern, „Engel" gewissermaßen, die von uralter und untergründig immer noch wirksamer Wahrheit künden.

Affektdynamisch geschieht im Ritual aber noch viel mehr. Mit der Dämpfung und Kanalisierung von überbordenden Affekten werden diese nämlich auch ein Stück weit *verwandelt*: Sie verlieren dabei insbesondere – wie wir schon bei Tierritualen sahen – ihre destruktiven Wirkungen. Kontrollierte Wiederholung von Angst und deren Überwindung wirkt angstlösend. Aus der Angstlogik wird unvermerkt eine „Logik der Vorsicht" und aus dieser schließlich eine Logik des Vertrauens, eine Wutlogik wandelt sich über ähnliche Stufen zur Entspannungslogik, eine Trauerlogik zur Trostlogik. – Spannungslösend wirken Riten aber auch dank der schon erwähnten Tatsache, dass emotional ähnlich gefärbte Inhalte dazu tendieren, sich zu größeren Ganzen zu verbinden: Da Rituale prinzipiell positiv konnotiert sind – und dies gilt, genau besehen, selbst noch von Trauerritualen, deren Funktion ja das Trostspenden im Unglück ist –, tendieren wir wie automatisch dazu, sie zu prinzipiell positiv gefärbten Zeitreihen zu verknüpfen. Mit anderen Worten, Riten sind wie Meilensteine oder Wegmarken, deren Verbindung unsere Wirklichkeit punktiert und strukturiert. Erinnern wir uns doch daran, wie sich das Jahr in unserer Kindheit, als uns allmählich etwas vom Wesen der Zeit aufzudämmern begann, zunächst nur von Weihnacht zu Weihnacht, von Geburtstag zu Geburtstag aufspannte – und dazwischen nichts als endlose Leere. Rituale schaffen, so ein weiterer von der Affektlogik nahe gelegter Schluss, Zeit, indem sie Verbindung und damit auch Bindung zwischen zeitlich weit verstreuten Ereignissen schaffen. Zugleich „absorbieren" sie, wie Luhmann sagt, „Unsicherheit" und „setzen Erwartungen", indem sie „externe Unsicherheit durch einen inneren Schematismus ersetzen".

Von großer Wichtigkeit ist außerdem, dass Affekte, speziell wenn sie von so genannten Alphaindividuen (Führer- und Autoritätspersönlichkeiten, Lehrern, auch Therapeuten) ausgehen, hochgradig *ansteckend* wirken (Hatfield et al. 1994). Über diesen Effekt vermögen sich bestimmte Fühl- und damit auch Denk- und Verhaltensweisen sozusagen epidemieartig auszubreiten. Kollektive Affektenergien aber können unter Umständen gewaltige Wirkungen entfalten – Beispiele sind Massenpanik oder Massenbegeisterung, Revolutionen, Aufstände, weltweite Trauerwellen wie zum Beispiel beim Tod der „Lady Di" oder Grundwogen der Empörung wie diejenigen, die nach den Attentaten vom 11. September 2001 in den USA die Welt umbrandeten und danach weite Bereiche des kollektiven Denkens und Handelns für lange Zeit bestimmten. Auch und gerade auf der makrosozialen Szene dienen Rituale in emotional gespannten Situationen immer wieder zur Affektkanalisation, so z. B. in Form von kollektiven Trauerriten (Gottesdiensten, Prozessionen, Demonstrationen, gemeinsamen hymnischen Gesängen usw.) oder auch von kollektiven Wut- und Aggressionsriten (z. B. dem öffentlichen Verbrennen von Flaggen, dem Zerfetzen von Fotografien oder anderen Darstellungen gehasster Persönlichkeiten usw.). Ebenfalls im Nationalsozialismus spielten bekanntlich kollektive Riten in Form von ungeheuren Massenaufmärschen mit Fahnenmeeren und aufpeitschenden nationalistischen Reden, mythischen Inhalten und suggestiven Aktionsparolen eine zentrale, die längste Zeit das kollektive Denken und Fühlen richtig gehend „versklavende" Rolle.

Eine letzte für das Verständnis von Riten relevante These der Affektlogik besagt, dass die oben erwähnten dynamischen Steuer- und Operatorwirkungen der Affekte auf alles Denken und Verhalten (Mobilisierung und Fokussierung der Aufmerksamkeit, Beeinflussung der Denkhierarchie, mnestische Effekte, affektabhängige Logik i. w. S.) sich auf der individuellen wie sozialen Ebene prinzipiell ganz gleichartig auswirken. Diese in der Chaostheorie als Fraktalität oder dimensionsunabhängige Selbstähnlichkeit bekannte Eigenschaft mag ein Sprung von den erwähnten Kollektivritualen auf die Ebene eines der einfachsten Kleinriten, die ich kenne, verdeutlichen. Das wohl jedermann bekannte Beispiel hat zudem den Vorteil, dass es sich um ein typisches Heilritual handelt: Ich meine das rituelle Blasen auf die schmerzende Beule, die sich unser Kind oder Enkelkind soeben an der Tischkante geschlagen hat. Meine Großmutter pflegte dazu jeweils noch das alte „Heile, heile Säge, drei Tag Räge, drei Tag Schnee, tuet's am Büebli nümme weh!"[2] zu murmeln – und weg, buchstäblich „wie weggeblasen", waren Schmerz, Angst und Empörung über das plötzliche unliebsame Ereignis, besonders wenn man der „bösen" Tischkante noch herzhaft eins hauen durfte. – Was ist hier geschehen? Für die Kanalisation von – im Kleinmaßstab, versteht sich – wild aufgewühlten Gefühlen steht eine magische Zauberformel bereit, mit der man bzw. der kundige Zeremonienmeister diese Gefühle kanalisieren und in ihr Gegenteil verwandeln kann. Zu beachten ist auch die mit den Worten „drei Tag Räge, drei Tag Schnee" eingeführte unbestimmte Zeitdimension. Mein dreijähriger Enkel kommt schon mit jeder neuen Beule, aus Leibeskräften schreiend, routinemäßig dahergerannt, damit ich sie ihm kunstgerecht wegblase. Er vertraut meiner – tradierten – Magie, lässt sich von meiner Ruhe anstecken, achtet statt auf den Schmerz wie gebannt nur noch darauf, wie und wo genau ich blase – und geht alsbald getröstet zur Tagesordnung über.

Betrachten wir, bevor wir einige allgemeine und therapeutische Schlüsse ziehen, zum Abschluss kurz auch noch die spezifisch *kognitive Seite von Ritualen*. Der in der Literatur ebenfalls sehr uneinheitlich gebrauchte *Begriff der Kognition ist* im Rahmen der Affektlogik definiert als *das Wahrnehmen von sensorischen Unterschieden und deren weitere Verarbeitung*. Diese ebenfalls evolutionär tief verankerte Definition steht u. a. in Beziehung zum informationstheoretisch wichti-

2 „Heile, heile Segen, drei Tage Regen, drei Tage Schnee, tut's dem Bübchen nicht mehr weh."

gen Begriff des Bit (des kleinsten noch feststellbaren Unterschieds) sowie zu der mathematischen Erkenntnistheorie von Spencer-Brown (1979), nach welcher sich unsere gesamte kognitive Welt als ein Gefüge von Unterschieden von Unterschieden von Unterschieden verstehen lässt. – Solche „Unterscheidungen" stellen nun ebenfalls sämtliche kognitiven Inhalte von Ritualen dar, also alle spezifischen Anlässe und Zielsetzungen, alle ins Ritual verwobenen Mythen und Symbole und im weiteren Sinn sogar alle symbolischen Handlungen, alles rituelle Tun. All dies sind kognitive Strukturelemente, an die sich die aufgewühlten Gefühle – die Angst vor dem Neuen, die Wut ob der Kränkung, die Trauer nach dem Verlust – binden, um nicht zu sagen: anklammern können. Zugleich finden sie darin ein willkommenes Ventil bzw. einen gewissermaßen vorfabrizierten Abfuhrkanal. Oder mit einem etwas anderen Bild verdeutlicht: Die kognitiven Aspekte des Rituals dienen als mentale Formen oder Gefäße, die es erlauben, überbordende affektive Energien aufzufangen, zu dosieren und in die gewünschte Richtung zu lenken. Kognitive Symbole sind die Bausteine, aus denen sich die rituellen Dämme aufbauen, welche die potenziell gefährlichen emotionalen Energieflüsse kanalisieren. Gleichzeitig sind sie aber auch die Sinnbilder und Denkmäler, die den ursprünglichen Sinn des Rituals in sich bewahren und dadurch die Gegenwart mit der Vergangenheit verknüpfen. Die Metapher vom Dammbau gibt sogar noch mehr her: In der Regel stammt das Baumaterial zum Ritual aus der unmittelbaren Umgebung, ist aus den Steinbrüchen der umliegenden kulturellen Landschaft gebrochen, aus dem Holz der benachbarten Wälder geschnitzt. Dies ist nicht nur ökonomisch sinnvoll, sondern ebenfalls, weil vertrautes Material sich in die (mentale) „Landschaft" viel besser einfügt als fremdes und deshalb auch leichter akzeptiert wird. Was mit diesem Bild, übersetzt in unsere letztlich therapeutischen Zielsetzungen, gemeint ist, ist leicht zu verstehen: Auch therapeutische Rituale, darunter solche, die wir eigens erfinden, entnehmen ihre kognitiven Baumaterialien mit Vorteil dem gewohnten Alltag: Es ist nicht unbedingt nötig, die Riten, die wir brauchen, irgendwelchen fernöstlichen, indianischen oder sonst wie exotischen Heilpraktiken abzugucken, so lehrreich solche an sich auch sein mögen. Ein Wort, ein Bild, ein Spruch von hier dient, richtig eingesetzt, dem angestrebten Zweck mindestens so gut oder besser.

Praktische und theoretische Schlussfolgerungen

Was können wir aus den beigebrachten Informationen aus Literatur und Alltag, aus der vorgeschlagenen affektenergetischen Betrachtungsweise und nicht zuletzt aus den eigenen therapeutischen Erfahrungen mit Ritualen schließen? – Zunächst, so meine ich, eine weitgehende Bestätigung der eingangs erwähnten Hypothese aus affektlogischer Sicht: nämlich, dass Rituale in der Tat ein probates, von der Natur – und keineswegs erst vom Menschen – erfundenes Mittel darstellen, um gefährliche, aber potenziell segensreiche Affektenergien mittels geeigneter kognitiver Symbole einerseits in konstruktive Bahnen zu lenken und andererseits ein Stück weit zu differenzieren und zugleich zu transformieren.

Freilich ist auch dies, wie man zu Recht einwenden mag, keineswegs schon „die ganze Wahrheit", so erhellend der affektenergetische Ansatz auch sein mag. Riten sind, auch dies hat unsere Untersuchung ergeben, noch weit mehr und ganz anderes als bloße „kognitive Affektkanalisationen": Riten strukturieren den sozialen Raum und bilden ihn zugleich ab. Riten tradieren alten Sinn, stellen Kontinuität her, sind Mahn- und Erinnerungszeichen im Hinblick auf eine nahe oder ferne Vergangenheit. Die Wurzeln vieler Riten reichen tief hinein in die Mythen, in die menschliche Urgeschichte, sogar in unsere vormenschliche Geschichte. Nicht zu übersehen ist ebenfalls, dass Riten – wie Mythen – zugleich die Zukunft strukturieren. Denn sie schaffen, weil sie Gefäße für sich selbst erfüllende Prophezeiungen bereitstellen, auch ganz bestimmte Erwartungen, die ihrerseits künftig frei werdende Affektenergien zu binden und damit künftige Denk- und Verhaltensweise ein Stück weit zu steuern vermögen. Riten sind uralt und bilden sich spontan immer wieder neu, so schon beim Kleinkind, aber auch in jeder kleinen oder großen Gruppe, in jeder Gesellschaft. Die Ritenbildung entspricht offensichtlich einem tiefen menschlichen Bedürfnis. Riten sind, anders ausgedrückt, Universalien, die eine ungeheuer ursprüngliche Sprache sprechen: Riten erscheinen als eine Ur- und Grundform der affektiv-kognitiven Kommunikation, ja sie repräsentieren, wenn wir etwa an Konrad Lorenz' Graugans denken, wohl eine archaische Form von „Sprache" überhaupt.

Was hat nun all dies für unsere primär therapeutischen Anliegen zu bedeuten? – Was sich aus dem Gesagten zunächst in allgemeiner Weise ableiten lässt, ist zweifellos das hohe therapeutische Potenzial von Ritualen. Wenn eine zentrale Funktion von Riten in der symbolischen Affektkanalisation besteht, so ist ihr therapeutischer Einsatz prinzipiell immer dann möglich, wenn eine chaotische emotionale Situation – ein „Gefühlschaos", wie es die Berner Künstlerin und Psychotherapeutin Doris Ryffel einmal zeichnerisch gestaltete (Abb. 2) – vorliegt, die nach Klärung und Ordnung verlangt.

Die enorme Polyvalenz von Riten erlaubt es, sozusagen beliebige Inhalte und Anliegen vom kanalisierten affektiven Energiefluss mittragen zu lassen. Die Kunst besteht, um im obigen Bild zu bleiben, also nicht nur darin, die richtigen Bau- und Stützelemente für die Dämme, sondern auch das richtige Treibgut auszuwählen, um das kathartische Potenzial von Riten voll zu nutzen. Im Buch *Rituals for our time* von Evan Imber-Black und Janine Roberts (1992) finden sich unzählige Beispiele für den Erfindergeist von Therapeuten wie Patienten, wie durch ad hoc geschaffene oder umgestaltete Riten die explosiven Energien von Familienkonflikten, kritischen Übergängen, Verlusten, Trennungen, Wiedervereinigungen etc. sinnreich kanalisiert werden können. Ein schönes Exempel ist etwa die Feier zur Wiedervereinigung des Elternpaars Korner, das 18 Monate getrennt gelebt hatte, und ihrer zwei Kinder (p. 125 ff.): Nicht nur gelang es hier,

Abb. 2

über die kombinierte Symbolik von zwei neuen Eheringen, zwei von den Kindern in sinnreichen Schichten gebackenen Cakes und vier vom Vater jedem Familienglied mit Namensgravur zugeeigneten Goldgläsern eine allseitige Angst- und Ambivalenzspannung in kollektive Zuversicht zu wandeln, sondern auch die Situation eines jeden Familienglieds symbolisch darzustellen und konstruktiv in die Zukunft zu lenken.

Im Übrigen lässt sich die Affektdynamik des therapeutischen Rituals praktisch fugenlos in all das einordnen, was bei einem vorangehenden Kongress bereits zum Thema Kommunikation und Emotion gesagt worden ist und auch in einem eigenen Beitrag zum Ausdruck kam – darunter namentlich der zentrale Stellenwert einer gemeinsamen „affektiven Wellenlänge" zwischen Patient und Therapeut für jeden Therapieerfolg, die Wichtigkeit des „emotionalen Andockens" an die spezifischen affektiv-kognitiven „Schienen" und „Eigenwelten" des Patienten oder Klienten, die grundlegende Bedeutung der affektiven so genannten „Fundamentalbotschaften", welche bewusst oder unbewusst hinter jeder kognitiven Handlung und Haltung stehen (Ciompi 1997b). Rituale sind, so dürfen wir abschließend feststellen, ein potenziell hochwirksames Mittel zur – therapeutischen wie sonstigen – Bewältigung von emotional explosiven Situationen. Die vorgeschlagene affektenergetische Betrachtungsweise vermag diese hundertfach bestätigte Erfahrung theoretisch zu untermauern und weiter zu erhellen.

Rituale und Geheimnisse, Geheimnisse und Rituale

Evan Imber-Black

Das Lieblingsritual meiner Kindheit zog seinen besonderen Reiz aus der Heimlichtuerei. In das große jüdische Ritual des Passahfestes, das Fest zum Gedenken an den Auszug aus Ägypten, ist ein Ritual für Kinder eingebettet. Dieses „kleine" Ritual besteht darin, dass die Kinder die mittlere der drei auf der Sederschüssel liegenden Matzen – das ist das von den Juden während der Passahzeit gegessene ungesäuerte Fladenbrot –, den Afikoman, wegnehmen und verstecken. Die Symbolkraft des Afikoman ist stark: Er bedeutet Brot des Elends und stellt zusammen mit einem Gebet um Freiheit die symbolische Verbindung zwischen dem jüdischen Volk und den Menschen in Gefangenschaft überall auf der Welt dar. Ohne den Afikoman kann der Seder, die jüdische Zeremonie beim Passahfest, nicht zu Ende gehen.

In meiner Familie war es jedes Jahr so, dass mein Vater, wenn er den Sedertisch verließ, um zu Beginn der Sederzeremonie eine rituelle Händewaschung vorzunehmen, auf eine dramatische Weise ausrief: „Diese Matze darf nicht verschwinden, während ich weg bin!" Das war das Signal für uns – meine Schwester, meinen Bruder und mich –, schnell die mittlere Matze zu schnappen und zu verstecken. Schon Tage vorher hatten wir uns konspirativ zusammengeschlossen und ein Versteck für den Afikoman ausgedacht. Das Spiel nahm nun seinen Lauf. Würden die Erwachsenen so schlau sein und herausfinden, dass wir dieses Jahr die Matze unter dem Hasenstall versteckt hatten? Würden sie vielleicht erraten, dass wir die Matze mit einem Faden zusammengebunden und aus dem Fenster des zweiten Stockwerks hinuntergelassen hatten? Am Ende des Sederabends kam der beste Teil der Zeremonie – wenn nämlich der Vater mit uns verhandelte, die Matze wieder herauszurücken. Was war das für ein herrliches Durcheinander in den Funktionen der verschiedenen Generationen, was für ein berauschender – wenn auch nur flüchtiger – Eindruck von Macht für uns Kinder! Wir verhandelten als Kinder auf gleicher Ebene mit einem normalerweise allmächtigen Vater. Wir hatten etwas in Besitz, das er haben wollte – wir kannten das Geheimnis und er nicht. Der Ausgang dieses Rituals war immer der gleiche. Unser Vater unterbreitete uns schließlich ein Angebot, das wir nicht ablehnen konnten, und so gaben wir den Afikoman zurück, damit die Sederzeremonie abgeschlossen werden konnte.

Dieses Ritual war vielleicht die erste Inspiration für meinen Beruf – für eine berufliche Aufgabe, die den Ritualen und den Geheimnissen im Leben von Menschen gewidmet ist. Dank des Meilener Teams und dieses wunderbaren Kongresses habe ich in den letzten anderthalb Jahren viel Zeit damit verbracht, das üppige und komplexe Wechselspiel von Geheimnissen und Ritualen zu untersuchen; die vielen Weisen zu studieren, auf die Rituale und Geheimnisse miteinander verflochten sind; und darüber zu reflektieren, wie dieses Moment in eine Therapie einfließen kann, die klinisch relevant ist und zugleich den verschiedenen Kulturen eine große Achtung entgegenbringt. Im Folgenden skizziere ich fünf Aspekte der Wechselbeziehung zwischen Geheimnis und Ritual; ich beschreibe, wie bestimmte Arten von Ritualen optimal auf bestimmte Arten von Geheimnissen abgestimmt werden können; und diese Arbeit veranschauliche ich anhand der am *Ackerman Institute for Family Therapy, New York*, durchgeführten therapeutischen Arbeit mit einem jungen Paar.

1. Viele Rituale enthalten Geheimnisse oder Elemente von Geheimnissen

Als Therapeuten spüren und realisieren wir meistens solche Geheimnisse, die Verwirrung in zwischenmenschliche Beziehungen bringen und die Schmerz und Leiden im Individuum verursachen. Doch viele Geheimnisse, besonders diejenigen, die fest in Rituale eingebettet sind wie z. B. das Verstecken des Afikoman, bewirken Freude und Feierlichkeit oder werden gebraucht für lebenszyklische Ereignisse, als Schutz oder zur Wahrung familialer und kultureller Werte. Losgelöst vom jeweiligen Inhalt, gleicht aber das Verhalten, das destruktiven Geheimnissen eine Form gibt, dem Verhalten, das die individuelle, familiale und kulturelle Entwicklung fördert. Auferlegtes Schweigen, erzählte Halbwahrheiten, Mitteilungen hinter vorgehaltener Hand und geflüsterte Vertraulichkeiten können einerseits dazu dienen, eine Überraschung zum Geburtstag vorzubereiten, und andererseits den Zweck haben, einen Pädophilen zu schützen. Hier gilt es zu beachten, dass das erste – ein süßes – Geheimnis unmittelbar in ein Ritual einmündet, während das zweite – ein gefährliches – Geheimnis von jeglichem Ritual abgekoppelt ist. Süße Geheimnisse sind zeitlich begrenzt und verfolgen das Ziel, Freude und Überraschung zu bereiten, z. B. bei Festen, besonderen Besuchen, wenn Weihnachtsgeschenke kunstvoll verpackt werden, um den Inhalt zu verbergen, bei der Ostereiersuche, und gehören zu potenziell sinnvollen Ritualen. Eine Braut, die verschleiert ist, hütet ein vorübergehendes Geheimnis, das Teil eines größeren Rituals ist. Das erste und schnell ritualisierte Guck-guck-Spiel eines Babys ist vor allem darauf ausgelegt, die Wonnen und die persönliche Bewältigung der kurzen Heimlichtuerei zu genießen.

Mithilfe einer anderen Art von Geheimnis werden notwendige Grenzen gezogen, die eine Beziehung definieren, Übergänge in einer Entwicklung ermöglichen oder Sicherheit inmitten der Bedrängnis geben. Solche elementaren Geheimnisse sind sehr oft in Rituale eingebettet. So schließen z. B. Rites de Passage für Heranwachsende elementare Geheimnisse in sich, die für den Übergang von der Kindheit zum Erwachsensein notwendig sind. Zu solchen Ritualen gehört es beispielsweise, dass die Jugendlichen vorübergehend von der größeren Gemeinschaft isoliert werden, dass die Heranwachsenden von den jüngeren Kindern separiert und an einen geheimen oder verborgenen Ort gebracht werden oder dass die Jungen von den Mädchen getrennt werden, damit die Erwachsenen den Heranwachsenden mitteilen können, was es heißt, erwachsen zu werden. Die Zugehörigkeit zur Gesellschaft der Erwachsenen ist dadurch definiert, dass man die Geheimnisse des Erwachsenseins kennt. Manchmal wird der neue Status des Kindes durch ein Ritual markiert, das die gesamte Gemeinschaft vollzieht. Beispiele dafür finden sich in afrikanischen Übergangsritualen, in der jüdischen Bar-Mizwa und in einem modernen afroamerikanischen Ritual, in dem Wissen über Geschichte, Musik und vormals geheimes Erwachsenenwissen an Jugendliche in Innenstädten weitergegeben und das mit einer Feierlichkeit der Gemeinschaft abgeschlossen wird.

Die Kraft solcher Übergangsrituale wird besonders deutlich, wenn sie nicht mehr vorhanden sind. Wenn sinnvolle Übergangsrituale fehlen, eignen sich die Jugendlichen in der westlichen Welt den halben Prozess an, indem sie Geheimnisse erfinden, um sich – manchmal auf recht positive Weise, manchmal auf recht gefährliche Weise – von ihren Familien abzugrenzen; doch dabei fehlt ihnen der mehrere Generationen umfassende Kontext für solche Geheimnisse und eine von der Gemeinschaft begangene Zeremonie des Rituals.

Die Rituale von Menschen in Bedrängnis enthalten oftmals elementare Geheimnisse als Schutz, zur Bewahrung ihrer Kultur oder als Fluchtgedanken. Sklavinnen aus Afrika entwickelten z. B. ein Ritual des Nähkränzchens, bei dem sie – von ihren Besitzern unbemerkt – auf erfinderische Weise geheime Fluchtpläne in die Struktur ihrer Quilts nähten. Ähnlich entwickelten in Sklaverei gehaltene Männer und Frauen aus Afrika, die einander liebten und ihre Verbundenheit miteinander geloben wollten, ein geheimes Ritual, um sich der Verheiratung durch ihre Sklavenhalter zu entziehen. Bei diesem Ritual des „Besenspringens" sprang das Paar gemeinsam über einen Besen als Zeichen der Verheiratung. Dadurch signalisierte man haargenau die Anknüpfung an ein afrikanisches Hochzeitsritual, bei dem Stöcke in die Erde gesteckt werden, die das neue Heim des Paares in einer Zeit symbolisieren, in der es ein solches Heim nicht gibt, und bei dem zugleich das Symbol ihrer Bedrängnis, der Besen, mit der symbolischen Inszenierung von Freiheit, dem Springen auf die andere Seite, ergänzt wird.

Viele afroamerikanische Paare ehren ihre Vorfahren heutzutage dadurch, dass sie das „Besenspringen" in ihr Hochzeitsritual aufnehmen und dadurch ein nicht mehr benötigtes Geheimnis in seiner praktischen Anwendung markieren. Die sephardischen Juden, die während der spanischen Inquisition gezwungen wurden, zum katholischen Glauben überzutreten, bewahrten ihren Glauben durch das geheime Praktizieren jüdischer Rituale. Fünfhundert Jahre und viele Generationen später finden sich immer noch Überbleibsel der jüdischen Tradition in den katholischen Nachkommen dieser Bekehrten – diese Überbleibsel sind in ihren Ritualen angelegt.

2. Rituale können ohne Worte die Aufdeckung oder das erste Eingeständnis eines Geheimnisses sein, was von besonderer Bedeutung ist, wenn kulturelle oder Familienregeln das Sprechen über bestimmte Aspekte des Lebens für tabu erklären

Wir leben in einer Zeit, in der man die verbale Kommunikation für den eigentlichen Weg zum psychischen Wohlbefinden hält. Doch wie wir etwa in dem bekannten Film *Das Hochzeitsbankett* aus dem Jahr 1993 von dem chinesischen Regisseur Ang Lee sehen können[1], ist ein kleines, nonverbales Ritual alles, was notwendig ist, um ein schmerzhaftes Familiengeheimnis einzugestehen. Wei-Tong aus Taiwan lebt zusammen mit seinem Geliebten, Simon, in New York. Sein ganzes Leben lang hat er seine Homosexualität vor seinen Eltern geheim gehalten. Von einem Freund erfährt er, dass sein Vater einen Schlaganfall erlitten und im Rettungswagen auf dem Weg ins Krankenhaus wehmütig gesagt haben soll: „Ich muss so lange leben, bis ich mein Enkelkind im Arm halten kann." Von Schuldgefühlen erfasst, beschließt Wei-Tong, eine Scheinhochzeit mit Wei-Wei zu arrangieren; sie ist Mieterin in einem Haus, das ihm gehört, und braucht einen Trauschein, um ihre Immigration zu legitimieren. Wei-Tong hofft, dass die Nachricht von seiner Verheiratung seine Eltern eine Zeit lang zufrieden stellen wird, muss aber schockiert erfahren, dass sie der Hochzeitsfeierlichkeit beizuwohnen gedenken.

Wei-Tongs Eltern reisen mit der Vorstellung an, ein Hochzeitsfest nach taiwanesischer Tradition auszurichten. Wissend, dass seine Heirat ein Schwindel ist, besteht Wei-Tong stattdessen auf einer standesamtlichen Trauung. Sowohl sein Geheimnis der Homosexualität als auch Wei-Weis Geheimnis, dass sie Wei-Tong tatsächlich liebt und über ihre aktuelle Situation erzürnt ist, machen dieses Ritual zu einem sinnlosen Ritual.

Doch Wei-Tongs Eltern beharren darauf, ein rauschendes Hochzeitsfest abzuhalten. Das Typische an einem taiwanesischen Hochzeitsritual besteht darin, dass das junge Paar schonungslos von seinen Freunden gefoppt, reichlich unter Alkohol gesetzt und schließlich in das gemeinsame Schlafzimmer eingeschlossen wird. Wei-Wei wird schwanger. Die Beziehung zwischen Wei-Tong und Simon wird dadurch zutiefst erschüttert. Unsicher bezüglich dessen, was sie im

---

1 Auf dem Kongress wurde ein kurzer Ausschnitt aus dem Film gezeigt.

Hinblick auf Wei-Weis Schwangerschaft machen sollen, schichten sie ein Geheimnis auf das andere. Als Wei-Tongs Vater einen weiteren leichten Schlaganfall erleidet, beschließt der Sohn, sein Geheimnis der Mutter gegenüber zu lüften. Diese glaubt zunächst, dass ihr Sohn von dem Geheimnis der Schwangerschaft spricht, einem Geheimnis, das sie bereits erraten hat. Doch Wei-Tong dringt schließlich darauf, dass die Mutter sich anhört, welches eigentliche Geheimnis er ihr mitzuteilen hat.

„Sage deinem Vater nichts davon – es würde ihn töten." Doch wie man gleich erfährt, kennt der Vater schon Wei-Tongs Geheimnis, und durch ein taiwanesisches Ritual lässt er Simon wissen, dass er über das Geheimnis der beiden Bescheid weiß. An Simons Geburtstag nämlich übergibt Herr Gao, Wei-Tongs Vater, dem Geliebten seines Sohnes einen roten Umschlag mit Geld und vollzieht damit ein Ritual, das ohne Worte mitteilt: „Du bist nun ein Mitglied meiner Familie."

Am Ende des Films kehren Wei-Tongs Eltern nach Taiwan zurück. Vor ihrer Abreise schauen sie gemeinsam mit Wei-Tong, Simon und Wei-Wei die Hochzeitsfotos an und vollziehen damit eine nach dem Hochzeitsritual angesiedelte Familienhandlung. Dabei kennt jeder das Geheimnis des anderen, und jeder weiß, dass alle anderen sein eigenes Geheimnis kennen. Dadurch bewahren sie die Regel der taiwanesischen Kultur, etwas ohne Worte einzugestehen, und geben vielleicht ein Familienversprechen, das etwas wahrhaft Besonderes ist.

3. Geheimnisse können während eines Rituals entstehen, aber auch aufgedeckt werden

Wichtige lebenszyklische Rituale können zu einem Ereignis werden, bei dem Geheimnisse entstehen – wenn die Braut schon vor der Hochzeit schwanger ist; wenn das Geheimnis um die Vaterschaft eines Mannes bei dessen Wiederverheiratung von den Verwandten totgeschwiegen wird; wenn ein Bräutigam auf Anweisung seiner Familie seine Erbschaft vor seiner neuen Frau geheim hält; wenn eine Liebesaffäre mit einer Feier zum 50. Geburtstag zusammenfällt – solche und andere Rituale haben einen starken Einfluss auf zwischenmenschliche Beziehungen, auf die Entwicklung zukünftiger lebenszyklischer Ereignisse und auf die sich daraus ergebenden Rituale.

Umgekehrt werden Geheimnisse nicht selten im Verlaufe wichtiger Rituale aufgedeckt – wenn bei einem Begräbnis ein fast greifbares Familiengeheimnis aufgedeckt wird, wenn an Weihnachten vor der gesamten Familie das Geheimnis eines Missbrauchs verkündet wird, wenn man während eines Rituals für eine andere Person, z. B. während der Schulabschlussfeier der Schwester, sein eigenes Geheimnis lüftet.

In dem bekannten Film *Lügen und Geheimnisse* aus dem Jahr 1996 von Mike Leigh hütet die Mutter Cynthia 20 Jahre lang ein Geheimnis vor ihrer Tochter Roxanne: Cynthia hat nämlich noch eine andere Tochter, die sie nach der Geburt zur Adoption freigegeben hatte. Cynthia ist weiß; ihre Tochter Hortense, die sie weggegeben hatte, ist schwarz. Als Hortense wieder in das Leben ihrer inzwischen vereinsamten und von ihrer Tochter Roxanne, die bei Cynthia aufgewachsen ist, weitgehend entfremdeten Mutter eintritt, beginnt diese, eine enge, liebevolle und vor Roxanne geheim gehaltene Beziehung zu Hortense aufzubauen. Statt dass Cynthia nun überlegt, wie sie ihrer Tochter Roxanne auf besonnene Weise die Wahrheit beibringen kann, lädt sie Hortense zu Roxannes 21. Geburtstag ein und gibt bei diesem Anlass ihr Geheimnis spontan und auf rücksichtslose Art preis, ohne dabei die Konsequenzen ihres Tuns zu bedenken.

Ein Ritual zu benutzen, um ein Geheimnis zu lüften, ist selten eine gute Idee, auch wenn der Drang dazu sehr stark ist. Alle dafür wichtigen Personen sind an einem Ort versammelt. Wenn das Ritual einen lebenszyklischen Übergang bildet und markiert, wenn sich Familienbeziehungen sowieso verlagern, scheint die Versuchung, ein Geheimnis aufzudecken, zu groß, als dass man sie einfach unterdrücken könnte. Man spürt förmlich die günstige Gelegenheit, alles in einem Aufwasch zu erledigen. Heutzutage geben die Talkshows am Fernsehen tagtäglich das Vorbild dafür ab, dass man sich mit einem Geheimnis am besten auseinander setzt, indem man es einfach hinausposaunt, ohne die Verantwortung für die Konsequenzen seines Tuns zu übernehmen. Doch Familienrituale sind eh schon belastet durch die Spannungen der emotional dichten Familienzusammenkünfte, z. B. durch die Jahrzehnte zurückreichenden guten und schlechten Erinnerungen und all die unerledigten Familienangelegenheiten, sodass ein solcher Zeitpunkt der denkbar schlechteste ist, um ein Geheimnis zu lüften. Ein Geheimnis sollte auf die Weise aufgedeckt werden, dass die Mitteilung im Rahmen einer schon vorhandenen und fein ausbalancierten Familienökologie erfolgt. Die Betroffenen brauchen Zeit, um mit der Störung im ökologischen Gleichgewicht fertig zu werden. Wird ein Geheimnis während eines wichtigen Rituals gelüftet, liegt der notwendige Fokus weder auf dem Geheimnis noch auf dem Ritual, weil die Emotionen durcheinander geraten und das Beziehungskreuzfeuer der bisherigen Familienbeziehungen eröffnet wird. Der Prozess, in dem das Geheimnis erzählt wird, verheddert sich vollkommen mit dem Prozess des Rituals. Entweder geht die Tiefe des Geheimnisses verloren, oder die Intention des Rituals gerät aus dem Blickfeld. In beiden Fällen ist es weitaus schwieriger, Verbundenheit, Rückhalt und Versöhnung zu finden. Meinen Klienten empfehle ich jedenfalls immer: Geheimnisse aufdecken ist die eine Sache, Rituale vollziehen ist die andere Sache.

4. Familien, die tief greifende Geheimnisse hüten, haben oftmals überhaupt keine sinnvollen Rituale bzw. haben ganz wenige oder erstarrte Rituale – umgekehrt entstehen Geheimnisse oftmals in Kontexten, in denen sinnvolle Rituale fehlen oder inhaltsleer geworden sind

Authentische und sinnvolle Rituale schließen spontane Momente in sich, d. h. Augenblicke, in denen etwas Neues, Neuartiges oder zuvor Unausgesprochenes entstehen kann. Genauso wie die strukturierten Teile eines Rituals uns helfen, in unserer Geschichte verankert und mit ihr verbunden zu bleiben, so bildet dieser in Ritualen existierende offene Raum für das Ungeplante ein Moment, durch den Rituale sinnvoll und lebendig bleiben und sich mit dem Wandel innerhalb einer Familie oder einer Kultur verändern können. Aus Angst davor, dass in solchen spontanen Augenblicken das Tabu gebrochen wird, geben Familien mit tief greifenden Geheimnissen ihre Rituale entweder ganz auf oder „spulen sie mechanisch ab", indem sie sie mit absoluter Starrheit und Kontrolle abwickeln. Die Kraft von Ritualen, Orientierung zu geben und Wandel zu ermöglichen, geht dabei verloren. Das eisige Ritual wird dann zur Metapher für die Familienbeziehungen. Wenn zu einem Geheimnis noch die Scham hinzukommt, verschwinden die Rituale, an denen die Familiengemeinschaft oder der Freundeskreis der Familie beteiligt ist. In einer Familie, mit der ich therapeutisch arbeitete, hatte die vor der Eheschließung des Paares liegende Geburt zweier ihrer Kinder zur Folge, dass diese Familie 50 Jahre lang weder Hochzeitstage noch Geburtstage feierte. Die Rituale, die einen Wandel in der Entwicklung der Familie markiert hätten, waren verschwunden. Die Familie war in der Zeit eingefroren. Anlässe zur Freude wurden dadurch ersetzt, dass man sich schonungslos auf das „ritualisierte zwanghafte Händewaschen" der Mutter konzentrierte. In einer anderen Familie sah sich der Vater durch den starken Alkoholismus seiner Eltern, den er sein ganzes Leben lang vor der Außenwelt geheim gehalten hatte, dazu veranlasst, alle Rituale aufzugeben, bei denen Alkohol im Spiel sein könnte – folglich feierte die Familie keine Geburtstage, keine Jahrestage, keine Weihnachtsfeste. Und in einer anderen Familie hielten die Eltern die Homosexualität ihres Sohnes vor der Verwandtschaft und ihren Freunden geheim, bis sie bei wieder einer anderen Familie schockiert feststellen mussten, dass diese ihrem homosexuellen Sohn, der an Aids gestorben war, kein Begräbnis zukommen ließ. Beeindruckt von der Ungeheuerlichkeit dieses fehlenden Rituals – ein Beerdigungsritual markiert nicht nur den Tod, sondern feiert auch das Leben –, fühlten sich die erwähnten Eltern imstande, „sich", wie sie es nannten, „öffentlich zur Homosexualität ihres Sohnes zu bekennen".

Wenn Rituale fehlen oder inhaltsleer geworden sind, ob dies nun auf Geheimnisse oder andere Ursachen zurückzuführen ist wie z. B. auf Zerstrittenheit, Überlastung, Migration oder nicht betrauerte Verluste, dann wird der Familienkontext zu einem guten Nährboden für Geheimnisse. Rituale können ein solides Gefäß sein, in dem tiefe Emotionen zum Ausdruck gebracht werden können. Wenn sinnvolle Rituale fehlen, kann die Chance, tiefe Gedanken und Gefühle miteinander auszutauschen oder zu teilen, immer mehr schwinden. Dann setzt ein sehr schmerzhafter Kreislauf ein: weniger Rituale, mehr Geheimnisse – mehr Geheimnisse, weniger Rituale.

Die Verflechtung von Geheimnissen und Ritualen findet ihren intensiven Ausdruck bei einem Paar, das ich gemeinsam mit meiner Kollegin Peggy Papp zur Zeit in Therapie habe. Hier ist seine Geschichte.

„Liebe auf das erste Bit"

Sharon, 23, und Joni, 30, sind ein typisches Paar des neuen Jahrtausends. Sie haben sich über das Internet in einem Chatroom kennen gelernt, mehrere Stunden lang Gedanken über und Pläne für ihre persönlichen Ziele für die Zukunft ausgetauscht – sie wollte Jura studieren, er wollte seinen Abschluss an der Filmhochschule machen. Rituale, die mit dem hinlänglich bekannten Procedere des Werbens umeinander verknüpft sind, wurden durch einen scheinbar vertraulichen und von jeglichem Kontext losgelösten Austausch ersetzt, in dem beide sowohl zu viel als auch zu wenig Informationen geben und empfangen konnten. Noch am selben Abend führten sie ein Telefongespräch miteinander, sie verabredeten sich für den nächsten Tag – und machten Jonis Apartment zur gemeinsamen Wohnung, nachdem sie sich einen Monat lang gekannt hatten. Sowohl Sharon als auch Joni waren frisch nach New York gezogen und erlebten eine immer stärker werdende tiefe Einsamkeit. Er fühlte sich von ihrer Offenheit, ihrem scheinbaren Selbstvertrauen, ihrer Stärke angezogen. Sie ihrerseits fühlte sich von seiner ruhigen Festigkeit, seinem Verantwortungsgefühl, seiner Loyalität gegenüber seiner Herkunftsfamilie angezogen. Jeder mochte den Humor des anderen, und schon sehr bald verließen sie sich aufeinander und halfen sich, um gemeinsam die Herausforderungen des Lebens in New York zu meistern. Weder Sharon noch Joni waren bis dahin in Therapie gewesen. Und nur acht Monate nach ihrer ersten Begegnung saßen sie in meinem Behandlungszimmer und befanden sich mitten in einer großen Krise, die durch gegenseitige Heimlichtuerei, Lügen und Täuschung hervorgerufen worden war.

In der therapeutischen Arbeit mit Sharon und Joni wurde mir schon bald klar, dass diese beiden Menschen nie zusammengekommen wären, wenn sie sich nicht über das Internet kennen gelernt hätten. Sie sind verschieden wie Tag und Nacht. Sharon ist weiß und stammt aus einer englisch-deutschen Familie; Joni ist schwarz und kommt aus Ghana. Sie ist das älteste Kind ihrer Familie; er ist das jüngste Kind seiner Familie. Sharons Eltern sind aus der Arbeiterschicht; Jonis Familie gehört seit Generation zur ghanaischen oberen Mittelschicht. Sharon genoss keine religiöse Erziehung, und ihre Mutter entfloh aus einer Sekte, als ihre Tochter noch sehr klein war; Joni wurde im römisch-katholischen Glauben erzogen. Sharon erfuhr nur selten das Lebensgefühl einer Großfamilie; Joni wuchs in einem großen Verwandtschaftsnetz auf. Sharon wurde in einem von Chaos gezeichneten Haushalt groß – ihre Mutter war alkohol- und drogenabhängig; ihr Vater entschwand aus ihrem Leben, als sie noch ein Kind war, und tauchte erst wieder auf, als sie 16 Jahre alt war. Sie hatte fünf Stiefväter und wurde physisch misshandelt und häufig ihrem Schicksal überlassen. Jonis Familie war eingebettet in eine durch starke Kontrolle und Struktur gekennzeichnete Tradition – seine Eltern waren 40 Jahre lang verheiratet; seine Mutter ist eine warmherzige, gefestigte und starke Frau; sein Vater, der krank war und sich hatte pensionieren lassen, ist ein sehr erfolgreicher Journalist und Informationsminister der ghanaischen Regierung gewesen. Sharon hatte ihren Namen ohne Bezug auf eine bestimmte Person erhalten; Joni war nach seinem Großvater väterlicherseits genannt worden.

Als Sharon und Joni sich begegneten, hatten sie keine Rituale gemein – bis auf das von ihnen geschaffene tägliche Ritual, im Internet zu surfen oder, wie die beiden es nannten, online zu sein. Meine Aufgabe in der therapeutischen Arbeit mit diesem Paar bestand eindeutig darin, den beiden zu helfen, ihre Verschiedenartigkeit zu benennen und zu akzeptieren und gleichzeitig eine Struktur von Verbundenheit zu schaffen, zu der auch Rituale gehören.

Drei Monate, nachdem Sharon und Joni zusammen in eine Wohnung gezogen waren, unternahmen sie eine Reise nach Kalifornien. Joni hat aus einer früheren Beziehung eine kleine Tochter namens Vanessa, die getauft werden sollte. Sharon arrangierte für sie und Joni einen Aufenthalt bei ihren Großeltern mütterlicherseits. In der irrtümlichen Annahme, dass die Rassenzugehörigkeit für ihre Großeltern kein Thema sei, erzählte Sharon ihnen nicht, dass Joni dunkelhäutig ist. Sofort nach der Ankunft bei den Großeltern kritisierte der Großvater Sharon in scharfer Form, weil sie mit einem Schwarzen zusammenlebte, und teilte ihr mit, dass sie nur bleiben könne, wenn Joni die Wohnung verlasse, oder dass er beide hinauswerfen werde. Daraufhin verließ Sharon zusammen mit Joni fluchtartig die Wohnung ihrer Großeltern. Seit diesem Vorfall sprach Sharon nicht mehr mir ihrem Großvater, der bis dahin die einzige stabile Verbindung zu einem Mann in ihrem Leben gewesen war. Genau in diesem Kontext – dem quälenden Kontext von Rassismus – begann die Krise zwischen Sharon und Joni. Doch als ich mit den beiden zum ersten Mal sprach, behaupteten sie, dass die Rassenzugehörigkeit zwischen ihnen keine Rolle spiele – was ich zutiefst bezweifelte.

Zwei Tage nach ihrer Rückkehr nach New York fing Sharon an, Jonis E-Mails in seinem PC durchzustöbern. Dabei entdeckte sie das Bild einer Frau, das er aus dem Internet auf seinen PC heruntergeladen hatte. Für diejenigen unter den Lesern, die Neu-Ludditen[2] oder Technophobiker sind und eher eine Giftschlange als einen Computer anfassen würden, sind vielleicht ein paar Fachbegriffe hilfreich: Um über das Internet elektronische Post verschicken zu können, braucht man eine E-Mail-Adresse – oft wird eine Variation des Vornamens oder des Berufs gewählt –, meine Schwägerin, die Richterin am Obersten Gericht eines US-Bundesstaates ist, hat z. B. die Adresse „S-Justice-1" gewählt. Über diese Adresse kann sie von den Empfängern ihrer verschickten E-Mails schnell identifiziert werden. Doch eine E-Mail-Adresse kann man auch dazu benutzen, seine wahre Identität zu verbergen, und die Verwendung mehrerer solcher Adressen ist zu einer gängigen Art der Heimlichtuerei geworden. Um in einen Chatroom zu kommen, braucht man einen Benutzernamen. Darüber hinaus benötigt man zum Verschicken elektronischer Post wie auch zum Chatten ein – geheimes – Passwort, das bei diesen Online-Aktivitäten mit Sicherheit mit bestimmten symbolischen Elementen des Rituals verbunden ist. Mein geheimes Passwort, das ich jetzt verrate, ist „Snuggles" – und bevor Sie jetzt aufgeregt versuchen, hinter die exotische Bedeutung dieses Wortes zu kommen, sage ich Ihnen, dass es sich um den Namen meiner Katze handelt.

Zurück zu unserem Paar. Sharon war erschrocken darüber, dass Joni sie womöglich betrog, und legte daraufhin mehrere Benutzernamen an, um ihn in Versuchung zu führen und schließlich seines Betrugs zu überführen. Joni entdeckte Sharons diverse Benutzernamen und dachte zuerst, sie betrüge ihn. Nachdem er realisiert hatte, was sie mit ihrem Plan verfolgte, gab er vor, an dieser virtuellen „anderen Frau" interessiert zu sein, um Sharon eine Lektion zu erteilen. Verfolgen wir nun, wie Sharon und Joni über den Prozess des wechselseitigen Ausspionierens berichten, über ihre jeweiligen Geheimnisse und über ihre verzweifelten und hässlichen Versuche, den anderen in die Falle zu locken und reinzulegen.

Evan: Sie haben also dieses Bild in Jonis Computer gefunden. Was geschah dann? Haben Sie ihn darauf angesprochen?

---

2 Ludditen waren Anhänger des englischen Arbeiters Ned Ludd, der im 19. Jahrhundert das Los der Arbeiter durch die Zerstörung der Maschinen in den Fabriken verbessern wollte (Anm. d. Übers.).

Sharon: Ja, da bin ich kompromisslos. Er war zu dem Zeitpunkt nicht zu Hause, er machte gerade seine Radiosendung, und als er dann nach Hause kam, war ich zuerst noch unsicher, aber ich war so wütend und ging zu ihm und fragte ihn ins Gesicht, ob er mit jemandem Kontakt hat, und er dachte, ich meine, ob er sich mit jemandem verabredet oder mit jemandem ausgeht. Und ich meinte, sich mit jemandem online unterhalten, und er sagte Nein und war völlig sprachlos.

Evan: Wie war das für Sie, Joni?

Joni: Ich dachte: „Weshalb zum Teufel stellst du mir solche Fragen?" Wenn man im Internet chattet, kann man so viele Freunde haben, wie man will, einmal hatte Sharon an die 30 Freunde, aber ich kannte Sharon eben und meine Beziehung zu ihr. Sie kennt sich besser aus im Internet und chattet auch schon länger als ich, und ich fragte sie, weshalb zum Teufel sie wissen möchte, mit wem ich chatte.

Evan: Sie fühlten sich also ungerecht beschuldigt.

Joni: Genau so, es bringt mich auf die Palme, wenn ich für etwas beschuldigt werde, was ich nicht getan habe.

Evan: Und während dieser Zeit haben Sie also weitere Benutzernamen angelegt und haben dann das entdeckt?

Joni: Ja, aber da wusste ich es schon irgendwie.

Evan: Woher wussten Sie es?

Joni: Ich wusste es, weil ich in Sharons Gesicht lesen kann, wenn etwas nicht stimmt, sie kann es nicht verbergen.

Evan: Also war es weniger der Computer als Sharon, von der sie wussten, dass etwas in der Luft lag.

Sharon: Ich war tatsächlich online, um herauszufinden, was er so machte. Er erzählte mir: „Ich brauche ein bisschen Zeit." Ich dachte, ich würde mich mehr darüber aufregen, dass er meine Benutzernamen herausgefunden hatte. Es machte mir eigentlich gar nichts aus, ich merkte einfach nur, wie absurd die ganze Situation war. Er glaubte, ich chattete mit anderen Leuten unter diesen Namen. Ich hatte ihm meine Namen nicht gegeben, und ich war viel online unter meinen Namen. Ich war die ganze Zeit online unter den anderen Namen und habe auf ihn gewartet. Mir wurde bewusst, was er durchmachte, von dem ich keine Ahnung hatte, und das beantwortete mir viele Fragen. Ich glaube, ich weiß, was in anderen Bereichen seines Lebens vor sich ging, nicht aber, was in unserer Beziehung vor sich ging; ich wusste nicht, ob er das alles gespürt hat. Als es herauskam, hatte ich ein schreckliches Gefühl. Ich dachte, Mann, er muss die ganze Zeit über gedacht haben, dass ich etwas Schlimmes mache, und dabei habe ich alle diese Namen nur angelegt, weil ich ihn in die Falle locken wollte.

Evan: Haben Sie geglaubt, dass Sharon Sie betrügt oder hintergeht?

Sharon und Joni hatten die übelsten Seiten voneinander aktiviert, und beide waren entsetzt über das, was sie angerichtet hatten. Dieses erste Geheimnis war zwar nun beidseitig gelüftet; doch Sharon blieb misstrauisch, unsicher, ängstlich und eifersüchtig. Sie rief Joni zwölf- bis 14-mal am Tag an seinem Arbeitsplatz an. Er wurde allmählich ärgerlich und ungeduldig wegen Sharons Verhalten, das er als aufdringlich empfand und ihm signalisierte, dass sie kein Vertrauen zu ihm hatte. Joni hatte bereits ein Ritual vollzogen, das er als starkes Ritual der Verbundenheit bezeichnete – er hatte nämlich Sharon seinen Eltern vorgestellt, und diese hatten sie willkommen geheißen. Dieses Ritual, das in Jonis Kultur voller Symbolkraft war, hatte für Sharon keinerlei Bedeutung. Joni überlegte, ob sie vielleicht „zu jung" sei, er sprach von Gefühlen des „Eingeengtseins" und gab seiner tiefen Enttäuschung darüber Ausdruck, dass Sharon nicht die starke Frau sei, für die er sie gehalten habe. Ich bestand darauf, dass beide sich allmählich als vielschichtige und authentische menschliche Wesen begreifen lernten und nicht als die eindimensionalen virtuellen Personen, als die sie sich kennen gelernt hatten.

Joni: In dieser Zeit geschahen noch viele andere Dinge, die auch viele Zweifel in mir weckten, was für ein Mensch Sharon eigentlich ist.

Evan: Wenn ich Ihnen so zuhöre, klingt es für mich, als ob diese ganze Internetgeschichte – unbeabsichtigt – zu einer Art gegenseitigem Test geworden war.

Sharon: Für mich war es schon beabsichtigt.

Evan: Und nachdem Sie das nun gemacht haben, wo stehen Sie jetzt, glauben Sie, Sie haben einander genug getestet?

Joni: Ich glaube, das Vertrauen wurde dadurch erschüttert, und ich versuche, es zurückzugewinnen und die Sharon zu finden, wie ich sie in den ersten Wochen gekannt habe. Diese Frau habe ich geliebt.

Evan: Glauben Sie, Joni, dass es die Frau, in die Sie sich verliebt haben, immer noch gibt und dass sie vielleicht komplizierter ist und mehr Facetten hat, die durch diese ganze Geschichte zum Vorschein kamen; und umgekehrt, in wen sie sich auch verliebt hat, dass Sie vielleicht auch komplizierter sind, als Sie online erschienen sind?
Joni: Ich weiß, aber das Problem ist doch – ist das wirklich die Frau?
Evan: Sie ist eine andere Frau, aber sie ist weit mehr. Wie sehen Sie das, Sharon?
Sharon: Ich glaube, Sie haben Recht. Ich glaube, dass ich meistens diese Frau bin, ich bin sehr störrisch, sehr von mir überzeugt. Das ist wirklich die Frau, die ich meistens bin. Diese Beziehung besteht für mich zum guten Teil darin, dass ich ihm alles erzählen kann, und ich kann ihm meine Gedanken und Gefühle anvertrauen, die ich keinem anderen erzählen könnte. Ich habe mich in letzter Zeit viel damit beschäftigt.
Evan: Sie möchten also mit allen Facetten Ihrer Person geliebt werden und ihn mit allen Facetten seiner Person lieben.

Während Joni die Schuld für seine Distanz und seinen Rückzug ausschließlich in Sharon suchte, wurden Sharons Gefühle der Unsicherheit durch diese Einstellung nur noch stärker, und wir stellten uns allmählich die Frage, ob es vielleicht Gedanken und Gefühle gäbe, die Joni vor Sharon geheim hielt. Wir fanden heraus, dass es in ihrem Alltagsleben keinerlei Rituale gab, die Punkte des Verbundenseins angeboten hätten. Wie das bei vielen Paaren, die wir in Therapie haben, der Fall ist, arbeiteten Sharon und Joni zwölf Stunden und noch mehr am Tag, nahmen nur wenige Mahlzeiten gemeinsam ein, und Joni zog sich jeden Abend stundenlang an seinen Computer zurück. Zwei Wochen lang arbeiteten wir mit dem Paar daran, ein tägliches Ritual für tiefer gehende Unterhaltungen zu entwickeln: ein Ritual, das an einem bestimmten Ort in ihrer Wohnung und zu einer bestimmten Zeit durchgeführt werden sollte; ein Ritual, in dem sich beide Partner darüber austauschen, was in ihrem Kopf und in ihrem Herzen vor sich geht. Als wir dieses Ritual gemeinsam entwickelten, war Joni in der Lage, Sharon ein Geheimnis zu eröffnen – das sich um seine eigene Seelennot wegen seiner Hautfarbe, um seine Ängste, weil Sharon weiß und er schwarz ist, und um seine Identität als afrikanischer Mann drehte.

Evan: Worüber machen Sie sich Sorgen, Joni?

Joni: Hin und wieder denke ich über Dinge nach, die mir so im Kopf herumgehen; als ich auf dem College war, war ich Vorsitzender des Afrikanischen Studentenklubs, da spürte ich, wie die Leute mich ansahen, was ich dann aber weggeschoben habe. Bestimmte Dinge, die ich nicht tun kann, und bestimmte Orte, an die ich nicht gehen könnte.

Evan: Orte, an die Sie beide nicht gehen können, weil Sie unterschiedliche Hautfarben haben?

Joni: Es ist nicht, dass wir nicht dorthin gehen können, sondern dass wir uns dort nicht wohl fühlen. Über solche Dinge muss ich nachdenken. Und wenn ich darüber nachdenke, meint Sharon, dass mir alles gleichgültig sei, aber das ist es nicht, ich versuche einfach, damit klarzukommen.

Evan: Inwieweit besprechen Sie solche Dinge mit Sharon, oder wälzen Sie solche Gedanken nur im Kopf herum?

Joni: Ich wälze sie im Kopf herum.

Sharon: Er kann bis heute nicht mit mir darüber sprechen.

Evan: Wie sieht denn ein typischer Tagesablauf bei Ihnen aus, damit wir herausfinden können, ob es einen Ort gibt, an dem Sie gut miteinander sprechen können; wenn Sie beispielsweise nach Hause kommen und miteinander essen, und wie sieht dann der Rest des Tages aus bis zum nächsten Morgen?

Joni: Ich sitze den ganzen Abend an meinem Computer.

Evan: Also dies scheint ein wichtiger Punkt in Ihrer Identität zu sein, wie sie von anderen gesehen wird. Glauben Sie denn, dass es gut wäre, wenn Sie beide Ihre Themen ins Gespräch bringen und sich damit auseinander setzen?

Joni: Ich glaube schon.

Evan: Ich bin davon überzeugt, dass, wenn sich jemand mit Identitätsproblemen quält, der Partner am besten daran tut, dass er dem anderen aufmerksam zuhört. Sie müssen ihm weder etwas einreden noch ausreden, sondern nur der Mensch sein, dem er erzählen kann, was nach sehr tief gehenden Problemen in seinem Innern klingt, die er nicht für sich behalten sollte, sondern zusammen besprechen.

Joni: Ich muss noch unbedingt erwähnen, dass ich sie beruhigen wollte, dass alles in Ordnung ist.

Evan: Doch seltsamerweise scheint es sich ins Gegenteil zu verkehren, so weit nämlich, dass Sie ihr nicht erzählen, so weit, dass sie das Gefühl hat …

Sharon: Ich verstehe überhaupt nichts mehr.

Evan: Ich meine, dass Sie einen angenehmen Ort suchen sollten, mit dem Sie angenehme Dinge verbinden, vielleicht trinken Sie einen Wein oder einen Tee miteinander, um eine nette Atmosphäre zu schaffen, mit Kerzen, um zu markieren, dass Sie ein gutes Gespräch miteinander haben.

Meine therapeutische Arbeit mit Sharon und Joni bringt mich nun zum letzten Aspekt der Wechselbeziehung zwischen Ritual und Geheimnis.

5. Neue Rituale und/oder die Wiederaufnahme alter Rituale, die eine aktuelle Bedeutung erhalten, können die Aufdeckung eines Geheimnisses erleichtern, die Versöhnung fördern und die Auflösung eines Geheimnisses bzw. den einsetzenden Heilungsprozess markieren

Wie wir bei Sharon und Joni gesehen haben, können Geheimnisse in einem Kontext, in dem es keine gemeinsamen Rituale gibt, wachsen und gedeihen. Ein gemeinsam entwickeltes Ritual kann eine Lösung sein, die Geheimnisse zum Schmelzen bringt. Wenn Bedeutungen, Symbole und symbolische Handlungen auf Wechselseitigkeit beruhen, kann eine neue zwischenmenschliche Kultur entstehen und gedeihen.

Einerseits hatte Sharon ihre eigene Lebensgeschichte zu verkraften, die sie für Befürchtungen, Ängste und Eifersucht in einer Beziehung verwundbar machten; andererseits wurde Jonis geheim gehaltene Seelenqual wegen seiner Rassenzugehörigkeit und Kultur, wegen seiner Loyalität und Identität durch den schmerzhaften Besuch bei Sharons Großvater gewaltig verstärkt. Da dem Paar jegliche Rituale fehlten, die ein gemeinsames Gefäß sowohl für Schmerz, Scham und Konfusion als auch für Freude, Zusammenarbeit und zuverlässige Partnerschaft hätten bilden können, wurden sich Sharon und Joni zeitweilig zum schlimmsten gegenseitigen Albtraum. Wie viele andere Paare, die sich online kennen lernen und dem Partner eine sorgfältig edierte Version der eigenen Persönlichkeit präsentieren, so hatten auch Sharon und Joni die Vorstellung, sich weitaus besser zu kennen, als dies tatsächlich der Fall war.

Durch ein kleines Alltagsritual, z. B. eine Tasse Tee oder ein Glas Wein miteinander zu trinken, konnte ihr allzu gut eingeübter Tanz, bei dem Sharon jagte und Joni floh, unterbrochen und die beiden Partner in die Lage versetzt werden, sich langsam und aufrichtig kennen zu lernen. Kürzlich erfand Joni ein weiteres Ritual – ein Ritual für die Lösung von Problemen: „Wenn wir ein Problem haben, gehen wir zu einem Ort, den wir beide mögen; dann halten wir uns an den Händen, und keiner geht weg, solange das Problem nicht gelöst ist."

Wenn Geheimnisse schließlich aufgedeckt werden, können Rituale Versöhnung und Heilung bringen und markieren: Ein Paar feiert nach 51 Jahren Ehe zum ersten Mal seinen Hochzeitstag, nachdem das Geheimnis um die vor der Eheschließung liegende Geburt der Töchter der beiden Partner gelüftet worden ist. Nachdem das Geheimnis um die Vaterschaft aufgedeckt worden ist, vollzieht die Familie eine Adoptionszeremonie, bei der Vater und Sohn sich im Kreise der Familie und Freunde gegenseitig adoptieren.

Sharon und Joni sind gerade dabei, ein solches Ritual zu entwickeln. Sie sammeln Zitate, Gedichte oder Lesestücke und legen diese an bestimmte Orte in ihrer Wohnung, um die Verbindung zueinander zu halten und ihre Bereitschaft zur gegenseitigen Offenheit zu signalisieren. Ich bin glücklich darüber, sagen zu dürfen, dass sie es mir ermöglicht haben, einen Beitrag zur Entwicklung dieses Rituals zu leisten. Ich habe Joni ein Zitat von Desmond Tutu gegeben, das er über seinen Computer gehängt hat: „Ein Mensch ist grundsätzlich keine unabhängige, solitäre Entität. Ein Mensch ist genau dadurch Mensch, dass er in den *Strauß* des Lebens eingeflochten ist. Sein heißt teilhaben."

Ich habe Sharon und Joni ein Büchlein der Dichterin Adrienne Rich mitgegeben, aus dem sie sich laut vorlesen und das für ihre Beziehung wohltuend sein wird. Mit einem Zitat daraus möchte ich meinen Vortrag schließen: „Eine redliche Beziehung zu dir zu haben heißt nicht, alles verstehen zu müssen oder dir alles sofort mitzuteilen oder im Vorhinein schon wissen zu können, was ich dir alles zu erzählen habe. Es heißt vielmehr, dass ich die meiste Zeit gespannt und sehnsüchtig auf die Gelegenheit warte, dir mitzuteilen ... dass wir beide wissen, wir suchen immer nach den Chancen, die Wahrheit zwischen uns auszudehnen. Die Möglichkeit des Lebens zwischen uns."

(Aus dem Amerikanischen von Astrid Hildenbrand)

Die uneindeutigen Verluste der Migration – Familienresilienz durch kulturelle Rituale

Celia J. Falicov

Zuerst möchte ich kurz meine Lebenssituation umreißen. Ich komme aus Argentinien und bin in die USA immigriert; meine Herkunftsfamilie stammt aus Osteuropa und ist nach Argentinien ausgewandert. Zur Zeit lebe ich in Kalifornien mit meinen drei Töchtern, die in den Vereinigten Staaten geboren sind. Deshalb habe ich persönliche Erfahrung mit Migration, die sich über drei Generationen erstreckt. Was meine berufliche Erfahrung betrifft, habe ich in Chicago und Kalifornien sehr viel mit Migranten aus ganz Amerika und insbesondere aus Lateinamerika gearbeitet. Diese Menschen können dann als freiwillige Migranten bezeichnet werden, wenn man das Konzept der freiwilligen Flucht vor Armut, ständigen politischen Unruhen und ökonomischer Unsicherheit anwendet. Die Beispiele, die ich im Folgenden präsentiere, stammen aus der therapeutischen Arbeit mit diesen Bevölkerungsgruppen und sind vielleicht an ihre ethnischen Kontexte gebunden. Doch ich hoffe, dass die Prozesse und Interventionen, die ich beschreibe, auch für viele andere Kontexte relevant sind, z. B. für einige der Migrantengruppen in Europa, die therapeutische Hilfe brauchen. Der Geburtsort eines Menschen und sein späterer Wohnort sind bei zunehmend weniger Menschen identisch miteinander. Seit den frühen 30er-Jahren des 20. Jahrhunderts ist es das erste Mal, dass jeder zehnte US-Amerikaner nicht mehr im eigenen Land geboren ist.

Alle Migranten, ob sie ihr Land freiwillig verlassen haben oder Asylsuchende sind, ob sie von weit oder von nah gekommen sind, ob sie Männer, Frauen oder Kinder sind, arm oder reich, gebildet oder ungebildet sind, erleben generell eine – wenn auch unterschiedlich ausgeprägte – Form von Verlust, Leid und Trauer. Diese Verlusterfahrungen hat man in der psychologischen Literatur verglichen mit dem Leidens- und Trauerprozess, wie er durch den Tod geliebter Menschen ausgelöst wird. Ich möchte jedoch behaupten, dass der durch die Migration entstandene Verlust seine eigenen, spezifischen Merkmale hat, die ihn von anderen Arten von Verlusten unterscheiden.

Erstens schreibe ich die spezifischen Merkmale des Verlusts, den ein Migrant erleidet, einem *uneindeutigen Verlust* zu. Zweitens fokussiere ich auf die Erkenntnisse, die wir aus den Versuchen der Migranten, inmitten des Wandels eine kulturelle Wiederbelebung und Wiederherstellung zu erlangen, gewinnen können, sowie auf die Überlegung, wie diese Versuche in *spontane Rituale* umgesetzt werden können, sodass sie zur Familienresilienz beitragen. Drittens zeige ich Risiken auf, die vom Entschluss zur Migration bis zur Überschneidung von migrationsbedingten Problemen und lebenszyklischen Ereignissen reichen, wodurch *der durch die Migration erlebte Verlust unerträglich* werden kann. Viertens gebe ich Beispiele für die hilfreiche Anwendung *therapeutischer Rituale*, mit denen die mit der Migration verbundenen Übergänge erleichtert werden können.

Der größte Teil der Migrationsliteratur konzentriert sich auf die mobilen Akteure im Migrationsdrama, d. h. auf die Migranten selbst, also auf die Individuen, die ihre Heimat verlassen.

Doch es gibt viele Akteure im Migrationsdrama – diejenigen, die zurückbleiben; diejenigen, die weggehen; und diejenigen, die kommen und gehen – und auch viele Brüche und Erneuerungen. Die Trennungen und späteren Wiedervereinigungen können die ältere Generation mit einschließen, den Vater oder die Mutter, eins der oder mehrere Kinder. Die Symptome von Leiden, Traurigkeit, Groll sowie psychosomatische Episoden können sich nicht nur bei denjenigen zeigen, die weggehen, sondern auch bei den Familienmitgliedern, die in ihrem Herkunftsland geblieben sind. In der therapeutischen Arbeit mit Immigranten muss man immer an die Zirkularität der sich zwischen Wahlheimat und Herkunftsland bewegenden Familienbindungen denken.

Probleme und Symptome eines Familienangehörigen können sich bereits beim Weggehen, zu einem späteren Zeitpunkt oder bei der Wiedervereinigung der zuvor getrennten Familienangehörigen entwickeln. Darüber hinaus können sich die Nachwirkungen einer positiven bzw. ablehnenden Aufnahme des Immigranten im Gastland sowie die Erfolge bzw. das Scheitern des Migranten sowohl auf diejenigen auswirken, die emigriert sind, als auch auf diejenigen, die geblieben sind.

Konzentrieren wir uns zunächst auf die spezifischen Merkmale, die der durch die Migration verursachte Verlust mit sich bringt, und auf die Trauer der Migranten. Verglichen mit dem Verlust durch die eindeutige und irreversible Tatsache des Todes, ist der Verlust durch Migration, den man mit dem Verlust durch den Tod eines Menschen gleichgesetzt hat, sowohl größer als auch kleiner.

Der durch die Migration erfahrene Verlust ist größer, weil damit Verluste aller Art verbunden sind: Verloren sind die Familienangehörigen und Freunde, die im Herkunftsland geblieben sind; verloren sind auch die Muttersprache, die Gewohnheiten und Rituale, das Heimatland selbst. Der Wellenschlag dieser Verluste trifft die Familie und Verwandtschaft zu Hause und reicht in die zukünftigen Generationen hinein, die im neuen Land geboren sind.

Der durch die Migration erfahrene Verlust ist aber auch kleiner als der Tod, weil er trotz des Leidens und der Trauer über das physische, kulturelle und soziale Abgetrenntsein nicht absolut eindeutig, abgeschlossen und irreversibel ist. Alle Beteiligten sind noch am Leben, und die Kultur ist noch lebendig, aber eben nicht direkt erreichbar oder präsent. Im Gegensatz zur Endgültigkeit des Todes ist es nach der Migration immer möglich, an eine Rückkehr in die Heimat oder zumindest an eine realisierbare Wiedervereinigung der Familie zu denken. Bei den Migranten unserer Tage ist die Hoffnung, am Ende zurückkehren oder die Familie wieder zusammenführen zu können, ausgeprägter als bei den Migranten, die vor 60 oder 70 Jahren ihr Land verließen, um nie mehr dorthin zurückzukehren.

Darüber hinaus gehen die Migranten unserer Zeit selten noch in ein soziales Vakuum hinein. Ein Verwandter, Freund oder Bekannter wartet im Allgemeinen „auf der anderen Seite" und hilft dem Migranten bei der Suche nach Arbeit und Unterkunft und gibt ihm Orientierung für das neue Leben. Außerdem können Migranten einer Art Ausgleichsangebot in Form von besseren ökonomischen Ressourcen, Ausbildungsmöglichkeiten oder neuen persönlichen und politischen Freiheiten entgegensehen, wodurch einige der durch die Migration erlittenen Verluste durchaus wettgemacht werden können.

Alle diese Aspekte führen zu einer bemerkenswerten und nachhaltigen Mischung aus Emotionen und Zuständen – Traurigkeit und Hochstimmung, Verlust und Entschädigung, Abwesenheit und Präsenz –, die das Leiden nicht zum Abschluss bringen, in die Länge ziehen, uneindeutig und – wie jemand gesagt hat – zu einer Art „Dauertrauer" machen. Dieser Gedanke ist neu. Im 12. Jahrhundert prägte wahrscheinlich der Arzt Maimonides den Begriff Nostalgie aus dem griechischen *nosos* („Wissen") und *algia* („Schmerz"), um damit eine Krankheit zu beschreiben, die er bei Flüchtlingen und Einwanderern beobachtet hatte und die seiner Meinung nach tödlich verlaufen könne. Zu den Symptomen seines Krankheitsbildes gehörten Herzklopfen, Weinen, Wehklagen, Jammern, Zittern, nervöse Tics, Juckreiz und untröstliches Verlangen nach der Heimat. Maimonides' Heilmittel gegen dieses „Heimweh" bestand darin, den Patienten unverzüglich in seine gewohnte und ihm vertraute Umgebung zurückzuschicken. Auch die Migranten unserer Tage leiden unter solchen Symptomen. Doch im 21. Jahrhundert können wir für die migrationsbedingten Verlusterfahrungen vielleicht eine fortschrittlichere Definition und Therapie anbieten.

Der uneindeutige Verlust und die Migration

Das Konzept des uneindeutigen Verlusts ist von Pauline Boss entwickelt worden, um Situationen zu beschreiben, in denen der erlittene Verlust unklar, unabgeschlossen oder partiell ist. Sie gründet ihr Konzept auf die Stresstheorie und beschreibt zwei Arten von uneindeutigem Verlust:

1. Da ist zum einen die Verlusterfahrung, wenn ein Mensch zwar *physisch abwesend, aber in den anderen psychisch präsent* ist (wenn z. B. einer Familie der Vater oder der Sohn als im Krieg vermisst gemeldet wird; wenn einem Elternteil nach der Scheidung das elterliche Sorgerecht für sein Kind verweigert wird; wenn der Sohn oder Vater in einer Familie fehlt, weil er ausgewandert ist).
2. Da ist zum anderen die Verlusterfahrung, wenn ein Familienmitglied zwar *physisch anwesend, aber psychisch abwesend* ist (wenn z. B. eine Familie mit einem an Alzheimer-Krankheit

leidenden Angehörigen lebt; wenn die Tochter mit 20 Jahren psychotisch wird; wenn ein Elternteil oder Lebenspartner aufgrund von Belastung oder Depression emotional abwesend oder unzugänglich ist).

Die Migration stellt – in Pauline Boss' Worten – eine „Kreuzung" dar, weil sie beide Arten von uneindeutigem Verlust in sich vereint. Einerseits werden geliebte Orte und Menschen zurückgelassen, die aber in der Seele des Migranten lebhaft präsent bleiben. Andererseits können Heimweh und die Belastungen der Anpassung an das neue Land ein Familienmitglied für die anderen Angehörigen emotional unzugänglich machen.

Bei der Entscheidung zur Migration spielen zwei uneindeutige Extreme eine zentrale Rolle: Zum einen treibt es die Menschen aufgrund enormer Enttäuschungen über die ökonomischen oder politischen Bedingungen im Herkunftsland von zu Hause weg, zum anderen aber zieht es die Migranten durch die Liebe zu ihrer Familie und zur gewohnten Umgebung wieder nach Hause zurück.

Wenn bei uneindeutigen Verlusten die Rituale fehlen

Vielleicht ist diese uneindeutige, reversible, passagere Qualität der Entscheidungsfindung der Grund, weshalb die Migration als Lebensübergang an keinem Punkt ihrer verschiedenen Stadien rituelle Markierungen oder Rites de Passage aufzuweisen hat. Die Vorbereitungen, die dem konkreten Akt des Weggehens vorausgehen, können zwar Ähnlichkeiten mit Ritualen aufweisen, z. B. wenn der Migrant sich zur Abreise bereitmacht und symbolische Objekte (Schallplatten, Fotos, Bücher) einpackt, werden aber im Allgemeinen nur von einem einzigen Menschen oder bestenfalls von zwei oder drei Familienmitgliedern oder Freunden getroffen. Diese Aktivitäten folgen keiner vorgegebenen Ordnung, sind weder örtlich noch zeitlich festgelegt und umfassen kein kulturell festgelegtes kollektives Ritual, zu dem sich die Menschen versammeln können, um den Übergang vom alten in das neue Land zu markieren und ein Gefäß für die starken Emotionen anzubieten, die alle Beteiligten empfinden.

Erst kürzlich fiel mir ein, dass es Jahrzehnte her ist, seit unsere Freunde in Argentinien ein Abschiedsritual für den Tag vorbereitet hatten, an dem mein Mann und ich den Hafen von Buenos Aires in einem Handelsschiff verließen. Das Schiff legte bei Sonnenuntergang ab, und unsere Freunde waren erschienen, um uns Lebewohl zu sagen. Als wir beide an Bord waren, zu ihnen hinschauten und Lebewohl winkten, bemerkten wir, dass unsere Freunde in ihre Autos gestiegen waren, die Scheinwerfer angeschaltet hatten und hintereinander in einer ziemlich melancholisch wirkenden Prozession langsam auf dem Pier entlang neben dem Schiff herfuhren. Als sie dem Schiff nicht mehr ins offene Meer hinein folgen konnten, fingen sie an zu hupen. Einer von ihnen hatte offenbar ein Megaphon mitgebracht, denn nacheinander stiegen sie aus ihren Wagen aus und riefen zu uns herüber: „Viel Glück! Viel Glück! Vergesst nicht zu schreiben! Geht nicht verloren! Werdet bloß keine Gringos! Denkt an uns! Esst keine verdorbenen Hamburger, unterstützt das argentinische Steak! Richtet New York unsere Grüße aus! Werdet reich! Schickt ein paar Dollar nach Hause, behaltet nicht alle für euch! Zeigt es diesem verdammten Argentinien, was ihr draufhabt! Und ... kommt zurück, bitte kommt zurück!" Mein Mann und ich mussten in einem Strom von Tränen trotzdem herzlich lachen. Dieser Abschied im Hafen ist in meinem Gedächtnis für immer eingebrannt als die Verkörperung von Widersprüchen, die in meinem Leben niemals in Einklang miteinander zu bringen und kaum in Worte zu fassen sind: die Ambiguitäten, die durch die Verschmelzung von etwas, das zu Ende ging, mit etwas, das gerade anfing, zustande kamen. Neben dem fast unerträglichen Trennungsschmerz stand die Hoffnung auf eine bessere Zukunft. Die Freundschaften, die bedingungslos überdauern sollten, schwanden unweigerlich dahin.

Doch das fantasievolle Ritual, das unsere Freunde damals vollzogen, ist weder erwartbar noch alltäglich. Im Laufe der Zeit fiel mir auf, dass es einige Ähnlichkeiten zwischen der Migration und anderen Verlusten gibt, für die wir in unserer Kultur keine Übergangsrituale haben: Ein abgetriebenes oder tot geborenes Kind repräsentiert ein potenzielles Menschenleben, das schon bald nach seinem Beginn zu Ende gegangen ist; eine Scheidung hinterlässt bei den Partnern eine gewisse Nachdenklichkeit darüber, was sich noch hätte entwickeln können, ihnen nun aber nicht mehr möglich ist; auch der Ausdruck *Wahl*heimat – vergleichbar der Situation eines Kindes, das von einer Familie adoptiert wird, weil seine biologischen Eltern es nicht aufziehen können oder wollen – impliziert, dass vor dem Akt des Wählens etwas existierte, das der Landkarte eines Territoriums ähnlich ist, das in der Zukunft hätte besiedelt werden können. In unserer

Vorstellung konkretisieren sich Vorgänge in der Zukunft als Gestalten. Manche dieser Gestalten müssen betrauert werden, weil sie sich durch unerwartete Brüche im Leben für immer verändern, verfinstern, nicht realisieren lassen und durch neue Gestalten und andere Möglichkeiten ersetzt werden.

Was bedeutet das im Falle der Migration? Die Verzweigungen eines uneindeutigen Verlusts erfassen mehrere Generationen einer Familie: mit Sicherheit die zurückbleibenden Eltern der Generation, die im Erwachsenenalter emigriert ist, aber auch die nächste Generation, also die Migrantenkinder, die in der neuen Heimat geboren sind und das Durcheinander der elterlichen Wahrnehmungen und Emotionen hinsichtlich der migrationsbedingten Strapazen, Verluste und Gewinne unmittelbar erfahren. Die Kinder und Heranwachsenden spielen eine zentrale Rolle, wenn die Geschichten über die Vergangenheit, Gegenwart und Zukunft der Familie hergestellt werden. Dadurch, dass diese junge Generation die neue Gesellschaft deutlicher abbildet, wird sie zur nächsten Brücke der den Wandel implizierenden Kontinuität, was sich in ihrer Sprache, ihren Wertvorstellungen und ihrer Identität spiegelt.

Aufgrund der hohen geographischen Mobilität in den USA kommen Familien oft zur therapeutischen Beratung, um sich auf einen Umzug in einen anderen Bundesstaat oder eine andere Stadt vorzubereiten. Sie sind sich der Tragweite dieses Unterfangens bewusst, machen sich häufig Sorgen darüber, wie ihre Kinder auf den Umzug reagieren werden, und wollen wissen, was sie tun können, um ihre Anpassung an die neue Umgebung zu erleichtern. Die mentale Vorbereitung auf die Veränderung hängt zwar von den situativen Umständen der einzelnen Familie ab; doch generell überlege ich gemeinsam mit der Familie, wie sie ein Abschiedsritual entwickeln kann, bei dem alle Familienmitglieder symbolisch darstellen können, was sie zurücklassen und welche Vorstellungen sie von ihrer Zukunft haben. Oftmals entwerfen die Familien Rituale, die festgehalten und mitgenommen werden können (ein Album, eine Videokassette, eine Sammlung bestimmter Objekte) und sich z. B. in Zeichnungen oder anderen Symbolen positiver oder negativer Vorstellungen von der neuen Umgebung niederschlagen. Die Verzweigungen eines uneindeutigen Verlusts erfassen mit Sicherheit diejenigen, die zusammen wegziehen; doch die Ambiguitäten berühren auch die Eltern, deren Kinder im Erwachsenenalter von zu Hause weggegangen sind, und die nächste Generation, die in der Wahlheimat geboren ist und unweigerlich die mit den Strapazen, Verlusten und Gewinnen der Migration verbundenen Wahrnehmungen und Emotionen ihrer Eltern zu spüren bekommt.

WENN DIE SINNHAFTIGKEIT IHRE WURZELN VERLIERT

Der vielleicht tiefste Bruch, der durch die Migration entstehen kann, ist die Zerstörung der Sinnstrukturen und -systeme der Migranten. Der Stadtökologe Peter Marris ist der Ansicht, dass das menschliche Gegenstück zu dem Wurzelsystem, aus dem eine Pflanze ihre Nahrung zieht, das Sinnsystem ist, das einer physischen, sozialen und kulturellen Realität Kontinuität und Vertrautheit verleiht. Wie schaffen es Migranten, die Strukturen wieder zu beleben oder wiederherzustellen, in denen ihre physischen, sozialen und kulturellen Bedeutungen eingebettet sind? Wie können Verbindungen zum Herkunftsland und zu den Menschen dort in symbolisch wieder belebten inneren und äußeren Räumen weiterbestehen?

Im Bild des Umtopfens einer Pflanze können wir Folgendes erkennen: Wenn wir eine Pflanze aus der Erde reißen, bleibt immer etwas Erde an der Wurzel hängen. Ein guter Gärtner weiß, dass das Umtopfen dann erfolgreich ist, wenn er die Pflanze mit diesen hängen gebliebenen Erdresten in die neue Erde setzt. Auch wenn die Migranten nicht mehr ausreichende Mengen der heimischen Erde besitzen, um ihre Wurzeln zu versorgen, so findet sich doch der kleine Rest des ursprünglichen Bodens noch in den lieb gewordenen Dingen, die sie wieder beleben, in den Traditionen, die sie ihren Kindern weitergeben, in der Sprache, die sie sprechen, in den Speisen, die sie kochen, und in den Freundschaften, die sie auf dem neuen Boden eingehen. Die Migranten können ihre Wurzeln auch weiterhin dadurch versorgen, dass sie die Verbindungen zu ihrem Herkunftsland auf verschiedene Weisen pflegen.

Vielleicht ist die Ambiguität doch – wie Mary Catherine Bateson sagt – „die Verwerfung des Lebens". Die dynamischen Reaktionen von Immigranten auf ihre erlittenen Verluste zeigen, dass sie mit der Ambiguität, niemals einen Schlussstrich unter diese Verluste ziehen zu können, leben lernen und für ihr Erleben eines uneindeutigen Verlusts sozusagen auch „Lösungen" finden können. Erfahren Sie nun, wie Migranten psychische und physische Präsenz aus der physischen und psychischen Abwesenheit schaffen.

Durch spontane Rituale Präsenz aus der Abwesenheit eines Menschen schaffen
Aus der sehr langen Liste von Möglichkeiten greife ich vier Handlungsarten heraus, die veranschaulichen, wie Migranten auf Behelfswegen mit uneindeutigen Verlusten umgehen und dadurch Abwesendes präsent machen können. Offensichtlich ist es möglich, dass die so geschaffenen Präsenzen Qualitäten haben, die *Ritualen* ähnlich sind.

So weisen zwar Besuche in der alten Heimat, Briefe und Geldüberweisungen an die Gebliebenen, die Suche nach dem entsprechenden ethnischen Umfeld im neuen Land und die Netzwerke von Landsleuten oder das Erzählen von Geschichten aus der Vergangenheit grundsätzlich viele Qualitäten von Ritualen auf; aber alle diese Dinge ereignen sich im Leben von Migranten eher spontan als geplant, und das bedeutet, dass Migranten fast schon automatisch mit solchen Verhaltensmustern reagieren, auch wenn ihnen niemand dazu Direktiven gibt. Möglicherweise haben diese Handlungen ähnliche Funktionen, wie man sie bei anderen Ritualen beobachtet.

Rituale haben nämlich die Funktion,
a) Menschen in komplexen Situationen Trost zu geben,
b) menschliche Gemeinschaften zu bilden und zu erhalten, indem man Entfernungen überwindet (mithilfe von Ritualen können Migranten dem Herkunftsland Lebewohl sagen und zugleich das neue Land begrüßen),
c) die Bindungen zwischen der persönlichen Biografie und historischen Orten und Zeiten zu stärken,
d) ein Katalysator zu sein für Fühlen, Denken und Handeln,
e) inmitten des Wandels den Sinnsystemen Stabilität zu geben,
f) für erlittene Verluste zu entschädigen,
g) beide Seiten der Widersprüche, Dualitäten und Ambiguitäten (Bindung/Trennung, Vorstellung/Wirklichkeit, Gewinn/Verlust), die nicht aufgelöst werden können, in die Biografie „einzubauen".

Schauen wir uns nun einige dieser spontanen Rituale an. Was können wir als Therapeuten daraus lernen?

Besuche im Herkunftsland, Briefe, Geschenke und Geldüberweisungen: Rituale der Verbundenheit

Im Gegensatz zu den Migranten in der ersten Hälfte des 20. Jahrhunderts, die nie mehr nach Hause zurückkehrten und allmählich die Kontakte und Bindungen zu ihrem Herkunftsland verloren, kehren heute viele Migranten immer wieder in ihr Heimatland zurück – sie sind, um den Fachbegriff zu gebrauchen, transnational geworden.

Die Besuche im Herkunftsland sind für die Migranten emotional aufbauend und verbunden mit aufgeregter Vorfreude und Vorbereitung, wenn sie z. B. notwendige Dinge oder schöne Geschenke für die Personen in ihrem alten sozialen Netzwerk besorgen. Doch die konkrete Besuchserfahrung ist voller Widersprüche, voll von angenehmen Bedeutungen, aber auch bitteren Gefühlen, weil nun vieles nicht mehr erreichbar ist. Dann kann die Rückkehr in die Wahlheimat mit Reue und Schmerz verbunden, aber auch von großer Erleichterung über die in der Wahlheimat gefundenen Freiheiten und Möglichkeiten getragen sein. Manchmal dauert es Wochen oder gar Monate, bis sich der Migrant von dieser emotionalen Berg-und-Tal-Fahrt erholt hat.

Selbst arme Migranten, die sich das Pendeln zwischen Herkunftsland und Wahlheimat nicht leisten können, finden heute verschiedene Formen des Hierseins und Dortseins, des dauerhaften Daseins in zwei Kulturen. Diese Situation erweist sich als eine eigentümlich komplexe psychische Erfahrung von Präsenz und Abwesenheit. Früher haben freiwillige Migranten und auch zur Auswanderung gezwungene Menschen die Verbindungen zu ihrem Herkunftsland wahrscheinlich dadurch aufrechterhalten können, dass sie Briefe schrieben, mit den Gebliebenen telefonierten und Päckchen schickten oder erhielten. (Selbst die spanischen Eroberer, die sich wie Einwanderer fühlten, schickten Briefe nach Hause und brachten Geschenke aus Amerika mit nach Hause.)

Heute schicken viele Migranten aus Lateinamerika, sobald es geht, Geld nach Hause, das erheblich zum finanziellen Unterhalt ihrer armen Familien in der Heimat beiträgt. In die USA eingewanderte Migranten aus Mexiko sind zu einem substanziellen informellen Hilfefaktor für die Ökonomie ihres eigenen Landes geworden, der fast genauso gewichtig ist wie die Einnahmen Mexikos aus seinen Ölvorräten und nur unwesentlich kleiner als die Einnahmen aus der Tourismusindustrie. Die Emigranten schicken Geld, um dem Dorf oder

der Gemeinde, wo sie geboren wurden und aufgewachsen sind, zu helfen; dieses Geld wird oft dafür verwendet, Leitungen für Trinkwasser zu legen oder Schulen, Krankenhäuser und Kirchen zu bauen. Der Akt der Zahlungsanweisung ist ausgefüllt mit Gedanken und Fürsorge und Wiederholungen, die ritualisierten Verhaltensweisen ähnlich sind: wenn der Migrant z. B. an einem bestimmten Tag des Monats zum Bankschalter geht, einen Scheck auf sein Konto ausstellt, den Scheck an die auszahlende Stelle in Auftrag gibt und später dann die Quittung über die Auszahlung an den Empfänger erhält.

Basierend auf der Einschätzung, ob die Kontakte des Migranten zu seinem alten Land ergiebig oder spärlich sind, konstruiert die Familie oder die Gemeinde von dem Migranten und er von sich selbst ebenso zweierlei Bilder: Das eine Bild entspricht einer negativen Vorstellung und zeichnet den Migranten als selbstsüchtiges Individuum, das die Gebliebenen kaum anruft, sie nicht besucht oder ihnen kein Geld schickt. Ein solcher Migrant wird als egoistisch betrachtet, weil er nur die Verbesserung seiner eigenen Lage verfolgt, den Strapazen seines Herkunftslandes entflohen ist oder diese hinter sich gelassen hat oder sich seiner gesamten Familie gegenüber illoyal zeigt. Dieses Bild entwickelt sich im Allgemeinen dann, wenn die Familie in der Heimat eine Zeit lang darauf gewartet hat, dass der Migrant zurückkehrt oder den gebliebenen Familienmitgliedern emigrieren hilft. Wenn die Träume von einer Erneuerung der Verbundenheit nicht Wirklichkeit werden, führt das schließlich zu Enttäuschung, Familienkonflikt, Bitterkeit oder zum emotionalen Bruch.

Alberto, ein Immigrant aus Chile, verließ wegen seiner politischen Aktivitäten in den späten 70er-Jahren sein Land überstürzt und unter Lebensgefahr. Zurück blieb seine junge Frau mit zwei kleinen Töchtern. Alberto ging nach Zürich, wo er Sally, eine Amerikanerin aus San Diego, kennen lernte, die bei einer Bank beschäftigt war. Sally war gerührt von Albertos misslicher Lage, und da sie die Disziplin, Sprache und Anpassungsfertigkeiten besaß, die ihm fehlten, bot sie ihm ihre Hilfe an. Ein paar Jahre später zogen beide zurück nach San Diego. Sally wollte jetzt, da sie ihrer Herkunftsfamilie nahe war und Alberto hinreichend Überlebenstechniken entwickelt hatte, gemeinsame Kinder haben. Er lehnte ihren Kinderwunsch ab, engagierte sich stark für eine lateinamerikanische Gruppe, die besonders das Tanzen und Trinken liebte, und wurde zum Retter einer jungen und hilflosen Immigrantin aus Guatemala. Als er in der Therapie auf seine derzeitige Verbindung zu den Kindern, die er damals zurückgelassen hatte, angespro-

chen wurde, ließ er uns wissen, dass seine Mutter ihm geschrieben habe, eine seiner Töchter bekomme ein Kind und sei in erheblichen finanziellen Schwierigkeiten. Die Großmutter habe auch angedeutet, dass diese Tochter ihren Vater nicht als politischen Helden sehen würde, sondern als einen eigensüchtigen und feigen Deserteur. Diese Mitteilung war für Alberto ein Grund zur Scham und für seine jetzige Familie eine potenzielle Quelle der Anpassung.

Das andere Bild, das den Migranten in einem positiveren und tatenkräftigeren Licht darstellt, entspricht der Vorstellung von ihm als Helden, der die Interessen der Familie vertritt und ihre finanzielle Absicherung verstärkt, um das Wohlergehen der Familie langfristig zu verbessern und sie zu unterstützen. In einem Artikel in der New York Times war kürzlich zu lesen, dass Vincente Fox, der derzeitige Präsident von Mexiko, George W. Bush darum gebeten habe, die Geldzahlungen von Migranten an ihre Familien zu Hause zu erleichtern und sich für die Senkung der hohen Überweisungsgebühren der zwischengeschalteten Dienstleister einzusetzen. Fox bezeichnete die Migranten, die ihre Familien in Mexiko unterstützen, als Helden.

Bei diesem Bild, das den Migranten als Abgesandten seiner Familie zeichnet, sind kulturelle Wertvorstellungen oftmals ein entscheidender Punkt. Die Immigranten kommen häufig aus Kulturen, die an der Gemeinschaft ausgerichtet sind und sich den individualistischen Bildern vom Überleben in der neuen Welt widersetzen.

Carlo, der aus Italien in die USA eingewandert ist und in San Diego lebt, hat den Traum von seiner Rückkehr nach Hause vielleicht deshalb aufgeschoben, weil sich sein Traum von Reichtum nie realisiert hat. Sein Schicksal ähnelt in gewisser Weise dem von Nino Manfredi, des Hauptdarstellers in dem berühmten Film Brot und Schokolade *von Franco Brusati aus dem Jahr 1973, in dem es um einen armen italienischen Gastarbeiter geht, der in die reiche Schweiz kommt und verzweifelt versucht, sich dem Land anzupassen. Obwohl dieser Migrant, was seine Arbeitsstellen betrifft, immer tiefer sinkt – er beginnt als Kellner in einem Restaurant und endet als Helfer auf einer Hühnerfarm –, kämpft er zäh dagegen an, aufzugeben und zurückzugehen. Mein Klient Carlo dagegen fand trotz aller Wechselfälle Stabilität durch seine Arbeit in einer italienischen Bäckerei in San Diego und heiratete eine Frau, deren Eltern aus Spanien eingewandert waren. Seine Loyalität bewies Carlo durch die monatliche Geldzahlung an seinen Vater, der ein armer Bauer auf Sardinien war. Nuria, Carlos Frau, akzeptierte zwar seine Familienverpflichtung, als aber die Kosten für den*

Schulbesuch ihrer Kinder auf sie zukamen, verlangte sie von Carlo, dass er die Kinder dem Vater vorziehen müsse. Erst in der Therapie erkannte Carlo, welch psychische Signifikanz sein automatisch vollzogenes Ritual hatte, wenn er persönlich zum Postamt ging, die Zahlungsanweisung ausfüllte und den Auftrag zur Geldzahlung gab. Auf diese Weise konnte er nämlich seine Schuldgefühle abmildern und sein Gefühl verstärken, den Vater zu unterstützen. Dieses ritualisierte Verhalten hatte eine dem sonntäglichen Besuch bei seinem Vater ähnliche Funktion, wenn er in Italien geblieben wäre.

Die Besuche in der alten Heimat, Telefongespräche, Briefe, Geschenke und Geldzahlungen fungieren als ein Ritual der Verbundenheit und bieten denjenigen, die geblieben sind, wie auch denjenigen, die weggegangen sind, eine partielle Lösung für das Leben mit einem uneindeutigen Verlust. Auch diejenigen, die in der Heimat geblieben sind (Eltern oder Geschwister), können einen uneindeutigen Verlust erfahren; denn obwohl sie den ausgewanderten Sohn oder Bruder emotional vermissen, wollen sie nicht, dass er zurückkommt, weil sie sonst einen beträchtlichen Teil der für sie wichtigen finanziellen Unterstützung verlieren würden. Häufig vollziehen auch diejenigen, die geblieben sind, Rituale der Verbundenheit, indem sie den Emigrierten Briefe, Videobänder oder Fotos schicken. Solche Rituale fördern einerseits die Kontinuität, geben aber auch Kunde von kulturellen und persönlichen Veränderungen.

Die Entstehung neuer kultureller Räume im Gastland:
Rituale der Wiederbelebung des kulturellen Raums
In den meisten Städten, in denen Migranten leben, findet man ethnische Viertel. Man kann sofort erkennen, dass in diesen urbanen Landschaften Anblicke, Gerüche, Töne, Alltagsaktivitäten sowie Rituale des Kochens, Essens und Sprechens im öffentlichen Raum reproduziert werden. Auf offenen Märkten und sonntäglichen Flohmärkten oder auf Jahrmärkten werden die Farben, Töne, Objekte, Nahrungsmittel und die Treffpunkte der Vergangenheit mit unglaublicher Authentizität nachgestellt. Diese kollektive Wiederbelebung der Kultur des Herkunftslandes könnte man als mentale Rückkehr, als stellvertretende Form der kulturellen Trauer ansehen – als einen aktiv konstruierten potenziellen Raum, der irgendwo zwischen Fantasie und Realität liegt. Diese Lebensstrategien, zu denen die Suche nach den ethnischen Enklaven, die Besuche der erwähnten

Märkte, die Beschaffung vertrauter Nahrungsmittel und das Sprechen der Muttersprache gehören, werden von den meisten Migranten spontan aufgegriffen. Diese behelfsmäßigen „Als-ob-Milieus", in denen die Erinnerungen an die eigene Kultur lebendig bleiben, werden zu einem Ritual des „Simulierens" von Heimat, was offenkundig weitaus besser ist, als überhaupt keine Heimat zu haben.

Solche kraftvollen Strategien tragen nicht nur dazu bei, die Verbindungen zur alten Heimat wieder zu beleben, sondern helfen auch, die Welt der Gastkultur in vertrautere, weniger fremde, passendere Räume umzuwandeln. Sie bringen Kontinuität in die veränderte Umgebung und besitzen zugleich Elemente der Differenzierung, denn die Kultur der Wahlheimat erschließt sich durch das Geld, die Produkte, die verschiedenen Sprachen. So kann das Ritual der Wiederbelebung des kulturellen Raums der Vergangenheit, wie Ricardo Ainslie meint, zu einer Art Übergangsobjekt nach Winnicott werden, das die Betroffenen dazu befähigt, sich mit der Realität der Zukunft auseinander zu setzen.

Die Erinnerung an Vergangenes oder Geschichten über die Vergangenheit erzählen: Rituale der Erinnerung
Da ich selbst die Tochter von Einwanderern bin, weiß ich, dass Immigranten gerne Geschichten über ihre alte Heimat erzählen. Sie erzählen gerne ihre Migrationssaga bis ins Detail, wiederholen immer wieder die alten Redensarten, schmachten nach der heimischen Ernährung, schildern die Verhaltensweisen ihrer Landsleute oder die Sitten ihres Herkunftslandes. Wann und wo immer sie können, bemühen sie sich aktiv um die sozialen Netzwerke von Landsleuten, in denen sie ihre Muttersprache sprechen, Beobachtungen vergleichen, tratschen, über die neue Kultur klagen oder an ihre Heimat denken können und die ihnen helfen, die neuen Werte, Regeln und Gebräuche gewissermaßen zu verdauen. Migranten lieben es, dieselben Anekdoten immer wieder zu erzählen und sowohl mit alten Freunden als auch mit ihren neuen Freunden im neuen Land Kulturvergleiche anzustellen. Solche Migrantengeschichten sind ziemlich monoton und vermitteln häufig ein idealisiertes Bild des Herkunftslandes, während manche Aspekte des Neuen darin verunglimpft werden. Doch auch das Gegenteil kann eintreten, wenn der Migrant eine Gelegenheit sucht, um über die Regierung und die schlechte Wirtschaftslage seines alten Landes oder über die dortige Militärdiktatur

zu schimpfen. Weil es sich hier um Produkte der mündlichen Erinnerungsarbeit handelt, zählt ihr Wahrheitsgehalt weniger als der Sinn und die Funktionen, die sie für den Erzählenden haben. Dieses ritualisierte Erzählen, Wiedererzählen, Vergleichen, Gefühlserleben fördert die persönliche und kulturelle Kontinuität und Wiederherstellung; aber das Erzählen und Wiedererzählen fördert auch die Integration – vor allem der Kinder –, den Austausch und die Entwicklung von Verbindungen zu den Menschen im neuen Land. Gelegentlich ist die Migrationsgeschichte so umfassend, dass sie einem starken kognitiven und emotionalen Magnet gleicht, der alle Lebensereignisse anzieht und festhält. So können Erfolge oder Niederlagen, z. B. das wieder gefundene Selbstvertrauen der Ehefrau oder der undankbare erwachsene Sohn, mit einem einzigen Satz erklärt werden: „Das kommt daher, dass wir hierher gekommen sind bzw. kommen mussten." Doch für immer unbeantwortet bleiben wird die Frage: Was ist der Migration und was ist schlicht und einfach den überall lauernden Herausforderungen des Lebens zuzuschreiben?

Die Bewahrung kultureller Rituale
Die Theoretiker der systemischen Familientherapie kennen seit langem die Wirkung traditioneller Rituale, die dem kulturellen Erbe einer Familie Kontinuität verleihen und gleichzeitig die Familienbande und das Wertgefühl der Gemeinschaft stärken. Die Praxis kultureller Rituale einer Migrationsfamilie kann den ursprünglichen Ritualen ähnlich sein, aber auch eine Verschiebung in den Bedeutungen und Ambiguitäten reflektieren, die auf eine im Werden begriffene zweigleisige – z. B. eine moderne und zugleich ethnisch-spezifische – Lebensart, hinweist. Zu den festen Rituale von Migranten gehören die folgenden.

a) *Alltagsrituale:* Dazu zählen die Mahlzeiten der Familie, Spiele, Fernsehen in der Muttersprache, alltägliche Routinearbeiten und bestimmte Arten der Hausreinigung, die Ausschmückung der Wohnung, Kleiderordnungen, persönliche Hygiene, Formen der alltäglichen Begrüßung, gefühlsbetonte Arten der Kommunikation. Die Alltagsrituale können die alten Rituale zwar noch nachbilden, vermischen sich aber allmählich mit neuen Hervorbringungen, z. B. kleidet man sich anders, schaut Fernsehprogramme in der neuen Sprache an, lernt neue

Sportarten und Ideen kennen, was unweigerlich von den Kindern der Migranten evoziert wird.

b) *Lebenszyklische Rituale:* Migranten haben traditionell bestimmte Rites de Passage oder rituelle Muster, um Familienübergänge zu markieren: Hochzeiten, Taufen, Zeremonien zum Schulabschluss, Jahrestage, Begräbnisse. Manche Migranten bestehen auf dem Feiern kultureller Rituale, selbst wenn sich die Werte der Familie bereits verändert haben und einige dieser Rituale überflüssig geworden sind. Manchmal hat man den Eindruck, dass Familien ihre Rituale nur noch mechanisch abwickeln und – wie die Anthropologen es nennen – „inhaltsleere" Rituale vollziehen. Ich bin jedoch der Ansicht, dass wir mit der Vermutung, dieses Konzept der „Inhaltsleere" könnte so einfach auf die Situation der Immigranten übertragen werden, vorsichtig umgehen müssen. Auch wenn sich ein Ritual von seinen ursprünglichen Inhalten und Zielen vielleicht entfernt hat, so kann sein Vollzug doch die Funktion haben, die Vergangenheit der Familie und ihr Eingebettetsein in der ethnischen Gemeinschaft auf sinnvolle Weise zu bekräftigen.

Juanita, eine aus Mexiko in die USA immigrierte Mutter, war sehr besorgt über die Weigerung ihrer Tochter, ein Fest zu ihrem 15. Geburtstag (Quinceanera) zu feiern. Dieses Fest ist vergleichbar dem amerikanischen Ritual des Balls der Debütantinnen im zarten Alter von 16 Jahren, allerdings mit dem Unterschied, dass in allen Regionen und sozialen Schichten Mexikos dieses nach einem festen Schema ablaufende Ritual vollzogen wird. Die kulturelle Bedeutung ist eine rituelle traditionelle Bestätigung der Jungfräulichkeit eines 15-jährigen Mädchens und signalisiert seine Bereitschaft, sich künftig mit Jungen zu verabreden. Diese Bedeutung des Rituals kam für Juanitas Tochter kaum infrage, weil das Mädchen seit einiger Zeit sexuelle Kontakte mit ihrem älteren Freund hatte. Doch Juanita war der Ansicht, dass dieses Fest das, und ich zitiere sie wörtlich, „unvergesslichste Ereignis im Leben einer Frau ist und eine Erinnerung sein soll, die alle Eltern ihrer Tochter von ihrer Geburt an zuteil werden lassen möchten". Dieses Ritual aufzugeben, an dem eine ganze Gemeinde aus Großfamilie, Paten und Patinnen sowie Freunden rituell und finanziell beteiligt ist und an unterschiedlich gestalteten Aspekten dieser sehr großen und kunstvollen Zeremonie teilnimmt, würde das Gefühl der Kohärenz im Leben einer Frau zerstören, selbst wenn sich einige ursprüngliche Bedeutungsinhalte verschoben haben oder verschwunden sind. Für Juanita hätte die Streichung dieses Rituals einen zu schmerzhaften kulturellen Bruch dargestellt und sie vor ihrer ethnischen Gemeinschaft bloßgestellt, und zwar nicht deshalb, weil die anderen auf die verlorene Unschuld der Tochter aufmerksam geworden wären (jeder hätte das Thema Jungfräulichkeit des Mädchens ignoriert); aber das nicht vollzogene Ritual hätte die Identität von Juanitas Familie und ihr Ansehen in ihrer ethnischen Gemeinschaft sowohl in ihrem Herkunftsland als auch in ihrer Wahlheimat beschädigt. Dieses Ritual half, mitten im Strom kultureller und familialer Veränderungen die kulturelle und familiale Kontinuität zu wahren.

Traditionelle feierliche Rituale sind manchmal notwendig, um kulturelle Übergänge oder Verschmelzungen zu reflektieren, wie sie z. B. bei Paaren vorkommen, bei denen die Partner aus unterschiedlichen Kulturen stammen – eine auf der ganzen Welt immer häufiger anzutreffende Situation. Solche Paare müssen sich den besonderen Herausforderungen stellen, dass sie zwei unterschiedliche Traditionen lebenszyklischer Rituale haben und diese entweder miteinander vermischen oder in Einklang miteinander bringen müssen.

c) *Religiöse Rituale:* Auch wenn die Migranten die konkreten Elemente ihrer physischen und sozialen Landschaften nicht weitergeben können, so sind doch andere ihrer erworbenen, eher innerlichen Sinnsysteme wie z. B. Religions- und Glaubenssysteme immanent tradierungsfähig. Das vielleicht tradierungsfähigste Ritual ist das Gebet. Wie das bei kulturellen Praktiken häufig der Fall ist, so bestehen auch in den religiösen Praktiken von Migrantengruppen viele uneindeutige Elemente von Präsenz und Abwesenheit nebeneinander. Ein Kirchenbesuch z. B. kann viele Bedeutungen haben. Er kann mit der Vorstellung vom ewigen Leben verknüpft werden, der Migrantin oder dem Migranten aber auch helfen, durch den Kontakt zu einer geistesverwandten Gemeinschaft Veränderungen und Anpassung zu meistern. In Kalifornien besuchen immigrierte Mexikaner oft katholische Messen, auch wenn der Priester vielleicht ein Englisch sprechender Amerikaner irischer Abstammung ist, der nicht nur kein Spanisch spricht oder die mexikanische Kultur nicht versteht, sondern auch noch die Form der Liturgie verändert hat. Trotzdem scheinen noch genug Andacht in der religiösen Handlung und eine hinreichende Verbundenheit mit den Werten des Katholizismus vorhanden zu sein, sodass der Besuch des Gottesdienstes wichtige psychische und soziale Funktionen erfüllt.

   d) *Volksmedizinische Rituale: Überzeugungen bezüglich Gesundheit und Heilung:* Viele Migranten haben zwar kulturelle oder überlieferte Glaubensweisen bezüglich Gesundheit und Krankheit sowie der entsprechenden Behandlungsansätze, akzeptieren aber gleichzeitig die moderne schulmedizinische Praxis. Die in die USA eingewanderten Lateinamerikaner haben im Hinblick auf Gesundheit und Krankheit offenkundig ein zweigleisiges Glaubenssystem. So lassen sich Situationen wie die folgende erklären.

In einer Ausbildungseinrichtung entwickelte sich ein Machtkampf zwischen einer Praktikantin und einer puerto-ricanischen Familie aus der Arbeiterschicht. Der Vater dieser Familie hatte Wahnideen entwickelt, und die Therapeutin war der Ansicht, dass der Klient mit Neuroleptika zu behandeln sei. Doch die Familie lehnte diesen Vorschlag höflich, aber entschieden ab, und die enttäuschte Therapeutin etikettierte das Verhalten der Familie als „Widerstand". Der Supervisor der Ausbildungseinrichtung, der für kulturelle Themen aufgeschlossen war, schlug vor, dass die Praktikantin die Familie fragen solle, ob sie eher religiöse oder naturheilkundliche Möglichkeiten für hilfreich halte. Die Mutter der Familie war der Ansicht, dass es dem Vater besser gehen könnte, wenn man für ihn betete. Die Therapeutin wurde aufgrund dieser magisch anmutenden, realitätsfernen Antwort noch enttäuschter. Doch der Supervisor schlug ihr vor, ihr Misstrauen aufzugeben und eine neugierige und respektvolle Haltung einzunehmen, indem sie folgende Bitte an die Familie richtete: „Erzählen Sie mir, wie Gebete helfen können. Was bedeutet Beten für Sie?" Die Mutter erzählte daraufhin, dass sie sich zweimal in der Woche mit ihren Freundinnen treffe, um gemeinsam in der Kirche in einem Einkaufszentrum zu beten. Sie war überzeugt, dass ihre gemeinsamen Gebete zusammen zu einem mächtigen, strahlenden Energiebündel anschwellen würden, das die dunklen Kräfte, die sich in der Seele ihres Mannes eingenistet hätten, bekämpfen könne. Die Familie glaubte, dass sich diese positiven Kräfte durch das Beten allmählich ansammelten, und sie hatte Angst davor, dass die Neuroleptika diesen Prozess stören könnten. Doch die Familie hatte bei uns auch Rat eingeholt, um sich für den Fall vor-

zubereiten, dass ihre „Heilung" nicht erfolgreich sei. In diesem Fall würde sie unsere Behandlung ausprobieren.

Wenn man therapeutisch mit Migranten arbeitet, muss man solche spontanen Repräsentationen von Kontinuität und Wandel explorieren. Diese Manifestationen können als Rituale der Wiederbelebung oder als Rituale der Wiederherstellung in der Transformation gesehen werden, was z. B. dann der Fall ist, wenn die Einnahme von Medikamenten akzeptiert wird, was letztlich eine Form ritualisierten Verhaltens ist. Es ließe sich darüber streiten, welche der beiden Ansätze den größeren Placeboeffekt haben: die Medikamente oder das Beten.

Symptome einer Depression, Angstzustände und psychosomatische Beschwerden können darauf zurückzuführen sein, dass der Kontakt zur eigenen Kultur und Herkunftsfamilie sowie die Einbindung in soziale Netzwerke und Sinn gebende kulturelle Räume fehlen, die dem Migranten die Teilnahme an traditionellen und ritualisierten Vorgängen erleichtern. Als Therapeut muss man herausfinden, ob in der Migrantenfamilie ritualisierte Formen der Wiederbelebung des kulturellen Gedächtnisses existieren oder fehlen, was solche Rituale für die einzelne Familie bedeuten und wie sie sich konkret manifestieren (man trägt z. B. die Zutaten für landestypische Mahlzeiten zusammen, lässt Musik des Herkunftslandes laufen, liest Bücher in der Muttersprache oder schaut Filme aus dem Heimatland an), um beurteilen zu können, inwieweit die Familie mit ihrer Vergangenheit verbunden ist und wie sie diese in der Gegenwart in hybriden oder zu etwas Neuem verschmolzenen Transformationen wieder belebt.

DIE ANPASSUNGSTHEORIE ALS AUSGANGSPUNKT FÜR EINEN RAHMEN DES SOWOHL-ALS-AUCH

Wir müssen uns natürlich fragen, ob wir, wenn wir besonderen Wert auf die Kontinuität legen, dazu beitragen, dass der Migrant in seiner eigenen Vergangenheit einfriert und hängen bleibt. Verhindern wir durch die Betonung von Kontinuität seine Anpassung an die neuen Werte, die kulturellen Bedeutungen und die neue Sprache? Eine Antwort auf diese Frage besteht darin, dass wir das Fortbestehen traditioneller Muster nicht als Festhalten an überholten Glaubenssystemen, als Manifestation der fehlenden Entschlossenheit zur Verarbeitung von Trauer oder als Widerstand gegen die Anpassung betrachten dürfen. Im Gegenteil: Die Rituale, die im Strom der Veränderungen eine Kontinuität darstellen, können als Bemühungen betrachtet werden, mithilfe verlässlicher Versuche das wiederzuerlangen, was möglich ist, um den uneindeutigen Verlust zu bewältigen und mithin eher in der Lage zu sein, ein „Gefühl der Kohärenz" aufrechtzuerhalten. Das Konzept des Kohärenzgefühls wurde von Aaron Antonovsky entwickelt und geht davon aus, dass der Mensch inmitten der Veränderungen und Brüche kontinuierlich Versuche unternimmt, um Gesundheit und Stabilität zu erreichen. In dieser Suche nach „narrativer Kohärenz" liegt ein Schlüssel zur Familienresilienz bzw. zu der Kraft, die daraus erwächst, dass man der Geschichte seines Lebens einen Sinn verleiht.

Die Resilienz einer Familie hängt von ihrer Fähigkeit ab, sich einer veränderten Situation anzupassen, die neue Verhaltensweisen und neue Überzeugungen verlangt, und gleichzeitig in ihren gewohnten Verhaltensweisen und Überzeugungen Kontinuität zu bewahren. Das heißt, dass kulturelle Muster nicht in der Art des Entweder-oder ausgetauscht werden, sondern dass diese in einem Rahmen des Sowohl-als-auch bestehen bleiben, in dem die bekannten Denkmuster, Affekte und Handlungsweisen noch ihre Gültigkeit haben, während nach und nach neue Denkmuster, Affekte und Handlungsweisen integriert werden. Vom Standpunkt der systemischen Familientherapie aus ist dies sinnvoll; wenn nämlich eine Familie ein flexibles und relativ stabiles System darstellen soll, müssen die Tendenzen zu Kontinuität wie auch die Tendenzen zu Wandel gleichzeitig vorhanden sein.

Der Blick in die jüngere Fachliteratur bezüglich Migrationsstudien zeigt interessanterweise, dass man mit neuen Theorien der Akkulturation die zwei Aspekte von Kontinuität und Wandel zu reflektieren versucht. Mit Begriffen wie Bikulturalität, Zweisprachigkeit, doppelte Staatsbürgerschaft, kulturelle Bifokalität versucht man, das Phänomen der Migration präziser zu beschreiben, als es mit den älteren linearen Modellen der Akkulturation und Assimilation möglich war, die den Migranten als jemanden beschreiben, der allmählich und unerbittlich die Werte seiner eigenen Kultur und Sprache durch die Werte seiner Wahlheimat ersetzt. Die neuen Theorien gehen dagegen davon aus, dass Migranten ihre Sprache und ihr Verhalten dem jeweils aktuellen Kontext entsprechend verändern und anpassen und deshalb eine Bikulturalität des Sowohl-als-auch bewahren können und sich nicht den Entweder-oder-Entscheidungen unterwerfen müssen. Folglich können sie zumindest bis zu einem gewissen Grad und abhängig von den Bedingungen ihrer Lebenssituation in zwei Welten leben.

Die bei uneindeutigen Verlusten vollzogenen spontanen Rituale, wie ich sie bereits beschrieben habe, legen die Vermutung nahe, dass es überzeugende psychologische Begründungen dafür gibt, inmitten von schnellen Veränderungsprozessen an kulturellen Themen und Traditionen festhalten zu wollen. Ein zentraler Punkt meines Beitrags ist der, dass bei der Annäherung an das Thema kulturelle Kontinuität und Veränderung ein Ansatz des Sowohl-als-auch dazu beiträgt, ein Gefühl der familialen Kohärenz zu entwickeln, der über die Generationen hinweg für die Familienresilienz weitaus günstiger ist als die Entweder-oder-Entscheidungen zwischen starrer ethnischer Einkapselung und schneller Assimilation an die neue Kultur. Tatsächlich belegen neuere Untersuchungen über psychische Gesundheit, dass eine rasche Assimilation, Akkulturation und schnelle Anpassung häufiger zu Symptomen einer Depression und zu Angstzuständen führen sowie eine geringere persönliche Zufriedenheit und schlechtere Schulleistungen zur Folge haben als eine flexible Bewahrung der ursprünglichen Kultur. Untersuchungen über mexikanische Migranten zeigen, dass die Kinder der Einwanderer bessere Schulleistungen aufweisen als die danach geborene Generation. Die erste Generation ist den Werten und den Herkunftsfamilien ihrer Eltern näher und hat mehr Respekt vor den elterlichen Wünschen als die zweite Generation, die zu ihrer ursprünglichen Kultur und Sprache einen größeren Abstand hat. Mit einem uneindeutigen Verlust leben heißt unklare Loyalitäten, Bikulturalität, Zweisprachigkeit und doppelte Identität akzeptieren.

Als Therapeut darf man auf keinen Fall den Fehler begehen und die Akkulturation des Migranten forcieren, indem man ausschließlich die normativen Werte der neuen Kultur als anpassungswürdig betrachtet und das Verhalten des Migranten als unzeitgemäß und starr traditionell bewertet. Lange Zeit haben wir an der Vorstellung festgehalten, dass immigrierte Eltern und ihre besser akkulturierten Kinder unweigerlich in Konflikt miteinander geraten und dass sich in Migrantenfamilien die Eltern Kind Hierarchie umkehrt, weil die Kinder schneller in die neue Kultur und Sprache hineinwachsen als ihre Eltern. Dieses Muster kommt zwar vor, aber neuere Forschungen zeigen auch, dass es eine weitaus größere Bandbreite an Migrationsfolgen innerhalb der Familien gibt.

Manche Untersuchungen belegen beispielsweise, dass Akkulturation und unterschiedliche Wertvorstellungen der Eltern und ihrer heranwachsenden Kinder nicht per se zum Konflikt und zum Verlust der elterlichen Autorität führen, solange eine starke kulturelle Orientierung (wie etwa die Pflege der hispanischen Kultur) zu Hause aufrechterhalten wird. Nur wenn Eltern und Kinder überhaupt keine gemeinsame Sprache mehr sprechen, kann die Kluft zu groß werden, als dass noch ausreichende Ressourcen vorhanden wären, wenn Konflikte entstehen.

Wir haben gesehen, wie Migrantenfamilien mit uneindeutigen Verlusten „leben lernen" und ein Gefühl der narrativen Kohärenz wiederherstellen, indem sie das Alte und das Neue in ein Gleichgewicht bringen. Darüber hinaus gibt es auch Situationen, in denen es schwerer ist, mit uneindeutigen Verlusten zu leben: wenn die Migration von abrupten und unvorbereiteten Trennungen begleitet worden ist, wenn sich die Träume des Migranten bei der Ankunft im neuen Land zerschlagen haben oder wenn zu den Belastungen der Migration noch lebenszyklische Stressfaktoren hinzukommen.

Wenn der uneindeutige Verlust unerträglich wird, sind therapeutische Rituale wichtig

Das Erzählen über die Zeit vor der Migration

Die Entscheidung einer Familie zur Migration ist nicht unbedingt ein demokratischer Prozess. Nicht alle Familienmitglieder haben in dem Entscheidungsprozess das gleiche Stimmrecht. Ein Blick auf die vor der Migration liegende Zeit und auf die Art, wie der Beschluss zur Migration zustande gekommen ist, hilft uns verstehen, was geschehen ist. Oftmals kommt es zwischen Mitgliedern einer Familie zu Differenzen bei den Interessen, der Initiative, der Verantwortlichkeit, den Hoffnungen und dem Entschluss, zu gehen oder zu bleiben. Um die Probleme zu verstehen, aufgrund deren die Migranten in Therapie kommen, muss man sich einen narrativen Bericht verschaffen, in dem folgende Punkte thematisiert werden: Wer ist gekommen, weshalb, wann, weshalb zu jenem Zeitpunkt, wofür, für wen, wie sind sie gekommen, welche positiven und negativen Bedeutungen der Entscheidung gab es, wie sah der Migrationsverlauf für die einzelnen Familienmitglieder aus?

Drei Arten von Verläufen, die vor der Migration liegen und Asymmetrien implizieren, können dazu beitragen, dass uneindeutige Verluste der Migration unerträglich werden.

Zur Migration überredet und die unvorbereitete Migration: Vorbereitungsrituale (und Ausgleichsverträge)

Häufig gibt es unter den Akteuren im Migrationsdrama, vom Grad ihrer freiwilligen Mitwirkung an der Migration her gesehen, einen feinen Unterschied zwischen den Migranten, je nach Geschlecht und Generation. Zu denjenigen, die häufig gegen ihren Willen und im Allgemeinen durch die Überredung des Hauptinitiators zur Migration überredet werden, gehören folgende Personen: die Kinder, die keine andere Wahl haben; die Ehefrauen, die widerstrebend und oft aus Notwendigkeit ihren Ehemännern folgen; und die älteren Familienangehörigen, die von ihren erwachsenen Kindern überredet werden, mit auf die Reise zu gehen, und zwar oft dann, wenn der Ehepartner des älteren Familienmitglieds nicht mehr lebt. Die zur Migration überredeten Menschen haben oftmals mehr Schwierigkeiten, sich an das neue Land anzupassen, und leiden deshalb häufiger an Symptomen einer Depression, von Angstzuständen und psychosomatischen Problemen als diejenigen, die sich aktiv für die Migration entscheiden.

Eine Variante genau dieser Situation liegt bei unvorbereiteten Migrationen vor, wenn ein Immigrant ohne größere Vorbereitung und mit geringer Kenntnis der Konsequenzen seiner Migration in das neue Land kommt. In solchen Fällen kann die therapeutische Intervention darin bestehen, dass man mit dem Migranten Situationen des „Als-ob" herstellt bzw. „Vorbereitungs- oder Antizipationsrituale" durchführt. Diese Rituale können ergänzt werden durch „Ausgleichsverträge", mit denen ein Ungleichgewicht in der Entscheidung zur Migration nachträglich ins Gleichgewicht gebracht wird.

Olivia, eine junge Frau, die vor kurzem von einer kleinen Stadt in Mexiko nach San Diego gekommen war, wurde wegen paranoider Ideenbildung und schwerer Stimmungsschwankungen von einem Psychiater an uns überwiesen. Olivia war seit sechs Monaten mit Frederico verheiratet, der schon vor zehn Jahren aus einer kleinen Stadt in der Nähe von Olivias Hei-

matstadt in Mexiko weggegangen und in die USA immigriert war. Olivia und Frederico hatten sich über eine Brieffreundschaft kennen gelernt, und nachdem sie sich über ihre Briefe heftig ineinander verliebt hatten, beschloss Frederico, Olivia in Mexiko zu heiraten und sie sofort nach San Diego mitzunehmen. Doch dabei hatte er es versäumt, Olivia darüber zu informieren, dass seine Mutter und seine drei älteren Schwestern bei den beiden leben würden. In ihrem Innersten waren die vier Frauen feindselig gegenüber Olivia eingestellt, weil sie nicht wollten, dass Frederico heiratete; denn er war der einzige Mann im Haushalt und trug substanziell zu ihrem Unterhalt bei. Selbstverständlich brachten die vier Frauen es fertig, dass Olivias Leben nahezu unerträglich wurde, indem sie z. B. einen Heizlüfter vor ihre Zimmerpflanzen stellten, die Schubladen ihrer Kommode durchstöberten, ihre Wäsche schmutzig machten und die Gespräche zwischen Olivia und Frederico belauschten. Als Frederico sich vorsichtig bei seiner Mutter und seinen Schwestern beklagte, deuteten sie ihm an, dass Olivia außerordentlich verträumt sei, und sie gaben ihm zu verstehen, dass „sie vielleicht ein leichtes Alkoholproblem" habe. Olivia war einem doppelten oder dreifachen Risiko ausgesetzt, weil sie sich an ihren Mann und das Eheleben gewöhnen, sich einer neuen Kultur und Sprache anpassen und außerdem die ablehnende und hinterhältige Behandlung durch Fredericos Familie ertragen musste.

Ich schlug dem Paar ein therapeutisches Ritual vor, durch das die beiden Partner „die Uhr zurückdrehen" in die Zeit ihres Werbens umeinander. Sie sollten einen Kalender vom vergangenen Jahr nehmen und ihn auf einen Tisch in ihrem Schlafzimmer („der ein geheiligter Ort ist") stellen. Frederico sollte damit beginnen, Olivia jede Woche Briefe zu schreiben, die er auf vor ihrem Hochzeitstag liegende Tage des vergangenen Jahres datieren sollte. Er war in der Vergangenheit mit Sicherheit ein überzeugender, erfolgreicher Briefeschreiber gewesen. Doch dieses Mal sollte er seinen werbenden Worten detaillierte Erläuterungen hinzufügen, was Olivia erwarten könne im Hinblick auf ihr gemeinsames Leben, die Eigenarten seiner Familienangehörigen und ihre Beziehung zu ihm. Olivia ihrerseits sollte Fredericos Briefe beantworten und darin Fragen stellen im Hinblick auf diese „Zukunft" und ihren Platz in diesem Haushalt. Sie sollte z. B. auch um eine Antwort auf ihre Frage bitten, wann sie von Frederico erwarten könne, mit ihm zusammen einen eigenen Haushalt zu gründen. Das Ritual des Briefeschreibens gab den beiden die Intimität, die sie in Anwesenheit von Fredericos Familie nicht hatten, und half ihnen, viele strukturelle Probleme und Bedeutungen aus der Vergangenheit, für die Gegenwart und die Zukunft abzuklären.

Es kommt häufig vor, dass Migranten, die unvorbereitet in ein neues Land kommen, besorgt sind oder Schuldgefühle haben, weil sie Angehörige, z. B. Kinder, Geschwister, Eltern, zurückgelassen und für deren Schutz oder Versorgung nicht die geeigneten Vorkehrungen getroffen haben.

Traumatische Übergänge: Rituale des Bezeugens und des Stärkens
Mit einer Migration sind manchmal unerwartete traumatische Übergänge verbunden. Viele mexikanische Frauen (und auch einige mexikanische Männer) werden an der US-amerikanischen Grenze vergewaltigt oder von angeblich hilfsbereiten Menschenschmugglern ausgeraubt; manchmal werden diese Migranten auch bald nach ihrem Eintritt in die USA durch Arbeitgeber körperlich oder sexuell missbraucht. An die Stelle der von den Migranten gehegten Träume treten dann Trauma und Entsetzen. Immer wiederkehrende Albträume, Schuldgefühle und Scham, Phobien, Panikattacken oder andere Symptome einer posttraumatischen Belastung können kurz nach diesen Erfahrungen beim oder bald nach dem Grenzübertritt, aber auch noch zu einem späteren Zeitpunkt entstehen.

Das narrative Instrument des „Zeugenberichts", das hierzulande in der Arbeit mit Flüchtlingen aus Mittelamerika vielfach benutzt wird, ist ein in der ersten Person gegebener mündlicher oder schriftlicher Bericht; dadurch wird die Glaubwürdigkeit der persönlichen Darstellungen bestätigt, in denen sowohl die durch die Migration erfahrenen Verluste als auch das Trauma und die Misshandlung thematisiert sind. Das Erzählen der traumatischen Erfahrungen, in dem immer mehr Details hinzugefügt werden, die um die Hauptgeschichte herum angeordnet sind, zu denen auch die mit der Migration verbundenen und nun verlorenen Hoffnungen zählen, wird zu einem Ritual des „Bezeugens", das dem Migranten helfen kann, das Erlebte für sich zu einem gewissen Abschluss zu bringen. Dadurch, dass die positiven Bedeutungen, die die Reise des Migranten in das neue Land motiviert haben, bekräftigt werden, kann das Ritual des Bezeugens zu einem Ritual des Stärkens werden; denn das zum Opfer gewordene Individuum kann einige seiner ursprünglichen Ziele der Migration wieder beleben und bis zu einem gewissen Grad die persönlichen und zentralen traditionellen kulturellen Werte von menschlicher Würde und Respekt wiederherstellen.

Polarisierungen innerhalb der Familie: Rituale des Schwankens und Einstudierens (Optionen offen halten)

Wenn die Psyche der Familienangehörigen aufgrund von Ambiguitäten gleichsam erdrückt wird, können diese in der Bewältigung uneindeutiger Verlusterfahrungen psychisch zerrissen oder gespalten werden. Ein Partner identifiziert sich vielleicht mit dem Extrem, im neuen Land zu bleiben, und der andere Partner mit dem anderen Extrem, in das Heimatland zurückzukehren, wobei jede Partei nur die Rationalität der eigenen Position sieht. Während ein Partner die neue Kultur idealisiert, wird sie vom anderen Partner verunglimpft. Während ein Partner Optimismus zum Ausdruck bringt, fühlt der andere tiefe Enttäuschung. Das ewige existenzielle Dilemma des Migranten ist nicht Hamlets „Sein oder Nichtsein", sondern vielmehr das Dauerthema „Bleiben oder Nichtbleiben".

Eine aus der mexikanischen Oberschicht stammende Frau, die eine milde Form von Agoraphobie (Platzangst) entwickelt hatte, zog sich von ihren Freunden und ihrer Umgebung zurück. Sie war überzeugt, dass es kein gewalttätigeres Land als die USA gebe, wo ihrer Meinung nach die Menschen Angst hätten, aus dem Haus zu gehen und sich auf der Straße zu bewegen, und wo man sich Alarmanlagen ins Auto baute. Ihr Ehemann war überzeugt, dass die USA das sicherste Land der Welt seien, in dem man nichts zu befürchten habe. Er erinnerte seine Frau daran, dass sie beide kurz vor ihrer Entscheidung, in die USA zu gehen, in ihrer Wohnung in Mexiko City am helllichten Tag ausgeraubt und auf der Straße von Taschendieben, die ihnen die Armbanduhren und Geldbeutel gestohlen hätten, überfallen worden seien. Objektiv betrachtet, konnte man weder für die Frau noch für ihren Mann Partei ergreifen; also sagte ich ihnen, dass sie beide Recht hätten. Doch emotional gesehen, war die Familie durch diese starren Polarisierungen paralysiert; denn der eine konzentrierte sich nur auf den Teil des Lebens, der verloren war, und der andere nur auf den Teil, der gewonnen war.

Solche festgefahrenen Situationen führen unweigerlich zu Eskalationen, wenn man zu sehr auf die Entscheidung zwischen zurückgehen oder bleiben fokussiert, und vielleicht ist es, realistisch gesehen, unmöglich, zu einer Entscheidung zu gelangen. Therapeutisch gesehen, kann es hilfreich sein, eine festgefahrene Situation vorerst positiv zu definieren und die Entscheidung, ob das Paar zurückgehen oder bleiben soll, hinauszuschieben. In dieser Zeit, die z. B. sechs Monate „Schwebezustand" umfassen kann, gibt man dem Paar die Aufgabe, mithilfe eines Rituals an ungeraden bzw. geraden Tagen zu „schwanken" zwischen zurückgehen und bleiben. Dabei soll-

ten beide Partner an den geraden Tagen so denken, empfinden und handeln, „als ob" sie sich zum Bleiben entschieden hätten (die Frau müsste Englisch lernen, der Mann müsste wie ein amerikanischer Mann beim Abwasch helfen, sie müssten neue Menschen kennen lernen, Kontakt aufnehmen zur Schule ihrer Kinder, in die Kirche gehen, einen Mikrowellenherd kaufen). An den ungeraden Tagen sollten beide Partner sich so verhalten, „als ob" sie in ihr altes Land zurückgingen (sie müssten Geld sparen, Freunde und Verwandte zu Hause anrufen und sich emotional wieder auf sie einstellen, sie müssten herausfinden, wie der Arbeitsmarkt, die Wohnsituation oder die politische Lage in ihrem Heimatland aussieht). Als bei besagtem Paar aus Mexiko die Ambivalenz auf konkrete und organisierte Weise festgemacht wurde, stellte sich bei den beiden Partnern ein Gefühl von Bewältigung und Kontrolle über ihr Hin- und Herschwanken ein. Dadurch wurde es ihnen möglich, über ihre Optionen des Bleibens oder Zurückgehens zusammenzuarbeiten, anstatt sich zu konkurrenzieren. Gefördert wurden Empathie und Achtung, die das Paar in seinen Gesprächen für beide Positionen entwickelte.

Trennungen und Wiedervereinigungen: Anknüpfende Lebenserzählungen und Wiedervereinigungsfeiern

Neben vorhergesehenen Trennungen zwischen Großfamilien und Kernfamilien erleben viele Migranten auch Trennungen und spätere Wiedervereinigungen zwischen Eltern und Kindern innerhalb der Kernfamilie. Wenn der Vater oder die Mutter zuerst emigriert, kann Verwirrung darüber entstehen, wer sich innerhalb und wer sich außerhalb des familialen Rahmens befindet bzw. welche Rolle die einzelnen Familienmitglieder spielen; diese Verwirrung kann leicht sein und schnell vorübergehen, sie kann sich aber auch in die Länge ziehen und heftig sein. Die Trennungen sind belastend, aber die Wiedervereinigungen sind es nicht minder; denn die Familiengrenzen müssen neu definiert werden, damit die abwesende Person wieder in die Familie eintreten kann. Heutzutage werden in den USA immer mehr allein stehende Mütter aus verschiedenen Ländern als Fabrikarbeiterinnen oder Hausangestellte angeworben, und diese Frauen machen sich dann allein auf die Reise in das neue Land. Ein oder mehrere Kinder werden bei den Großeltern oder anderen Verwandten zurückgelassen, sodass die Mutter oder manchmal auch beide Elternteile die Gefahren der illegalen Einwanderung auf sich nehmen und in dem neuen Land arbeiten können, ohne sich auch noch um die

Versorgung der Kinder kümmern zu müssen. Doch über diese pragmatischen Beweggründe hinaus kann ein zurückgelassenes Kind ein starkes psychisches Band und ein Symbol dafür sein, dass die Migration uneindeutig, provisorisch und ein Experiment ist und kaum von Dauer sein wird. Vor allen Dingen die mexikanischen Männer scheinen von dem Wunsch beseelt zu sein, ihre Schuldgefühle und Trennungsängste in Bezug auf ihre Mütter dadurch zu lindern, dass sie ihr eigen Fleisch und Blut als Zeichen ihrer Liebe und Loyalität gegenüber ihren Müttern zurücklassen. Oft beharren auch die Großmütter auf ihrem Wunsch, ein Enkelkind bei sich zu behalten.

In mexikanischen, guatemaltekischen, haitianischen und puertoricanischen Familien ist es gängige Praxis, ein Migrationskind zu haben, das allein oder mit seinen Geschwistern in die USA kommt, um wieder in seine Kernfamilie aufgenommen zu werden; und diese Kinder sagen dann zu zwei Frauen „Mama": zu der wieder gefundenen biologischen Mutter und zu der „Pflegemutter" in der Heimat, von der es sich gerade getrennt hat. Diese Kinder oder Heranwachsenden zeigen häufig Symptome einer Depression, werden auffällig aufgrund von Schulversagen, psychosomatischen Problemen wie z. B. Ess- oder Schlafstörungen oder Bauchschmerzen und manifestieren andere Verhaltensweisen, die Zuwendungsbedürftigkeit signalisieren. Manche dieser Kinder sind dagegen frech, aufsässig, provozierend und kaum zu bändigen. Eine Konsequenz dieser transnationalen Funktionsweise der Migrantenfamilie besteht darin, dass die Familienbindungen zwischen den emigrierten Eltern und einer Herkunftsfamilie bzw. beiden Herkunftsfamilien stärker werden, die Verbindung zwischen den Kindern und ihren leiblichen Eltern aber schwächer wird. Die Wiedereingliederung des Kindes in seine Familie kann ein langsamer Prozess ein und sich in die Länge ziehen, aber therapeutische Rituale können hier wertvolle Hilfen anbieten. In diesem Zusammenhang habe ich festgestellt, dass therapeutische Rituale der Wiedervereinigung eher von den Familien akzeptiert werden, die über Rituale zur Bewältigung von Trennungen verfügen. Dies kann daher kommen, dass manche Kulturen wie z. B. die der lateinamerikanischen Ureinwohner sowie ökonomisch benachteiligte Gesellschaftsschichten nicht an „Redekuren" oder „Seelentherapien" glauben, wenn sich für eine Situation keine unmittelbare Lösung abzeichnet. Diese Menschen ziehen es vor, „ihr Denken zu kontrollieren", indem sie „sich nicht in Traurigkeit versenken" oder ihre

Selbstaufopferung zu einem Wert deklarieren. Heilende Rituale oder Zeremonien, die nach der vollendeten Tatsache, d. h. nach der dauerhaften Wiedervereinigung, vollzogen werden, scheinen mit der Kultur dieser Migranten eher in Einklang zu stehen, wie es z. B. für das therapeutische Ritual der Konstruktion einer „anknüpfenden Lebenserzählung" gilt.

Juan, ein siebenjähriger Junge aus Puerto Rico, hatte schon immer an einer leichten Enkopresis (Einkoten) gelitten, doch in dem vergangenen halben Jahr hatten die Episoden von Enkopresis dramatisch zugenommen. Juan war im Alter von zwei bis sechs Jahren von seinen Eltern getrennt gewesen. Danach nahmen sie ihn wieder zu sich, weil er in die Schule kam und seine Mutter zu Hause blieb, um für das inzwischen hinzugekommene Baby zu sorgen – was bei Juan natürlich ein Grund zur Eifersucht gewesen sein konnte. Juans Enkopresis wurde äußerst bedenklich, nachdem seine Eltern freudig angekündigt hatten, Weihnachten auf Puerto Rico verbringen und im Hause der Großeltern väterlicherseits bleiben zu wollen, wo Juan früher gelebt hatte. Wir schlugen die Konstruktion einer anknüpfenden Lebenserzählung vor, indem wir eine lineare Zeitlinie zogen. Diese Zeitlinie begann mit der Erinnerung an die vor der Migration liegende Zeit, als die Familie noch zusammen auf Puerto Rico lebte, und ging weiter mit der Zeit, die während der Trennung übersprungen worden war. Die Familienmitglieder erzählten abwechselnd von den jeweiligen Lebensereignissen während dieser Trennungsphase, sprachen von ihren damit verbundenen Gefühlen und berichteten von den Plänen, die sie gemacht hatten, um ihre Wiedervereinigung vorzubereiten. Die anknüpfende Lebenserzählung gipfelte darin, dass die Familie die konkrete Wiedervereinigung mit einem Fest feierte und damit eine für alle sichtbare rituelle Zeremonie vollzog, die sie auf Fotos oder Videobändern festhielt (vergleichbar natürlich der Feier, die die Eltern bei der Ankunft ihres neuen Kindes veranstaltet hatten). In diesem Fall hatte die anknüpfende Lebenserzählung einen größeren Zeithorizont, weil sie in die Zukunft hineinreichte und die Gefühle und Pläne der Familienmitglieder für den bevorstehenden Besuch Puerto Ricos als Familieneinheit (die Geschenke, die sie mitbringen würden, usw.) thematisierte und ebenso die geplante Rückkehr der Familienmitglieder nach Kalifornien umfasste, um dort ein normales Leben weiterzuführen. Diese in die Zukunft reichende Geschichte sollte die Angst reduzieren helfen, die der Besuch Puerto Ricos für die ganze Familie, aber insbesondere für Juan, verursachte.

Ein Therapeut in Ausbildung, der an den Sitzungen teilnahm, machte sich Notizen über Juan und seine Familiengeschichte. In den Sitzungen malte Juan die Häuser, in denen er mit seinen Großeltern auf Puerto Rico gelebt hatte. Die Eltern malten das Haus auf Puerto Rico, in dem sie alle gemeinsam gewohnt hatten (an dieses Haus konnte sich Juan nicht mehr erinnern, weil er damals noch zu klein gewesen war). Dieser gemalten Geschichte wurden Fotos von all diesen Orten und Menschen hinzugefügt, und die ganze Sammlung wurde zu einem Buch zusammengeheftet, das den stolzen Titel trug: Juan Sandovals Reise von La Parguera (Puerto Rico) nach San Diego (Kalifornien).

Durch das Erzählen dieser Geschichte wurden viele Elemente der Trennung und der Wiedervereinigung für alle Beteiligten integriert. Am eindrucksvollsten war Herr Sandovals Feststellung: „San Diego ist jetzt unsere Heimat. Jetzt ist unsere gesamte Familie hier, und unsere gesamte Familie kann zu Besuch nach Hause fahren. Wir müssen nicht mehr überall Spuren hinterlassen, wo wir einmal waren. Wir lassen uns jetzt hier nieder." Diese Worte riefen nicht nur auf eigenartige Weise das Gefühl der Familie als Ganzes im Gegensatz zu der Fragmentierung hervor, die sie bis dahin erlebt hatte, sondern war vielleicht auch eine Metapher für Juans Probleme, „eine Schmutzspur hinter sich herzuziehen".

Lebenszyklische Kollisionen

Andere Situationen, die das Leben mit migrationsbedingten uneindeutigen Verlusten noch belastender und sogar unerträglich machen können, entstehen durch die unvermeidlich auftretenden lebenszyklischen Ereignisse. Manche dieser Ereignisse, z. B. Geburt und Tod, sind nicht eindeutig und kommen unter denjenigen vor, die weggegangen sind, und auch unter denjenigen, die geblieben sind. Doch die zusätzlichen Belastungen können auch durch andere uneindeutige Verlusten wie z. B. Scheidung oder Krankheit verursacht werden. Wenn ein Mitglied der Familie des Migranten im Herkunftsland oder in der Wahlheimat stirbt, wird seine Trauer über die Migration durch seine Traurigkeit über das lebenszyklische Ereignis noch komplizierter, weil er sich bewusst wird, wie schnell ihm in den Jahren der Trennung die Verbindung zu diesem Menschen entglitten ist; er entwickelt Schuldgefühle, weil er sich nicht darum bemüht hat, den allzu schnell verstorbenen Elternteil, den Bruder oder Freund zu besuchen; und er macht sich Sorgen darüber, dass er den übrigen Familienmitgliedern nicht helfen oder an der gemeinsamen Trauer der Menschen nicht teilhaben kann, die ihr Leben mit dem Verstorbenen verbracht haben. An solch schwierigen Punkten im Lebensablauf hadert der Migrant vielleicht wieder einmal mit seiner Entscheidung, ausgewandert zu sein.

Dies war bei der 36 Jahre alten Ana Lucia aus Argentinien der Fall, die schon zwölf Jahre lang in Kalifornien gelebt hatte und nach dem plötzlichen Tod ihres Vaters in ihrem Heimatland zwei Jahre lang depressiv war. Ana Lucia, die von Traurigkeit niedergedrückt war, wollte sich von ihrem amerikanischen Ehemann trennen, den sie für ihre Migration verantwortlich machte und den sie an diesem Punkt für einen weniger liebevollen und expressiven Mann hielt, als ihr Vater es gewesen war. Die zwei jungen Töchter und der Ehemann konnten Ana Lucia in ihrem unermesslichen Schmerz über den Tod ihres Vaters wenig Trost geben und ebenso wenig an Ana Lucias Erinnerungen teilhaben, weil sie den Vater kaum gekannt hatten. Kurz nach dem Tod des Vaters bestand Ana Lucias Schwester in Argentinien darauf, dass ihre verwitwete Mutter nach Kalifornien gehen und dort eine Zeit lang bleiben solle. Dies war für Ana Lucia eine außerordentlich schwierige Zeit, weil sie sich um ihre trauernde Mutter und um ihre eigene Arbeit und Familie kümmern musste. Nachdem die Mutter nach Argentinien zurückgekehrt war, wurde Ana Lucia stark depressiv und zog sich aus dem Leben zurück. Sie erzählte uns, dass sie weinen wollte, aber nicht konnte, und das Gefühl hatte, ihre eigene Trauer sei eingefroren, und sie war voller Verwirrung darüber, zu welcher Familie und in welches Land sie eigentlich gehört. Außerdem sah es so aus, als ob sich Ana Lucias Depression auf ihr neunjähriges Kind übertragen würde. Die Kinder von Migranten werden aufgrund der elterlichen Unfähigkeit, mit den Konsequenzen der Migration umzugehen, oftmals in Mitleidenschaft gezogen. (Umgekehrt scheinen Eltern, die andere Menschen an den Geschichten über ihr Land und ihre Kultur teilhaben lassen und diese in die Familienerzählung über die Migration integrieren können, weniger Konflikte mit ihren heranwachsenden Kindern zu haben.)

Zurück zu Ana Lucia. Sie hatte einen Amerikaner geheiratet und einen amerikanischen Lebensstil gepflegt. Von ein paar landestypischen Speisen und ihrem eigenen Kleidungsstil abgesehen, entsprach ihr übriges Leben, die in ihrer Familie gesprochene Sprache und ihr soziales Umfeld dem Leben einer typischen Amerikanerin. Verglichen mit der Kultur ihres Herkunftslandes, war ihre Familie in den USA sozial unterritualisiert. Darüber hinaus hatte Ana Lucia nicht an der Beisetzungszeremonie für ihren Vater teilgenommen, und ihr Wissen über den Vater war außerordentlich lückenhaft. Der Ehemann und die Kinder wurden gebeten, Ana Lucia bei der Trauer um ihren Vater zu helfen und eine feierliche Handlung vorzubereiten. Also beschlossen sie, die Großmutter einzuladen. Diese könnte Fotos, Schallplatten von Großvaters Lieblingstangos und einige persönliche Dinge von ihm mitbringen, z. B. seinen Filzhut aus dem Jahr 1940, der ihn gut gekleidet hatte, und der Familie Geschichten aus seinem Leben erzählen. Die Großmutter kam tatsächlich nach Kalifornien; und an den Abenden saßen alle fünf beim Essen zusammen und plauderten am Kamin, wobei im Hintergrund Großvaters Schallplatten mit seinen Lieblingstangos liefen. Sie bauten auf einem kleinen, runden Tisch einen kleinen Altar mit Großvaters persönlichen Dingen, Fotos und Kerzen auf. Außerdem stellte sich heraus, dass Ana Lucias Vater in den ersten zwei Jahren, nachdem sie in die USA ausgewandert war, sein eigenes spontanes Ritual der Verbundenheit mit seiner Tochter entwickelt hatte. Jeden Sonntag schnitt er aus der Zeitung Ana Lucias Lieblingscartoon aus, den er und sie früher immer miteinander angeschaut und gelesen hatten. Am Montagmorgen, nachdem er den Cartoon ausgeschnitten hatte, ging er andächtig zum Postamt, wo sich ein Angestellter seiner annahm und ihn immer nach seiner Tochter fragte. Ana Lucia hatte die meisten dieser Zeitungsausschnitte aufgehoben, die sie nun in ein Album klebte. Großmutter erzählte von dem Tag, an dem Ana Lucia von zu Hause wegging, und wie traurig das für Großvater gewesen sei, der sagte: „Heute kommt es mir wie die Totenwache für einen kleinen Engel vor." Sie erzählte auch, wie sehr er sich immer darüber freute, wenn er Fotos von seinen Enkelinnen bekam, die er „kleine Engel" nannte. Durch das gemeinsame Spinnen der Fäden heilender Erinnerungen und Geschichten, die von keiner Seite zuvor erzählt worden waren, wurde allmählich ein gemeinschaftlicher Teppich gewirkt, in dem diejenigen, die in den USA waren, und diejenigen, die in Argentinien geblieben waren, in Liebe vereint waren.

Als Therapeuten haben wir an der Gestaltung der Migrationserfahrung unserer Klienten teil. Wir müssen über unsere eigenen persönlichen Erfahrungen mit Migration, Umzug und Veränderungen des kulturellen Umfelds reflektieren und mit diesen Reflexionen sinnvolle Rahmenbedingungen für die Arbeit mit leidenden Migrantenfamilien schaffen. Ich habe eine auf die Stärken der Migranten fokussierende Sichtweise dargestellt, die davon ausgeht, dass der spontane Vollzug rekonstruierender Rituale im Leben von Migranten zu ihrer Familienresilienz beiträgt, um mit den migrationsbedingten uneindeutigen Verlusten zurechtzukommen. Wenn wir als Therapeuten die spontanen Rituale der Verbundenheit, der Erinnerung und der Wiederbelebung kultureller Räume und Traditionen uns zunutze machen und respektieren, können wir gemeinsam mit unseren Migrationsklienten kreative therapeutische Rituale entwickeln. Mit solchen therapeutischen Ritualen wollen wir unsere Klienten darin unterstützen, dass sie ihren Erfahrungen des uneindeutigen Verlusts eine Sinnstruktur des Sowohl-als-auch zuschreiben, aus migrationsbedingten Sackgassen herausfinden und traumatische Erfahrungen beim Eintritt in das neue Land verarbeiten können. Dann können Familien und Therapeuten ein Gleichgewicht zwischen kultureller und familialer Kontinuität und kulturellem und familialem Wandel herstellen, indem sie die Risiken und Resilienzen in den kurzen und langen Verlaufskurven der Migration nachvollziehen.

(Aus dem Amerikanischen von Astrid Hildenbrand)

„Offene Rechnungen" – Ausgleichsrituale in Paarbeziehungen

Ulrich Clement

OFFENE RECHNUNGEN

Zu den großen Aufgaben langjähriger Partnerschaften gehört die Gestaltung von Übergängen zwischen Lebensphasen. Diese können durch Veränderungen äußerer Ereignisse angestoßen werden, die die Beruf-Familie-Balance neu gewichten (Geburt/Auszug von Kindern, Ortswechsel, berufliche Veränderungen, Krankheit etc.). Und ebenso können individuelle Entwicklungen der beiden Partner Neustrukturierungen erforderlich machen. Diese Übergänge beanspruchen die Ressourcen der Beziehung. Sie verlangen den Partnern nicht nur Flexibilität und Energie ab, sie prüfen auch den Kredit, den die Partner einander für die emotionale, zeitliche und vielleicht auch finanzielle Investition in die nächste Phase zu geben bereit sind.

Ob die neuen Herausforderungen mit Schwung in Angriff genommen werden können oder ob sie schwer belastet und mit angezogener Bremse erlitten werden, hängt maßgeblich davon ab, ob emotionale Lasten aus früheren Beziehungsphasen mit in die neuen Aufgaben hineingetragen werden.

Vorwürfe wegen vergeblicher Opfer, Wut über ungerächte Verletzungen, Bitterkeit infolge ungebüßter Sünden, Enttäuschungen über ungewürdigte Verdienste können die Entwicklungsschritte blockieren. Partner können in dem Gefühl leben, zu kurz gekommen zu sein, nicht genügend gewürdigt zu sein, Herabsetzungen oder Verletzungen nicht verwunden zu haben und damit eine belastende Vergangenheit nicht loszuwerden, die sie nicht frei für die Gegenwart und Zukunft werden lässt. Dabei bestimmen unterschiedliche Gerechtigkeits-, Schuld- und Anspruchsvorstellungen der Partner die Dynamik der Auseinandersetzungen, die in dem Begriff „offene Rechnungen" verdichtet ist und die sich zu dramatischen „Verrechnungsnotständen" (Stierlin 1997) auswachsen können.

Mit diesem Begriff begeben wir uns aus der warmen Sprache der Liebe und des Zusammengehörens in die kalte Metaphorik des Geldes und der Ökonomie, in der die beiden Partner als Geschäftspartner erscheinen, deren Beziehung einer Logik des Nutzens, der Gewinnerwartung oder der Schadensminimierung folgt. Diese Metaphorik ist der Alltagssprache nicht so fern. Dass „in eine Beziehung investiert wird", dass ein Partner viel gibt, wenig kriegt, dass eine Beziehung nichts mehr „bringt", sind Sprechweisen, die sich in einer elementarwirtschaftlichen Denkweise des Gebens, Nehmens und Tauschens bewegen.

Die Metapher der offenen Rechnungen kann in Paartherapien von großem Nutzen sein, weil sie einerseits anschließt an die emotional aufgeladene Dynamik des gegenseitigen Aufrechnens von Schuld und Ansprüchen und damit auf Vertrautes rekurriert, andererseits ein handlungsrelevantes Bedeutungsfeld eröffnet, das Auswege aus der bloß emotionalen Verstrickung von Kränkung, Wut und Bitterkeit ermöglicht – offene Rechnungen lassen sich potenziell begleichen. Bilanzierungen und sinnvolle Ausgleichsschritte können es ermöglichen, problematische Phasen oder Ereignisse einer Partnerschaft abzuschließen und von einer chronisch hängenden Vergangenheit in eine von alter Schuld entlastete Gegenwart zu kommen.

Nach der Theorie von Ivan Boszormenyi-Nagy und Geraldine Spark (1973) werden innerhalb einer Familie immer offen oder verdeckt Bilanzierungen vorgenommen. Auf der Grundlage von Verdienstkonten wird zwischen Partnern, aber auch über die Generationen hinweg ein gerechter Ausgleich zwischen individueller Schuld und individuellem Verdienst ausgehandelt oder erstrebt.

Dem Bild der Verdienstkonten liegt nach Boszormenyi-Nagy der Wunsch nach Gerechtigkeit zwischen Geben und Nehmen zugrunde, den er als das zentrale organisierende Prinzip in Familien sieht. Leistungen für andere bewirken einen Anspruch auf Ausgleich. Die Erfüllung oder Nichterfüllung von Verpflichtungen wirkt sich nicht nur auf den „Verdienstkontenstand" eines jeden Familienmitglieds aus. Darüber hinaus ist das Gefühl, gerecht oder ungerecht behandelt zu werden, Integrität zu besitzen oder einen Lebenssinn zu haben, davon bestimmt.

Die über die Zeit kumulierten Verdienste oder Schulden, die Boszormenyi-Nagy vor allem im Sinn hat, können in spezifischen, oft genau datierbaren Verletzungen und Zumutungen verdichtet sein, die in dramatischen Vorwürfen ausgetragen werden oder auch still vor sich hin kochen. In Paartherapien erweisen sich solche kumulierten Vorwürfe häufig als schwer zu steuerndes Problem.

Ich werde im Folgenden die Beziehungsdynamik des Vorwurfs in Paartherapien untersuchen, sie auf den Hintergrund von kulturell präsenten Gerechtigkeitsideen beziehen und daraus therapiepraktische Möglichkeiten ableiten, wie solche offenen Rechnungen beglichen werden können.

Logik und Dynamik des Vorwurfs

Offene Rechnungen entstehen, wenn ein Partner den Eindruck hat, dass sich seine Verhaltensinvestitionen nicht lohnen oder gelohnt haben. In der Geschäftslogik gesprochen, sieht er sich als Gläubiger, bei dem der andre Partner Schulden hat, die er nicht ausgleicht. Dies wird über Vorwürfe eingeklagt. Vorwürfe gehören zu den zuverlässigsten und zentralsten Symptomen unzufriedener Paarbeziehungen. Sie können in relativ unverstellter Form oder stumm und bitter daherkommen. Der gemeinsame Nenner des in den Vorwurf eingewobenen Beziehungsangebots ist die Ausgleichserwartung: Du schuldest mir etwas – also gleiche es aus. Dabei lassen sich formal zwei Arten des Vorwurfs unterscheiden:

- Der *Unterlassungsvorwurf*: Du hast zu wenig oder das Falsche gegeben. (Beispiel: Du hast mich vernachlässigt.)
- Der *Zufügungsvorwurf*: Du hast mir Böses angetan. (Beispiel: Du hast mich betrogen.)

Beide Vorwurfsarten sind von etwas unterschiedlichen Affekten getragen und legen unterschiedliche Ausgleichsformen nahe (s. Tab. 1). Der Unterlassungsvorwurf besteht im Kern darin, dass der Partner Versprochenes oder Erwartetes nicht gegeben hat. Formal handelt es sich beim Unterlassungsvorwurf um eine passive Negation (Elster

1984) von Versprochenem und Erhofftem. Er bezieht sich auf ein Nichttun. Dem Täter (der eigentlich ein Unterlasser ist) wird Unfähigkeit oder Unaufmerksamkeit zugeschrieben. Der dominante Affekt ist die Enttäuschung. In der Enttäuschung ist – im Gegensatz zur Resignation – die Hoffnung noch nicht aufgegeben, dass das Erwartete eben doch noch eingelöst werden könnte. Insofern ist die Enttäuschung ein unabgeschlossener Affekt, der zwar auf Abschluss drängt, dies aber mit einem ambivalenten Beziehungsangebot an den Konfliktpartner verbindet: Einerseits legt er dem Partner nahe, das Unterlassene doch nachzuholen, andererseits erschwert er das Nachholen durch die mitgelieferte Botschaft, dass die Enttäuschung angesichts der Schwere der Unterlassung kaum zu besänftigen sei.

Der Zufügungsvorwurf liegt darin, dass der Partner Schaden und Verletzung angerichtet hat, also aktiv Böses getan hat. Er bezieht sich auf die aktive Negation des Versprochenen oder Erhofften, auf ein gegenteiliges Handeln. Hier dominiert Empörung die Affektlage. Empörung ist ein selbstgerechter Affekt, der sich aus der Überzeugung nährt, dass der Täterpartner aus bösen Motiven gehandelt hat. Der sich empörende Opferpartner setzt sich moralisch über ihn, reklamiert Wahrheit und Moral auf seiner Seite. Das gibt Kraft: Im Gegensatz zur Enttäuschung, die Energie abzieht, setzt Empörung Energie frei. Die Beziehungsaufforderung im Zufügungsvorwurf liegt darin, das angetane Unrecht zu sühnen.

	Inhalt	formal	Leitaffekt	Attribution der Täterschaft	Appell	Konfliktdynamik
Unterlassungsvorwurf	Versprochenes wurde nicht gegeben	passive Negation der Erwartung	Enttäuschung	Defizit („dumm")	Hole Versäumtes nach!	Schwacher Konflikt; zieht Energie ab
Zufügungsvorwurf	Böses wurde angetan	aktive Negation der Erwartung	Empörung	Bosheit („gemein")	Büße Untat, sühne!	Starker Konflikt; führt Energie zu

Tabelle 1: Formen des Vorwurfs

Welche Form ein Vorwurf in einem Partnerkonflikt bekommt, ist nicht aus dem Sachverhalt selbst zu entscheiden. Ein nicht geringer Teil der Auseinandersetzungen gilt der Interpretation des Geschehens, ist also ein Streit um das zutreffende Narrativ. Für die meisten kritischen Sachverhalte lassen sich sowohl Zufügungs- wie Unterlassungsversionen konstruieren. Jede Version hat in der partnerschaftlichen Auseinandersetzung ihre strategischen Vor- und Nachteile.

Kläger tendieren oft dazu, eine Unterlassung so zu konstruieren, dass sie in einen Zufügungsvorwurf zu fassen sind. Der Zufügungsvorwurf hat mehrere Vorteile: Affektiv schließt er nahtloser an das Rachebedürfnis an. Rache entspricht einem archaischen Gerechtigkeitsempfinden, weit mehr als der Unterlassungsvorwurf, der dem Kläger noch eine – weniger archaisch befriedigende – zivilisierte Form der Nachsicht abfordert. Moralisch ist der Kläger beim Zufügungsvorwurf in einer ambivalenzfreieren Situation, indem er sich eindeutig in die moralische Offensive begeben kann.

Für den angeklagten Partner ist die Unterlassungsversion insofern von Vorteil, als sie ihm erlaubt, eine weniger problematische Motivation anzubieten: Er war nicht aus intentionaler Gemeinheit, sondern aus unbeabsichtigter Unaufmerksamkeit und Ungeschicklichkeit beteiligt, nicht eigentlich „böse", sondern defizitär. Er macht damit also eine Version geltend, die im Strafrecht als „verminderte Schuldfähigkeit" eingeführt ist. Das in dieser Version enthaltene Beziehungsangebot ist die Bitte um Nachsicht.

In der Vorwurfs-Verteidigungs-Rhetorik zieht der beklagte Partner gern die Version vor, die ihn in die Position des Unterlassens bringt. Umgekehrt bevorzugt der Kläger eher die Zufügungsversion. Je affektiv aufgeladener und schwerwiegender ein Partnerkonflikt sich für die Beteiligten darstellt, desto eher werden die Vorwürfe in der Zufügungsform gehandelt.

So weit haben wir uns auf den noch relativ übersichtlichen Fall eines umgrenzten Vorwurfs bezogen. In der paartherapeutischen Praxis ist die Lage dadurch verkompliziert, dass Vorwürfe mit Gegenvorwürfen beantwortet werden und auf diese Weise beide Partner sowohl in der Position des Klägers wie des Beklagten sind („Ja, aber du …"). Diese Gegenaufrechnungen führen aber oft nicht zu einem Schuldausgleich („Wir haben beide falsch gehandelt, sind also quitt im Sinne von gleich schuldig"), sondern zu einer symmetrischen Eskalation um die Position des Opfers. Die Opferposition ist deshalb attraktiv, weil sie die moralisch überlegene ist und den andern in die Ausgleichpflicht bringt. Der Gegenvorwurf macht es schwierig einzulenken, weil subjektiv die eigene Kränkung zu stark ist und jedes Einlenken als Eingeständnis erlebt wird, dass die eigene erlittene Kränkung doch weniger schlimm sei als die zugefügte.

Zur Illustration ein Fallbeispiel:

Das Paar M., beide Mitte fünfzig, drei erwachsene Kinder, kommt zur Paartherapie mit einem vollkommen resignierten Gefühl, die Ehe sei nach über 30 Jahren am Ende, ihre Beziehung sei hoffnungslos verfahren. Beide haben den Eindruck, sich gegenseitig das Leben schwer zu machen. Der Mann, der eine längere Vorgeschichte mit psychosomatischen und depressiven Störungen hat, derentwegen er wiederholt stationär behandelt worden war, wirft der Frau vor, ihn nicht zu akzeptieren, ihn abzuwerten. Er habe das Gefühl, in seinem eigenen Haus nicht zu Hause zu sein. Die Frau ihrerseits begründet ihre Vorwürfe damit, dass er sich innerlich zurückziehe, nicht mit ihr spreche, sie stundenlang anschweige. Die Frau ist es auch, die eine Paartherapie sucht und den Kontakt zu mir hergestellt hat, weil sie die Situation nicht mehr länger ertragen könne. Das Paar wirkt auf mich sehr unlebendig, versteinert, die Auseinandersetzungsdynamik wie zementiert. Eine Anmutung von „hoffnungsloser Fall" ist mein erster Eindruck.

Bei der Analyse der Vorwürfe stellt sich – nach langer, mühsamer Exploration – heraus, dass Frau M. den Beginn der Problematik genau 30 Jahre zurückdatiert, und zwar auf die Geburt des ersten ihrer drei Kinder. Der Geburtsverlauf war kompliziert und belastend gewesen. Ihr Mann habe sich damals kurz nach der Niederkunft wieder seiner Arbeit zugewandt und habe sie, die doch viel Zuwendung gebraucht und auch erbeten habe, allein gelassen. Sie habe ihm das nie verziehen und sei auch in ihrer Enttäuschung in den Folgejahren oft dadurch bestätigt worden, dass er ihre Bedürfnisse nach Zuwendung immer wieder frustriert habe. Aber der Kern ihres Gefühls, im Stich gelassen zu sein, rühre aus dieser tiefen Enttäuschung sei des Vorwurfs damaligen Schlüsselsituation. Der Mann reagiert nach einigen Rechtfertigungsversuchen stumm schuldbewusst: Was könne er da denn noch machen? Das sei ja nicht rückgängig zu machen.

Bei diesem Paar halten sich zwar Vorwürfe und Gegenvorwürfe die Waage, in der inneren Dynamik ist die Frau aber deutlich in der moralischen Offensive, die er weitgehend akzeptiert hat. Zwar ist der Kern ihres Vorwurfs die damals unterlassene Unterstützung, ihre ursprüngliche Enttäuschung ist über die Jahre aber zu einer Dauerempörung gewachsen, aus der heraus sie ihm in jeder neuen kritischen Situation eher „bösartige" Verweigerung als „versehentliche" Unaufmerksamkeit vorwirft. Der Mann hat sich im regressiven Gegenvorwurf eingerichtet, seiner Frau ohnehin nichts mehr recht machen zu können.

HÖHERE INSTANZ ODER AUSHANDLUNGSMORAL: TRIADISCHE ODER DYADISCHE GERECHTIGKEITSKONZEPTE

Gibt es aus dem Geflecht von Vorwürfen ein Entrinnen? Kann es nach einer Paargeschichte von Verletzungen und Ungleichheiten und einer eskalierten Dynamik von Vorwürfen zu einer Lösung kommen, die von beiden Partnern getragen wird? Dafür gibt es eine unabdingbare Voraussetzung, nämlich dass beide Partner ihr Verständnis von Gerechtigkeit gewahrt sehen. Eng mit der Gerechtigkeitsvorstellung verbunden ist der Schlüssel aller Ausgleichsprozesse, nämlich dass die Partner ihr Gesicht wahren können und dass die Lösung nur mit der Selbstachtung, nie gegen sie gefunden werden kann. Die Idee von Gerechtigkeit zwischen den Partnern führt zu einer Schwierigkeit: Wer definiert Werte und damit Wertverstöße? Oder, in der Logik des Geldes gesprochen: Wer definiert den Wechselkurs zwischen Geben und Nehmen? Gerechtigkeitsvorstellungen können sich über eine dritte, „höhere" Instanz festlegen lassen, der die Autorität zugeschrieben wird, Schuld, Gerechtigkeit und Ausgleich zu definieren.[1] Diese Dreiecksbeziehung zwischen einem Sünder, einem Opfer und einer höheren Instanz ist der christlichen Tradition eine vertraute Konstellation.

1 Bei Scheidungen, Sorgerechtsentscheidungen usw. sind Gerichte solche Instanzen, die die gesellschaftliche Macht haben, Gerechtigkeit zu definieren. Sie brauchen nicht ernannt zu werden, sondern sind unabhängig von der Zustimmung der beiden Konfliktantagonisten entscheidungsbefugt. Im Fall von Auseinandersetzungen unterhalb der justitiablen Schwelle können die Partner zwar auf eine dritte Instanz rekurrieren (Schlichter, Mediator, Therapeut), da diese aber ernennungsabhängig ist, kann sie schnell Teil des Konflikts werden und ihr Potenzial als Lösungshelfer verlieren.

Mit der dramaturgischen Figur von Sünde – Beichte – Reue – Bußhandlung liegt hier ein kulturelles Verhaltensmuster bereit, das sich als Ressource nutzen lässt, an die wir aus einer modernen therapeutischen Perspektive anschließen können.

Exkurs: Schuld und Ausgleich in der Beichte

Die christliche Beichte in ihrer frühen Form setzt ebenfalls nach Schuldbekenntnissen zunächst Bußen, genauer gesagt: „Tarifbußen, die einer Verdienstlogik folgen und bei denen Gnade und Absolution keine besondere Bedeutung zugemessen wird. Sünden werden als äußere Handlungen begriffen, denen eine ebenfalls an der äußeren Vergeltung orientierte Buße korrespondiert. Jede Strafe wird so in einer Relation zur Schwere der Tat verstanden", wobei es darum geht, ein der Sünde proportionales Strafmaß aufzuerlegen (Bilstein 2000, S. 611). Die Vergebung allein, so die frühe Logik der Tarifberechnung, merzt noch nicht die Sündenfolgen aus, diese müssen durch bestimmte Leistungen des Büßenden abgegolten werden. Erst nach dieser Abgeltung gilt die Vergebung. Diese an einer ganz offenen äußeren ausgleichenden Gerechtigkeit orientierte Buße gerät im Laufe des 12. Jahrhunderts in den Hintergrund, als Motive und Intentionen zunehmend interessieren. „Sünde wird nun immer mehr als inneres Geschehen in der Seele verstanden, das auch durch verinnerlichte Formen der Buße kompensiert werden muss. Gefordert wird immer mehr, dass der jeder Sünde zugrunde liegende böse Wille im Inneren der Poenitenten irgendwie aufgehoben wird. Diese Negation der Intention wird als ‚reuige Zerknirschung' mit der Zeit zu der Grundvoraussetzung von Beichte und – vor allem – von erfolgreicher Absolution" (ebd.).[2]

Indem bei der Sünde das Bekenntnis und die Untersuchung der Beweggründe, also die Innenperspektive, in den Blick genommen wird, differenziert sich die Form der Reue. Die *contritio,* die vollkommene Reue, die von der zerknirschten Einsicht in die Beleidigung Gottes ausgelöst ist, wird später von der unvollkommenen Reue, der *attritio,* ergänzt und auf dem Konzil von Trient 1563 für gültig erklärt. Bei der *attritio* genügt es, wenn die Sünde nicht aus Einsicht in ihre Sündhaftigkeit, sondern nur aus Furcht vor Strafen und (Höllen-) Qualen bereut wird. Die Furcht vor der Hölle reicht also aus. „Seitdem gilt – bis heute –, dass ‚Liebesreue' optimal und ideal ist, ‚Furcht-

---

[2] Das Laterankonzil von 1215 institutionalisiert die Beichte als christliche Pflicht: zumindest einmal im Jahr zur Osterzeit beim Ortspfarrer.

reue' der Hölle wegen jedoch ebenfalls ausreicht, im populären Sprachgebrauch ist auch von ‚goldener Reue' und ‚silberner Reue' die Rede. Silber reicht" (ebd., S. 612).

Interessanterweise ist es der Ablasshandel der katholischen Kirche, also eine besonders profanisierte Form des Schuldausgleichs, der zum Auslöser für die Reformation Martin Luthers wurde. Das Sakrament der Beichte wird abgeschafft. Ohne die Kirche als materieller und spiritueller Vermittler kann der Gläubige, also auch der Sünder, direkten Zugang zu Gott finden. Durch den Verzicht auf die Vermittlung bekommt zugleich die – nicht materiell demonstrierte, sondern nur innerliche – Aufrichtigkeit eine Schlüsselbedeutung beim Geständnis und bei der Reue.

Auf katholischer Seite bleibt bis heute das Sakrament der Beichte stabil mit seinen Elementen von „Gewissenserforschung, Reue und Vorsatz, Bekenntnis, Ermahnung, Buße und schließlich Vergebung in einer zugleich konventionalisierten und das innerste Erleben der Subjekte berührenden Form" (ebd., S. 613).

DREI AUSGLEICHSFORMEN: ENTSCHULDIGUNG, BUßE, SCHADENSAUSGLEICH

Was hat das mit offenen Rechnungen in Partnerschaften zu tun? Paare handeln und fühlen in einem kulturellen Kontext, der ihre Kommunikation, die Bedeutungsgebung ihrer Handlungen, ihre Wirklichkeitskonstruktionen beeinflusst. Dieser Kontext stellt Sinnmuster zur Verfügung, auf die Paare mit ihrer Kommunikation über Schuld und Ausgleich rekurrieren. Darin liegt auch eine Ressource, die paartherapeutisch nutzbar ist: Ein paartherapeutisches Vorgehen kann kraftvoller und wirksamer werden, wenn es Lösungsmuster aktiviert, deren Grundstruktur kulturell bereits vorliegt und die deshalb nicht neu erfunden werden müssen.

Mit dieser Überlegung im Hintergrund lassen sich drei verschiedene Formen des Ausgleichs unterscheiden, eine „evangelische", eine „katholische" und – jenseits der christlichen Tradition – eine geschäftliche (s. Tab. 2).[3]

---

3 Die konfessionell angelehnten Formen werden in Anführungszeichen geschrieben, weil damit nicht gesagt sein soll, dass die konfessionelle Bindung der Partner eine determinierende Rolle spiele. Sie sind typisierend, nicht theologisch korrekt zu verstehen.

Die „evangelische" Form ist in ihrem Kern immateriell. Das **Verzeihen** steht im Mittelpunkt. Der Kläger (der Partner in der Opferposition) fordert das Eingeständnis der Schuld, bietet aber die Verzeihung an, wenn der Angeklagte (der Partner in der Täterposition) darum bittet. Diese Form hat Vorteile für beide Beteiligten: Der Kläger begibt sich in die moralisch superiore Position dessen, der um Verzeihung gebeten wird und sie dann gewähren kann. Der angeklagte Partner muss sich zwar in der Geste der Entschuldigung verbeugen, kann sich aber auf das symbolische Ritual der ernst gemeinten Entschuldigung beschränken.

Die „katholische" Variante bindet das Verzeihen an die **Buße**. Der innere Prozess reicht nicht. Er muss durch eine sichtbare Buße verdoppelt und validiert werden. Das kann dem Kläger Genugtuung verschaffen. Für den Angeklagten ist die Situation übersichtlich, indem er sich auf eine vielleicht mühsame, aber berechenbare Bußhandlung begrenzen kann.

Die geschäftliche Variante des Schadensausgleichs schließlich kommt ganz ohne inneren Bezug auf eine höhere Instanz aus, erfordert weder „reuige Zerknirschung" noch Entschuldigung noch Buße. Ein Schaden wurde zugefügt, der vom Kläger in Rechnung gestellt und vom Beschuldigten ausgestellt wird. Auch diese Ausgleichsvariante reicht als weltliches kulturelles Muster auf eine lange Geschichte zurück.

	Beziehungsangebot des Angeklagten	Beziehungsangebot des Klägers	Vorteil
Entschuldigung („evangelisch")	bittet um Entschuldigung	gewährt Verzeihung, wenn Angeklagte darum gebeten hat	Beschränkung auf symbolisches Ritual
Buße („katholisch")	tut Buße	lässt büßen	Angeklagter kann selbst handeln
Schadensausgleich (geschäftlich)	gleicht Schaden aus	nimmt Schadensausgleich an	Angeklagter kann selbst handeln

Tabelle 2: Varianten des Ausgleichs

Mein Vorschlag ist ein pragmatischer: Diese drei Varianten Entschuldigung, Buße und Schadensausgleich stehen kulturell zur Verfügung und können therapeutisch genutzt werden. Der potenzielle Nutzen ist deshalb so hoch, weil ihr Grundmuster, ihr Plot, bekannt und gebahnt ist. Die therapeutische Aufgabe besteht in der Übersetzung, das vorliegende Muster in das paardynamische Szenario von Schuld, Vorwurf und Ausgleichserwartung zu übertragen. Dabei ist keine dieser Varianten primär wirksamer, besser oder praktikabler. Vielmehr ist ihr therapeutischer Nutzen abhängig von Ausgangslage und moralischer Plausibilität für die Klientenpaare.

AMBIVALENZEN

Damit ist der Weg zur Lösung aber noch nicht frei. Der Weg vom Schuldeingeständnis und dem Konsens über die Schuld führt nicht direkt zum Ausgleich. Auch wenn die Tat bzw. Unterlassung klar ist und wenn Konsens über die Schuld besteht, kann der Schritt zum Ausgleich verkompliziert sein. Das liegt an Ambivalenzen, die durch verdeckte Vorteile gehalten sind und zur Aufrechterhaltung des Vorwurfs führen. Erst über das Verständnis dieser Ambivalenzen wird der Preis nachvollziehbar, der in Form von vergifteter Atmosphäre, chronischer Bitterkeit bis zu Somatisierungen gezahlt wird. Schuldentlastung ist nicht für alle Beteiligten attraktiv!

In einer konfliktstabilisierenden Kooperation sind beide Partner an der Nichtveränderung und der Offenhaltung der Rechnungen beteiligt (Tab. 3).

Der beklagende Partner, der die strategisch progressive Position des Vorwurfs eingenommen hat, hat den „Vorteil" der Nichtveränderung in Form der moralisch überlegenen Opferposition. Ihm ist etwas angetan worden, er hat das Recht auf Empörung. Opfer können gegenüber dem Täter die superiore Position reklamieren, die sie durch kontinuierliches Einklagen stabil halten können. Die Position ist getragen von dem gerechtigkeitsemphatischen Empörungsaffekt, der Kraft und Wut aus seinem selbstgerechten Inhalt bezieht („Wie kann er/sie nur so böse sein, mir so etwas anzutun?").

Der beklagte Partner in der strategisch regressiven Position der „Schuld" kann seinerseits diese Position so ausfüllen, dass sie Identität stiftend wird und in einem passiv-aggressiven Gegenvorwurf („Ich bin ja immer schuld") retourniert wird.

	Einklagender	Beklagter
Vorteil	– Stabilisierung der moralischen One-up-Position – Empörung befriedigt – Opferposition ist strategisch günstig – relevantes Paarthema bleibt erhalten	– Vorwurf ermöglicht Gegenvorwurf – Schuld/Täterschaft kann Identität stiftend sein – Relevantes Paarthema bleibt erhalten

Tabelle 3: Vorteile der Aufrechterhaltung der Schuld

Diese Ambivalenzen halten die Situation offen und unentschieden. Die Ambivalenz ist die Freundin der Nichtveränderung. Diese Freundschaft bleibt so lange bestehen, wie die (meist strategischen) Vorteile in der Auseinandersetzung nicht vom Veränderungs- und Leidensdruck übertroffen werden. Deshalb lässt sich an Ausgleichsrituale erst dann denken, wenn die Zeit reif ist. Ein entscheidendes Moment der Kunst, ein Ausgleichsritual vorzubereiten, liegt in der Wahl des richtigen Zeitpunkts.

Im Beispiel von Paar M. sind die Ambivalenzen weit „gereift". Zwar hat Frau M. durch ihre chronische Klage die starke Opferposition übernommen, der Triumph durch die damit verbundene moralische Überlegenheit ist aber ausgereizt. Ihr Gewinn aus dieser Position ist gering geworden. Herr M. hat sich in der Position des ratlos Schuldigen eingerichtet. Seine wiederkehrenden psychosomatischen Beschwerden lassen sich zwar im Kontext der Schuldthematik des Paares als sich selbst bestrafendes Verhalten interpretieren, das freilich ausgleichsdynamisch zwischen den Partnern nichts „nützt". Sein Leiden bringt ihr keinen Gewinn. Ihre Vorwürfe und seine Beschwerden haben sich verselbstständigt, ergeben aber keinen Symptomgewinn mehr. In diesem Zustand sind die Voraussetzungen für Veränderungsschritte eher günstig.

Ambivalenzen sind für Therapeuten interessante Herausforderungen, das Tempo des therapeutischen Prozesses zu gestalten. Wenn der Therapeut die Kunst beherrscht, veränderungsneutral zu bleiben und die Einladungen auszuschlagen, Verantwortung für Veränderung zu übernehmen, ist Zeit immer der Verbündete des Therapeuten. Er darf es nicht eiliger haben als das Paar.

Ausgleichsrituale

Wieso Rituale? Geht es nicht einfacher? Kaum. Fast jeder Ausgleich ist ein Ritual, auch wenn er nicht so genannt wird. Im Ritual bekommt der Inhalt eine angemessene Form. Durch die Form gewinnt der Inhalt Bedeutung und Verbindlichkeit. Erst so wird er gültig vollzogen. Rituale können zeremoniell unterschiedlich aufwändig gestaltet sein, abhängig von ihrer symbolischen Beladung. Im Fall des Paares M. verlief das folgendermaßen:

Ich erkundige mich bei der Frau, ob sie ihrem Mann den Vorwurf bis an ihr Lebensende machen wolle oder ob sie eine Chance sehe, ihm die Schuld – über die sich beide einig seien – zu erlassen. Sie bleibt dabei, dass sie ihm nicht verzeihen könne. Als ich nachfrage, ob er, wenn sie ihm schon nicht verzeihen könne, irgendetwas tun könne, um die Schuld abzubüßen – oder ob er schuldig bleiben solle, kommt etwas Bewegung ins Gespräch. Er horcht bei dieser Möglichkeit auf, taucht etwas aus seiner depressiven Senke auf. Sie ist nachdenklich: Ja, aber was könnte er tun?

In der folgenden Sitzung macht die Frau einen Vorschlag: Sie bezieht sich auf eine andere chronische Auseinandersetzung, nämlich ihre Urlaube. Er liebt die Berge, bevorzugt lange Wanderungen mit einem Wanderverein. Solche Urlaube hätten sie auch häufiger verbracht, weil sie in ihrer finanziell eher knappen Situation auch gut erschwinglich gewesen seien. Ihren Wunsch nach einem Urlaub am Meer, den sie sich finanziell nicht leisten könnten, hätte sie deshalb lange aufgegeben. Auf diesem Hintergrund schlägt sie vor: Wenn sie im nächsten Jahr zwei Wochen ans Meer fahren könne und sich endlich diesen Wunsch mit gemeinsam erspartem Geld erfüllen könne, wäre das eine Möglichkeit. Der Mann nimmt den Vorschlag auf, mit einem Urlaub am Meer sei er auch einverstanden. Nein, entgegnet Frau M., sie wolle den Urlaub mit einer Freundin, ohne ihren Mann, machen. Herr M. lenkt ein und meint, er sei einverstanden, er könne dann eben ohne sie den Urlaub in den Bergen verbringen. Wieder verneint Frau M.: Für sie sei es erst dann stimmig, wenn er in dem Jahr ganz auf einen Urlaub verzichte, um ihr den Urlaub am Meer zu ermöglichen. Angesichts der Perspektive, so seine alte Schuld auszugleichen, erklärt sich Herr M. damit einverstanden. Ich verschiebe die Verbindlichkeit dieser Verabredung auf die folgende Stunde, in der dann beide gültig – mit Handschlag – verabreden, dass sie ihm nach dieser Urlaubsregelung den alten Vorwurf erlässt. Herr M. ist in dieser Sitzung sehr bewegt und sagt unter Tränen, dass ihm sein damaliges Verhalten Leid tue.

Die Therapie wird wegen anderer Themen noch weitergeführt. Mit der rituell besiegelten Verabredung aber kommt spürbar emotionale Bewegung in die Gespräche, die dann nach einigen weiteren Sitzungen erfolgreich abgeschlossen werden können.

Wenn wir die konfessionelle Begrifflichkeit heranziehen, kann man sagen, dass dieses Ritual „katholisch" war, indem es eine „tätige Buße", also die asymmetrische Urlaubsregelung, zur Voraussetzung des Verzeihens machte. Erst die Bußregelung machte für Frau M. seine Entschuldigung glaubhaft. Die Asymmetrie des Rituals war hier übrigens von entscheidender Bedeutung: Der Fokus wurde nicht (!) auf die Aufrechterhaltungsdynamik von Vorwurf und Gegenvorwurf gelegt, sondern einseitig auf den Beginn der „alten Rechnung". Was wie eine Neutralitätsverletzung aussehen könnte (in dem Sinne, dass ich mich mehr auf die von der Frau vertretene Version bezogen habe), hat für den Mann Handlungsmöglichkeiten eröffnet.

Die rituelle Ästhetik und Form des Rituals (Verbindlichkeit der Urlaubsregelung per Handschlag) ist zwar minimalistisch, für die auch sonst eher sparsame Ehekultur dieses Paares aber angemessen. Die Qualität von Ritualen bemisst sich nicht an der dramaturgischen Wucht ihrer Inszenierung, sondern an der Passung und Stimmigkeit für das einzelne Paar. Tabelle 4 kontrastiert die verschiedenen Ritualformen.

	Schuld-eingeständnis	Inszenierung des Rituals	Folge des Rituals
„evangelisch"	wirklich meinen	symbolische Wahrhaftigkeit	Die Tat ist verziehen, ich bleibe aber Sünder
„katholisch"	meinen und sagen	symbolische Wahrhaftigkeit und tätige Buße	Ich bin bis zur nächsten Sünde schuldfrei
geschäftlich	eingestehen	rechtsgültiger Ausgleich	Schuld ist getilgt

Tabelle 4: Ritualformen

Durchführung eines Ausgleichsrituals

Ein wirksames Ausgleichsritual muss verschiedene Elemente enthalten, die unverzichtbar sind:

(a) Es muss eine bei den Partnern übereinstimmende *Definition von Schuld* gegeben sein.

(b) Da das Ritual *Eindeutigkeit* erzeugt, muss die Ambivalenz der Partner so gelagert sein, dass beide sich einen Vorteil von der neu gewonnenen Eindeutigkeit erhoffen können.
(c) Das Ritual muss eine dem Inhalt adäquate *Form* haben.

Dann lassen sich die folgenden Schritte als „Gebrauchsanweisung" festhalten:

1. Erarbeite eine genügend *übereinstimmende Definition* der „Schuld".
2. Prüfe die Veränderungs-/Nichtveränderungs*ambivalenz* beider Partner.
3. Diachronisiere *Gegenaufrechnungen:* Das Wichtigste zuerst.
4. Beachte das Prinzip *Asymmetrie:* Einer muss anfangen. Verhandle, wer am besten anfängt.
5. *Prototyp* statt Vollständigkeit: Reduziere die Ausgleichsansprüche auf eine „typische" Schuld.
6. Belasse die Verantwortung für einen *Ausgleichsvorschlag* beim Beschuldigenden.
7. Verhandle die *Formatierung* des Schuldausgleichs so, dass er in realistische Handlung umsetzbar ist.
8. Weise beide Partner auf *mögliche Nachteile* des Ausgleichs hin.
9. Kreiere ein *Ritual* (Zeitpunkt, Inszenierung). Das Ritual wird *nur einmal* vollzogen.
10. Verabrede eine bindende Verpflichtung für beide, dass nach dem Ausgleich *nicht nachverhandelt* wird.

Im Einzelnen sind diese Schritte etwa folgendermaßen zu verstehen.

Ad 1: *Übereinstimmende „Schuld"definition.* Nicht immer ist, wie im Fallbeispiel, die „Schuld" eindeutig. Es ist aber erforderlich, dass der Gegenstand des Ausgleichs klar definiert ist.

Ad 2: *Ambivalenz*prüfung. Dieser Schritt läuft auf die Frage hinaus, ob das Ritual schon „reif" ist. Deshalb ist mit den Partnern der Nachteil des Rituals (s. Punkt 8) gründlich zu erörtern.

Ad 3: *Gegenaufrechnungen.* Da bei Paarkonflikten Gegenvorwürfe („Ja, aber du ...") eher die Regel als die Ausnahme sind, muss verabredet werden, dass der Ausgleich (zunächst) einseitig ist und ohne Gegenrechnung anvisiert wird.

Ad 4: *Asymmetrie*. Eine theoretische Möglichkeit, mit Gegenvorwürfen umzugehen, ist das gegenseitige Verzeihen: Wie du mir, so ich dir. Nach aller paartherapeutischen Erfahrung jedoch hat dieses theoretisch plausible Vorgehen Nachteile: Es macht die jeweiligen Schuldkonten unpräzise nach dem Motto „Schwamm drüber". Dadurch ist die Gefahr des Wiederauflebens nicht gering. Gegenseitiges summarisches Verzeihen im Sinne einer „Generalamnestie" birgt die Gefahr, dass die beiden Partner nicht genau geprüft haben, ob sie wirklich alle Taten verzeihen wollen. Deshalb ist die Verabredung einer Reihenfolge anzuraten.

Ad 5: *Prototyp* statt Vollständigkeit. Zumindest im paartherapeutischen Setting gilt, dass ein inhaltlich begrenzter Ausgleich wirksamer ist als ein genereller Ausgleich aller im Laufe einer Beziehung akkumulierten Schulden. Das hängt damit zusammen, dass die Begrenzung es leichter macht, eine Verbindlichkeit einzugehen. Hinzu kommt das Potenzial eines begrenzten Ausgleichs, ein Prinzip einzuführen, das auf spätere Anlässe übertragbar ist und zur Verfügung steht.

Ad 6: *Ausgleichsvorschlag*. Wenn der Beschuldigende den Vorschlag macht, übernimmt er damit bereits einen Teil der Verantwortung. Der umgekehrte Fall – Vorschlag durch den Beschuldigten – ist auch möglich, induziert aber leichter den Widerstand und macht Inszenierungen des Bittens und Gewährens wahrscheinlich.

Ad 7: *Formatierung*. Dieser Schritt betrifft sowohl die *Form* des Ausgleichs (Entschuldigung, Buße oder Schadensausgleich) als auch die *Äquivalenz* zwischen „Größe" der Schuld und „Umfang"des Ausgleichs. Auszuhandeln, was ein angemessenes Format ist, gehört zur Ritualvorbereitung. Wenn der Umfang des Ausgleichs vom Beklagenden zu hoch angesetzt wird, ist dies ein Hinweis für eine starke Ambivalenz. Ist er zu gering angesetzt, besteht die Gefahr, dass der Ausgleich als zu „billig"und deshalb als nicht gültig erlebt wird.

Ad 8: *Mögliche Nachteile*. Hier wird die letzte Ambivalenzprüfung durchgeführt. Danach ist der Point of no Return erreicht.

Ad 9: *Ritual*. Das Ritual muss eine ästhetisch-gestische Dichte haben, um seine „Kraft" entfalten zu können. Zeitpunkt (Anfang und Ende) und die konkrete Inszenierung müssen genau abgesprochen werden. Wiederholungen machen Ausgleichsrituale schwach, wenn nicht wirkungslos.

Ad 10: *Nicht nachverhandeln.* „Es gilt" ist der Kern dieses Schrittes. Nach einem Ritual ist keine „Berufung" möglich. Das würde das Ritual wirkungslos machen.

Stellenwert von Ritualen in der Paartherapie

Rituale können, müssen aber nicht der Kern einer Paartherapie sein. Ein Ausgleichsritual kann es ermöglichen, bestimmte aktuelle Themen überhaupt erst anzugehen und Freiräume zu eröffnen, die zuvor durch vergangenheitsgebundene Vorwürfe verschlossen waren. Ein gelungenes Ausgleichsritual kann über seine Funktion im engeren Sinn hinaus auch eine prototypische Funktion haben: Das Paar erfährt im Prozess der Ritualvorbereitung und -inszenierung, dass die Partnerschaft das Potenzial hat, sich zu entwickeln. Das kann einen starken Schub für die weitere Therapie bewirken.

Rituale müssen sich, wie andere therapeutische Techniken auch, an ihrem Nutzen messen lassen. Durch ihren besonderen Stellenwert und wohl auch ihre emotional berührende Ästhetik werden sie in manchen Teilen der familientherapeutische Szene sehr hoch bewertet. Das gilt insbesondere für Referenzrituale, also Rituale der Würdigung von Verdiensten und des Anerkennens von bislang unterbewerteten familiären Leistungen und Positionen. Diese Bewertung kann zu einer fast sakralen Überhöhung und der Überbewertung von Ritualen führen. Trotz des Bezuges auf christliche Rituale, den ich auch vorgenommen habe, sind therapeutische Rituale nichts Heiliges. Sie sind eine Technik unter vielen anderen. Sie sind ernst, aber nicht heilig.

Ritualisierung in Familienaufstellungen und professionelles Handeln – Ein Gespräch[1]

Bruno Hildenbrand und Gunthard Weber

ZUR VORGESCHICHTE DIESES GESPRÄCHS

Gunthard Weber und Bruno Hildenbrand sind Mitglieder einer Gruppe, die sich regelmäßig trifft, um die Wirkungsweise von Familienaufstellungen anhand vorliegender Videoprotokolle zu untersuchen. Zu dieser Gruppe gehören sowohl Teilnehmerinnen und Teilnehmer, die diese familientherapeutische Methode aktiv entwickeln, vertreten und praktizieren, als auch solche, die ihr kritisch gegenüberstehen. Zu Ersteren gehört Gunthard Weber, zu Letzteren Bruno Hildenbrand.

Während dieser Arbeit entstand bei Bruno Hildenbrand und Gunthard Weber die Idee, gemeinsam einen Vortrag zum Kongress *Rituale in Alltag und Therapie* beizusteuern, der die Form eines Gesprächs haben sollte. Gunthard Weber überließ Bruno Hildenbrand etwas mehr als eine Woche vor dem Kongressbeginn ein aktuelles Videoband einer Aufstellung, der dieses Band transkribierte und das Ablaufschema der Aufstellung rekonstruierte, um daraus Fragen für das vorliegende Gespräch zu entwickeln.

DIE AUFSTELLUNG: KONTEXT UND AUSGEWÄHLTE SZENEN

GUNTHARD WEBER: In Fortbildungsseminaren und auf Tagungen zeige ich immer Aufstellungen aus dem letzten meiner Seminare, von dem

---

[1] Sprachlich redigierte, ansonsten unveränderte Abschrift des Vortrags und der anschließenden Diskussion.

Videoaufnahmen gemacht wurden. Hier handelt es sich um eine Aufstellung, die ich mithilfe eines sachkundigen Dolmetschers vor 14 Tagen im Ausland angeleitet habe. Ich habe eine ganz normale Aufstellung gewählt. Man kann ja so schöne hochdramatische Aufstellungen auswählen, in denen sehr viel außergewöhnliche Geschehnisse und Dynamiken über viele Generationen hin enthalten sind. Hier geht es sich um eine ganz unspektakuläre Aufstellung mit einer alltäglichen Fragestellung. Es handelt sich um einen etwa 35-jährigen Mann, der in ein ausgeschriebenes Seminar kommt. An diesem Seminar nahmen etwa 60 Menschen teil. Dieser Mann hat nichts mit einem psychosozialen Beruf zu tun. Er kommt einfach dahin, weil er ein Anliegen und Interesse hat, eine Aufstellung zu machen. Ich zeige Ihnen jetzt fünf ganz kurze Ausschnitte aus dieser Familienaufstellung. Die Aufstellung dauerte 46 Minuten. Davon zeige ich Ihnen neun Minuten, damit wir hinterher viel Zeit zum Diskutieren haben. Ich beginne mit der Anfangssituation, als er zu mir kommt, sich neben mich setzt und zu sprechen beginnt.

GUNTHARD WEBER: Was ist dein Name?
KLIENT: Babis.
GUNTHARD WEBER: O. k. Was ist deine Frage?
KLIENT: Ich erlebe ein chronisches Alleinsein, fehlende Partnerschaft, und ich bin beeinflusst durch das depressive Umfeld meiner Familie.
GUNTHARD WEBER: O. k. (Zum Dolmetscher:) Mehr Informationen hole ich mir zu diesem Zeitpunkt nicht von ihm. Wenn ich ihn anschaue, meine ich, hat das was mit seiner Herkunftsfamilie zu tun. Deshalb stellen wir die Herkunftsfamilie auf. (Zum Klienten:) Wenn es eine gute Aufstellung wird, und sie hat eine ganz gute Wirkung, wie sieht dann dein Leben in einem Jahr aus?
KLIENT: Dass ich dann langsam mich zubewegen kann auf ein anderes Existenzniveau, einen Partner zu finden.
GUNTHARD WEBER: Hättest du dann in einem Jahr einen Partner gefunden oder nicht?
KLIENT: Das interessiert mich nicht, ob das ein oder zwei Jahre sind.
GUNTHARD WEBER: Wenn die Aufstellung gut gewesen ist, und ich seh dich in einem Jahr wieder und mache einen Film von dir, was sehe ich dann anderes?

KLIENT: Dass ich nicht mehr mich allein fühlen werde.
GUNTHARD WEBER: Wie seh ich das auf dem Film?
KLIENT: Ich werde eine Beziehung haben.
GUNTHARD WEBER: Was hat sich dann noch geändert, z. B. in Hinsicht auf die Herkunftsfamilie?
KLIENT: Wahrscheinlich wird dann die Last, das belastende Schicksal, das ich trage, aufgehört haben zu wirken. Das ist nicht ein Versuch, mich davonzustehlen, ich respektiere dieses Schicksal, aber es ist nicht ganz meines.
GUNTHARD WEBER (zum Dolmetscher:) Babis ist ein sehr guter Denker. (Zum Klienten): Und du kannst lernen, täglich kleine Schritte der Veränderung zu machen.
KLIENT: Ich hab's schon bemerkt.
GUNTHARD WEBER: Hast du's gedacht oder getan?
KLIENT: Ich bin im Prozess, das zu tun, das Hauptproblem bleibt noch.
GUNTHARD WEBER: O. k. Wir gucken mal die Herkunftsfamilie an. Wer gehört dazu?
KLIENT: Mein Vater, meine Mutter, die Schwester, die hier auch anwesend ist.
GUNTHARD WEBER: Waren die Eltern vorher schon mal, vor der Ehe, in wichtigen Beziehungen?
KLIENT: Für meine Mutter weiß ich es nicht. Ich hab nur die Information, dass sie einigen Männern sehr gut gefallen hat. Mein Vater hatte zwei wichtige Beziehungen, Bindungen, er hat uns erzählt von diesen beiden Frauen. Ich weiß nicht, wie lange mit jeder oder so, ich weiß nur, dass der Vater davon erzählt hat.
GUNTHARD WEBER: Wir fangen mal mit den vier an, Eltern und Schwester und du, o. k.?

Auf dem Videoband ist nun Folgendes zu sehen: Der Klient stellt auf. Zunächst sucht er die erforderlichen Personen aus. Er beginnt mit dem Vater. Daneben stellt er eine Frau (die Mutter, wie sich herausstellt). Dann eine weitere, die Schwester. Dann einen Mann (sich). Nachdem alle nebeneinander stehen, positioniert er sie, sie an den Schultern fassend, im Raum. Dies geschieht schweigend. Dann setzt sich der Klient auf seinen Platz zurück.
Das Bild sieht so aus:

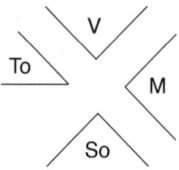

An dieser Stelle befrage ich alle Aufgestellten nach ihren Gefühlen. Der Vater fühlt sich einsam und verlassen. Bevor ich weiterfahre, noch eine Vorbemerkung: Das Bild sieht aus, wie ich es von Familien kenne, in denen es Kranke oder psychosomatisch Kranke gibt. Der Sohn sagt, seine Mutter sei manisch-depressiv, und ich erfahre hinterher, dass er das erst richtig in der Pubertät gemerkt hat. Er meinte aber, das wäre schon länger der Fall gewesen, die Mutter sei schon länger depressiv gewesen. Als er in der Pubertät gewesen sei, habe sie aber offensichtliche manische und depressive Phasen gehabt. Weiter in der Befragung der Aufgestellten: Die Stellvertreterin der Mutter sagt, sie will weg, sie will nicht bleiben. Die Schwester fühlt sich einsam und zurückgestellt, und dem Stellvertreter des Bruders geht es auch nicht gut an der Stelle, an der er steht. Ich frage dann den Aufstellenden, ob das für ihn in Ordnung ist, wenn auch seine Schwester, die im Publikum anwesend ist, ihr Bild aufstellt, und er bejaht das. Ich lasse dann die Schwester ihr Bild mit denselben Personen aufstellen. Ihr Bild sieht etwas anders aus:

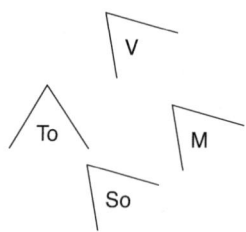

Der Vater fühlt sich allein und einsam, und vor sich hat er nichts. Die Mutter fühlt sich in diesem Bild etwas geborgener als in dem anderen Bild. Die Schwester sagt: Hier in dieser Familie ist jeder für sich, und jeder tut sein Eigenes, und man hat nichts miteinander zu tun. Und der Bruder sagt: Ich fühle mich an diesem Platz etwas – es ist, wie es immer war, ich bin der Mutter am nächsten in der Familie.

So weit zum Bild der Schwester. Jetzt beginne ich umzustellen. Als Erstes dramatisiere ich die Situation. Was ich sehe, ist, dass die Stellvertreterin der Mutter wegwill, der Vater guckt nach vorne und außen, und die Kinder fühlen sich wie zuständig für die Eltern und gleichzeitig einsam. Ich nehme die Kinder raus und stelle sie nebeneinander an den Rand des Innenkreises, damit sie für sich stehen. Ich führe den Vater nach vorne in die Richtung, in die er schaute. Vom Klienten höre ich, dass seine ganze Kindheit lang der Vater Wanderarbeiter war und so gut wie nicht zu Hause war. Aber er sagt gleichzeitig, als ich frage, warum sich der Vater nicht von der Mutter getrennt hat, der Vater habe gesagt, man trennt sich nicht von einer Frau, die psychisch krank ist. Gleichzeitig war er aber viel abwesend.

Als ich den Vater nach vorne stelle und mich der Mutter nähere, dreht sie nach rechts ab, und ich führe sie in die Richtung, sozusagen ihrer Tendenz entsprechend, die ich sehe. Beide Eltern stehen nun in verschiedene Richtungen schauend. Da die Stellvertreterin der Mutter eine Tendenz hatte, sich von der Familie abzuwenden, frage ich den Klienten: Was ist in der Herkunftsfamilie der Mutter passiert? Ich höre was von der Urgroßmutter. Das scheint mir aber nicht sehr relevant, weil es sehr weit weg ist. Ich erfahre dann, dass der Vater der Mutter mit den Großeltern väterlicherseits nach Australien ausgewandert ist, als sie drei Jahre alt war, und sie ihn seitdem nicht mehr wiedergesehen hat. Ich stelle einen Stellvertreter für ihren Vater vor sie und lasse sie nach einer Weile sagen: „Ich hab dich sehr vermisst." Sie zeigt gleich eine Tendenz, nach vorne auf ihn zuzugehen. Ich unterstütze das noch etwas, und sie landet in den Armen ihres Vaters. Der Vater sagt aber zu diesem Zeitpunkt: „So richtig haben will ich die Tochter nicht. Eigentlich bin ich hier, und sie soll da bleiben, wo sie ist." Später, als er mehr über das Schicksal der Familie gehört hat, sagt er: „Jetzt krieg ich ein Herz für sie in der Aufstellung."

Nachdem ich das dramatisiert habe und so verdeutlich habe, welche Tendenzen im System bestehen, stelle ich es um zu einer Lösungsaufstellung. Ich zeige Ihnen jetzt, wie das Lösungsbild aussieht, und zwar zeige ich die Stelle, an der ich Sätze sagen lasse, die auf eine Lösung hinsteuern sollen oder die eine Lösung anregen sollen. Man sieht, dass ich die Eltern nebeneinander gestellt habe. Den australischen Vater, den Vater der Mutter, der hinterher sagte, jetzt kann ich meine Tochter eher verstehen und eher nehmen, hab ich hinter die Stellvertreterin der Mutter gestellt und die beiden Kinder den Eltern gegenüber. Das Bild sieht jetzt so aus:

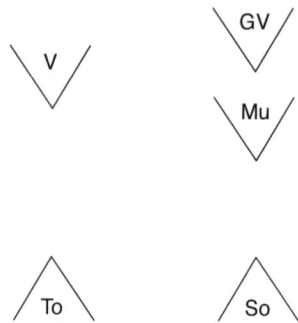

Und jetzt lasse ich sie ein paar Sätze zu den Eltern sagen:

GUNTHARD WEBER (zur Stellvertreterin der Schwester des Klienten): Guck sie beide (die Eltern) an, und sage ihnen: Ich danke euch, dass ihr mir das Leben gegeben habt.
STELLVERTRETERIN SCHWESTER: Ich danke euch, dass ihr mir das Leben gegeben habt.
GUNTHARD WEBER: Das war eine Menge.
STELLVERTRETERIN SCHWESTER: Das war eine Menge.
GUNTHARD WEBER: Und den Rest mach ich jetzt alleine.
STELLVERTRETERIN SCHWESTER: Und den Rest versuche ich jetzt, alleine zu machen.
GUNTHARD WEBER: Den Rest mache ich jetzt alleine.
STELLVERTRETERIN SCHWESTER: Den Rest mache ich jetzt alleine.
GUNTHARD WEBER: Und ich kann nicht für euch sorgen.
STELLVERTRETERIN SCHWESTER: Und ich kann nicht für euch sorgen.
GUNTHARD WEBER (zur Stellvertreterin der Mutter): Ich vertrau dich dem guten Herzen deines Vaters an.
STELLVERTRETERIN MUTTER: Ich vertraue dich dem guten Herzen deines Vaters an.
GUNTHARD WEBER: Wenn du dahin willst, lasse ich dich ziehen.
STELLVERTRETERIN MUTTER: Wenn du dahin willst, lasse ich dich ziehen.
GUNTHARD WEBER (hält der Stellvertreterin der Mutter das Mikrofon hin).

STELLVERTRETERIN MUTTER: Ich bin sehr bewegt, der Sohn hat meinen ganzen Segen, weiterzumachen und nach vorne zu gehen.

GUNTHARD WEBER (zum Stellvertreter des Sohnes): Sag dem Vater: Danke, dass du für uns gesorgt hast.

STELLVERTRETER SOHN: Danke, dass du für uns gesorgt hast.

GUNTHARD WEBER: Und du hast mir sehr gefehlt.

STELLVERTRETER SOHN: Und du hast mir sehr gefehlt.

GUNTHARD WEBER (zum Stellvertreter des Vaters): Sag dem Sohn: Es tut mir Leid, mehr konnte ich dir nicht geben.

STELLVERTRETER VATER: Es tut mir Leid, mehr konnte ich dir nicht geben.

GUNTHARD WEBER: Und ich wünsch dir viel Glück.

STELLVERTRETER VATER: Und ich wünsch dir sehr viel Glück.

GUNTHARD WEBER (zur Stellvertreterin der Schwester): Sag auch: Ich nehme mein Leben von euch, dankbar.

STELLVERTRETERIN SCHWESTER: Ich nehme mein Leben von euch, dankbar.

GUNTHARD WEBER: Und den Rest mach ich jetzt alleine.

STELLVERTRETERIN SCHWESTER: Und den Rest mach ich jetzt alleine.

Gunthard Weber stellt den Sohn von rechts nach links und die Tochter umgekehrt, also von links nach rechts.

GUNTHARD WEBER: Ich glaube, dabei können wir es bewenden lassen. Ich lasse die Schwester ähnliche Sätze sagen und sich ähnlich auf die Eltern beziehen, und am Schluss drehe ich den Klienten und seine Schwester beide nach außen mit dem Rücken zu den Stellvertretern der Eltern, in die Zukunft schauend, und ich lasse sie sich gegenseitig bei der Hand nehmen. Das ist die Phase, wo ich die Stellvertreter mit den tatsächlichen Aufstellenden austausche, und diese Passage zeige ich noch. Das ist dann das Ende der Aufstellung.

Gunthard Weber stellt den Stellvertreter des Sohnes und die Stellvertreterin der Tochter nebeneinander mit dem Rücken zu den Eltern auf und fügt ihre Hände zusammen.

GUNTHARD WEBER (zur Stellvertreterin der Tochter): Sag ihm (dem Stellvertreter des Sohnes), wir schaffen das.

STELLVERTRETERIN TOCHTER: Wir schaffen das.

GUNTHARD WEBER (zur Stellvertreterin der Tochter): Und wir gehen nach vorn.
STELLVERTRETERIN TOCHTER: Und wir gehen nach vorn.
GUNTHARD WEBER (hält dem Stellvertreter des Sohnes das Mikrofon hin).
STELLVERTRETER SOHN: Es ist gut, ich kann nach vorne schauen, mir ist eine Last abgefallen, und ich habe das Gefühl, gemeinsam mit meiner Schwester nach vorne schauen zu können.
GUNTHARD WEBER (zu den beiden realen Geschwistern): Ich glaube, so ist es. Ich glaube, hinter euch gibt es nicht mehr viel. Ihr müsst nehmen, was ihr bekommen habt, und den Rest müsst ihr alleine machen. Und ihr könnt auch nicht viel für die Eltern tun. Aber wenn ihr noch wartet, haltet ihr euch fest. (Zu dem Klienten und seiner Schwester) Stellt euch beide mal dahin.

Gunthard Weber führt sie an die Stelle, wo die Stellvertreter stehen. Er fasst die Schwester an der Hand und stellt sie nach rechts, ihr Bruder steht nun links. Beide schauen, sich an den Händen fassend, in die Ferne, dann wenden sie sich einander zu und umarmen sich. Der Bruder schluchzt, die Schwester weint lautlos. Nach 43 Sekunden lösen sie sich voneinander, der Bruder versorgt die Schwester mit einem Bündel von Papiertaschentüchern. Die Aufstellung ist beendet.

ZUR REKONSTRUKTION DES ABLAUFS DIESER AUFSTELLUNG

BRUNO HILDENBRAND: Die gesamte Aufstellung, von der Sie nur Ausschnitte sehen konnten, habe ich transkribiert und dann mithilfe der üblichen Verfahren einer soziologischen Textanalyse untersucht.

Ich komme zunächst zu den *Ablaufmustern* bei dieser Aufstellung. Die Aufstellung beginnt mit einer Problemdefinition durch den Klienten. Diese umfasst folgende Punkte: chronisches Alleinsein, fehlende Partnerschaft, Einfluss durch das depressive Umfeld der Familie. Dem folgt das Etablieren einer Arbeitsbeziehung. Gunthard Weber spricht den Klienten darauf an, dass er sehr intellektuell auf ihn wirke und dass es ihm darauf ankomme, nicht das Denken zu verbessern, sondern die Handlungsmuster zu verändern. Dann klärt Gunthard Weber ab, worin das relevante Personal bei dieser Familienaufstellung bestehen soll. Es war ja in den vorgestellten Ausschnitten zu sehen, dass für den Aufsteller die Herkunftsfamilie der relevante Ort ist und nicht eine aktuelle Beziehung. Diese nun so versammelten Personen werden dann nacheinander sowohl durch den Klienten als auch durch seine Schwester aufgestellt. Dabei ergeben sich zwei unterschiedliche Bilder – ich komme darauf zurück. Dem folgt eine erste Hypothesenbildung von Gunthard Weber, die er in den Worten formuliert, dass etwas auf der Familie laste.

Im Folgenden artikulieren die Personen, die sich in der jeweiligen Position befinden, also die so genannten Stellvertreter, ihr Erleben. In der Konstellation des Klienten sieht es so aus, dass der Vater sich von der Familie isoliert fühlt. Die Mutter zeigt Tendenzen wegzugehen, die Tochter sagt, der Vater laste auf ihr, und von der Mutter sei keine Hilfe zu erwarten. Ein Beziehungsangebot bestehe jedoch vonseiten des Bruders. Demgegenüber betont der stellvertretende Sohn die Familienkohäsion. Jedoch meint er, dass die Stimmung auf ihn drücke. Fazit wäre, dass im Paarsystem Isolation der einzelnen Personen sowie eine Auflösungstendenz besteht, während bei den Kindern Kohäsion thematisiert wird. Von den Eltern, insbesondere von der Mutter, sei Hilfe nicht zu erwarten.

Die Konstellation der Schwester sieht anders aus. Der Vater ist alleine und sucht die Paarbeziehung. Die Mutter weist nun eine Bezogenheit innerhalb der Familie auf, die Tochter vermisst diese Bezogenheit innerhalb der Familie, und der Sohn thematisiert jetzt Ablösung. Das Fazit zu diesem Bild der Schwester lautet, dass es mehr Dynamik aufweist als das des Bruders, also des Klienten.

Als nächster Schritt folgen nun die so genannten Lösungen. Sie werden zunächst auf der Ebene der Stellvertreter und dann im Übergang zu den Klienten formuliert. Davon war ein Ausschnitt zu sehen. Interessant ist hier aus der rekonstruktiven Perspektive, was in den so genannten Lösungssätzen thematisiert wird und in welcher Reihenfolge dies geschieht. Zunächst zu Letzterem. Die Reihenfolge ist die: Sohn – Eltern, Sohn – Mutter, Sohn – Vater. Dann Vater – Sohn, dann Tochter – Eltern, dann die Geschwisterbeziehung. Da denkt man natürlich sofort an das, was in der Literatur zur Methode der Familienaufstellungen „Ordnungen der Liebe" genannt wird. Gemeint ist dort ein hierarchisches System – ich komme später darauf zurück.

FAMILIENAUFSTELLUNGEN UND FAMILIENSOZIOLOGIE

BRUNO HILDENBRAND: Wenn man sich nun die Schwerpunkte anschaut, die im Prozess dieser Aufstellung artikuliert werden, dann sind es genau fünf: erstens die *Nichtaustauschbarkeit von Personen*. Diese wird artikuliert anhand der Frage, ob die Eltern vor der Ehe in wichtigen Beziehungen standen. Diese Frage wird in Bezug auf die Mutter verneint. Der Vater soll demgegenüber zwei Beziehungen gehabt haben, die aber offenbar nicht besonders dramatisch in der Familie erinnert werden. Der zweite Punkt bezieht sich auf die *Vollständigkeit der sozialisatorischen Triade*. Gunthard Weber fokussiert den abwesenden Vater, der ja als Wanderarbeiter unterwegs war. Aber das Schwergewicht liegt auf dem Großvater mütterlicherseits, der nach Australien gegangen ist, als die Mutter dreieinhalb Jahre alt war. Das ist dann sozusagen der Kern der ganzen Thematik. Der dritte Schwerpunkt ist die *Hierarchie in der Familie*, die im vorliegenden Fall verschoben ist. Sie ist dies in der Weise, dass die Kinder für den Erhalt der Paarbeziehung der Eltern sorgen. Daraus resultiert ein vierter Punkt, nämlich der *der stecken gebliebenen Ablöseprozesse*. Dieser wird aber zunächst nicht thematisiert im Bereich der Kinder, sondern im Bereich der Mutter, also es geht um die Ablösung von ihrem Vater. Und der letzte Schwerpunkt bezieht sich auf die *Abgrenzung zwischen den Generationen*, resultierend in der Ablösung der Kinder.

In den so genannten Lösungssätzen, die rituellen Charakter annehmen, werden diese fünf Schwerpunkte dann jeweils in Sätze gekleidet, die zunächst von den aufgestellten Personen und dann vom Klienten selbst und von seiner Schwester gesprochen werden. Auch diese folgen einem bestimmten Muster: Der Sohn stattet Dank an die Eltern ab. Die erwähnte Hierarchieumkehr wird verweigert, indem dem Sohn bzw. seinem Stellvertreter zu sagen vorgegeben wird: „Ich kann nicht für euch sorgen." Damit zeigt er Einsicht in das Unabänderliche problematischer Familienkonstellationen in dem Sinne, dass man jetzt auch nichts mehr ändern kann und der Abschied zu kommen hat. Dem Vater seinerseits wird vorgegeben, ebenfalls Einsicht in das Unabänderliche seiner Abwesenheit von der Familie während langer Jahre zu zeigen und den Sohn freizugeben. Auch die Tochter stattet weisungsgemäß ihren Dank an die Eltern ab, sie verabschiedet sich und lehnt eine Schuldzuweisung betreffend der Ablösung ab, indem sie sinngemäß sagt: „Schaut freundlich, wenn ich mir das Leben angenehm mache." Die Geschwister werden als Letztes in diese Lösungssätze einbezogen. Hier wird die Geschwisterbeziehung gestärkt, und die führende Position wird der Schwester zugewiesen. Das hängt vermutlich damit zusammen, dass sie die Ältere ist.

Bis hierher bin ich auf der Ebene des Materials geblieben und habe lediglich rekonstruiert, was dort zu sehen ist. Jetzt werde ich einen Sprung in allgemeine familiensoziologische Grundlagen vornehmen. Dabei möchte ich auf eine Vierfeldermatrix hinweisen, die auf den Soziologen Talcott Parsons zurück geht. Diese Matrix ist strukturiert in eine Generationenachse und eine Geschlechtsachse. Der interessante Punkt ist der, dass sich innerhalb dieser Matrix Interaktionsbeziehungen abspielen, die zusammen eine widersprüchliche Einheit von drei nicht miteinander vereinbaren Sozialbeziehungen ergeben: Paarbeziehung einerseits und Eltern-Kind-Beziehungen andererseits. Eingerahmt ist diese Matrix von vier Strukturmerkmalen von Familie: affektive Solidarität, erotische Solidarität, Nichtaustauschbarkeit der Personen und Unbedingtheit der Sozialbeziehungen im Sinne von Nichtauflösbarkeit.

Das sind zunächst einmal die Strukturmerkmale, mit denen Familien jeweils konfrontiert sind. Es handelt sich um quasi universale Strukturen, wobei ein andrer Punkt der ist, wie diese Strukturen in unterschiedlichen gesellschaftlichen Milieus und in unterschiedlichen Zeiten ins Werk gesetzt werden. Da gibt es Variationen. Familienaufstellungen, soweit ich sie kenne, ob sie nun von Weber, Hellinger oder anderen stammen, arbeiten grundsätzlich ausschließlich auf der Ebene dieser Strukturmerkmale von Familien. Diese Strukturmerkmale werden durch das Aufstellen verräumlicht und insofern sichtbar gemacht. Die rituellen Formeln dienen dann abschließend dazu, diese Strukturmerkmale gewissermaßen, nachdem sie als verschobene oder anderweitig problematische erkannt worden sind, in der abschließenden Aufstellung und vor allem in den damit verbundenen Lösungssätzen durch funktionale Strukturen zu setzen. Beispielsweise sollen im vorliegenden Fall die Kinder für die Eltern sorgen, nachdem die Abwesenheit relevanter Personen für das Scheitern von Ablösungsprozessen auf der Elternebene gesorgt und die Herausbildung von gelingenden Beziehungen zwischen Eltern und Kindern in der nächsten Generation erschwert hat. Die Veränderung einer solchen problematischen Konstellation ist das Ziel der Aufstellung.

So weit also eine Rekonstruktion dessen, was in dieser Aufstellung passiert ist, sowie der Anschluss an familiensoziologische Theoriebildungen, mit deren Hilfe man verstehen kann, was in dieser Aufstellung passiert ist.

Familienaufstellungen und Ritualtheorien

Bruno Hildenbrand: Man könnte des Weiteren an wesentliche Ritualforschungen anschließen, zum Beispiel an Gluckmann, der an Arnold van Genneps (1986) Konzept der Übergangsrituale anknüpft. Max Gluckmann sagt, dass Rituale die Möglichkeit bieten, soziale Beziehungen in ihrer Ambiguität und in ihrer Spannung in Handlung umzusetzen. Genau das wird in den Aufstellungen gemacht. Ein anderer Ritualforscher, Clifford Geertz (1983), schreibt, dass Rituale die vorgestellte und die gelebte Welt in ein einziges Set von symbolischen Formen bringen. Auch das kann man bei Familienaufstellungen nachvollziehen. Bei Pierre Bourdieu (1976) wird das Ritual als eine strategische Praxis betrachtet, um situationsangemessen kulturelle Kategorien zu überschreiben und neu zu gruppieren, bei Catherine Bell (1997) wird Ritual als Praxis gefasst. Es geht um Reproduktion, Reinterpretation und Transformation von Strukturen. Familienaufstellungen lassen sich also durchaus als rituelle Praktiken im weitesten Sinne verstehen. Interessant bei Familienaufstellungen allerdings ist, dass ein Problem vorgetragen wird. Es handelt sich also nicht um eine Reproduktion und Transformation von Strukturen, sondern es geht um eine Reorganisation von Strukturen, die zuvor in einem dysfunktionalen Verhältnis zueinander standen. Familienaufstellungen, so könnte man sagen, setzen also zunächst problematische Strukturen ins Werk, und zwar nicht direkt in den betroffen Familien selbst, sondern anhand von Stellvertretern, um dann den Klienten die Möglichkeit zu geben, daran weiterzuarbeiten.

Fragen an den Familienaufsteller

Bruno Hildenbrand: Hier fangen meine Fragen an. Die erste Frage lautet: Wenn Familienaufsteller aufstellen, nehmen sie die *Dialektik von Bewahren und Verändern* wahr, oder bleiben sie nur auf der Seite des Bewahrens? Anders gesprochen: Wenn wir den Bezug von Vergangenheit und Zukunft als dialektischen nehmen, als Dialektik von Wurzeln und Flügeln (Rosmarie Welter-Enderlin 1999), wo sind die Flügel? Die zweite Frage ist: Welchen Stellenwert haben die *Möglichkeiten* im menschlichen Handeln für die Aufgestellten? Wo wird ihnen eröffnet, dass Handeln immer auf unterschiedliche Möglichkeiten verwiesen ist? Ist die Vermutung berechtigt, dass bei Familienaufstellungen das zunächst aus familientheoretischer Sicht akzeptable Ins-Werk-Setzen von Strukturen stecken bleibt? Damit hängt dann die dritte Frage zusammen: Wie gehen Aufsteller mit Klienten um, die vom Neuen, also von den Möglichkeiten des Handelns, verunsichert sind und die die Aufstellung dazu nutzen – man könnte auch sagen: sie dazu missbrauchen – möchten, *sich dem Wandel zu verweigern*?

GUNTHARD WEBER: Erst einmal hat mir sehr gut gefallen, dass Sie das, was in den Familienaufstellungen passiert, aus der familiensoziologischen Sicht Parsons' betrachtet haben und ähnliche Fokussierungen feststellten. Das eröffnet für die Aufsteller eine neue Perspektive. Es geht in den Aufstellungen sehr oft um familiäre Grundstrukturen, existenzielle Grundkonflikte und Basisbedürfnisse wie „Wo ist mein Platz?", um Zugehörigkeit oder Ausgeschlossensein, um sich bestätigt und angenommen oder ausgeschlossen und nicht gewollt zu fühlen, um Bindungsliebe und den Wunsch, das eigene Leben zu gestalten. Deshalb berühren Aufstellungen ja auch alle daran Beteiligten einschließlich der teilnehmenden Beobachter so oft. Ich glaube, das macht einen wesentlichen Unterschied zu psychotherapeutischer oder systemischer Arbeit mit Familien, mit Paaren oder mit Einzelnen aus, in der es oft eher um die Veränderungen von einengenden Wirklichkeitskonstruktionen und alltäglichen Kommunikationsmustern geht.

Sie haben einige Fragen gestellt, und ich versuche, dazu Stellung zu nehmen. Sie implizieren mit Ihrer Frage nach Bewahren und Verändern, dass Sie es so wahrnehmen, dass die Aufsteller auf der Seite des Bewahrens stehen oder die Aufstellung eine Methode für die ist, die eher nichts ändern wollen. Für mich ist das gar nicht so. Ein großer Anteil des Familien-Stellens schafft erst die Voraussetzung für Veränderungen, für Entwicklung und neue Möglichkeiten. Kinder, die in Schicksale ihrer Eltern oder Ahnen verstrickt sind, sind nicht frei für Neues. Wer mit seinem Schicksal hadert und seine Eltern anklagt und ändern will, hat die Eltern nicht und hängt fest. Oft gelingt die Ablösung erst, wenn Adoleszente vorher noch einmal auf die Eltern zugehen. Wer intensivere Bindungen zu seiner Herkunftsfamilie hat als zum Partner oder zur Partnerin oder dem Schweren in seiner Ursprungsfamilie verhaftet bleibt, kreiert leichter Beziehungskonflikte in einer Ehe oder Partnerschaft als die, die in versöhnten und gelösten Beziehungen zu ihren Eltern leben oder ihnen und ihrem Schicksal wenigstens so zustimmen können, wie sie sind und wie es war. Wenn ich ein Lösungsbild, also das Bild einer geordneten Ganzheit aufstelle und einige lösende Sätze anbiete und derjenige nimmt das in sich auf und lässt es in sich wirken, wird das vielleicht als konservativ und als an traditionellen Familienbildern orientiert wahrgenommen. Die Erfahrung zeigt aber gerade, dass er dann frei wird für Neues und Energie freigesetzt wird für Entwicklung, und deshalb habe ich dann ja am Schluss das Geschwisterpaar auch nach außen und vorne schauend aufgestellt, damit Neues in ihr Gesichtsfeld treten kann. Zu der Entzündung des Möglichkeitssinnes (wie Musil es in einem Roman nennt): Oft stelle ich mehrere Möglichkeiten der Entwicklung nacheinander auf und schaue, wie die Repräsentanten und die Aufstellenden selbst darauf reagieren.

Ich gehe davon aus, dass die, die mit ihrer Vergangenheit einig sind, freie Energie bekommen und diese Energie nach vorne richten können und dann leichter ihre Kompetenzen nutzen können, sich weiterzuentwickeln und die Zukunft eigenständig zu gestalten. Dass dabei zeitweise auch Unterstützung gebraucht wird, ist selbstverständlich. Das müssen aber nicht unbedingt Psychotherapeuten sein, die diesen Prozess dann unterstützend begleiten.

BRUNO HILDENBRAND: Aber das ist ja kein Zug, der von alleine läuft, wenn er mal auf dem Gleis steht. Vom therapeutischen Setting her gesehen, stelle ich mir die Sache so vor, dass es fallweise eine Prozessbegleitung braucht angesichts der Irritationen, die anlässlich einer Familienaufstellung zu erwarten sind. Systemtherapeutisches Handeln ist ja eher nicht ein Prozess, der über viele Jahre geht, sondern ein Prozess, in dem die Therapeuten sehr sparsam Impulse geben. Wie bringen Sie dieses in dem Setting von Familienaufstellungen unter, falls dieser Punkt für Sie überhaupt relevant ist? Denn Aufstellungen sind ja im Regelfall einmalige Aktionen.

GUNTHARD WEBER: Diese Frage habe ich erwartet und mich innerlich drauf vorbereitet (lacht). Ich bin ebenso wenig ein Anhänger von

Ultrakurzbehandlungen und One-Session-Therapien als von zu beschützenden und zu ausführlichen therapeutischen Begleitungen. Die Berichte von Kollegen darüber, dass Patienten in ihren Praxen landen, die das, was in einer Aufstellung geschah, verwirrte, sehr verunsicherte und bei ihnen eine Krise auslöste, müssen uns nachdenklich machen. Man muss aber auch Folgendes bedenken: Diejenigen, die die Aufstellungsarbeit gut und verantwortlich durchführen, bekommen ganz überwiegend positive Rückmeldungen, und das ermutigt sie, mit diesem Ansatz weiterzuarbeiten, und die niedergelassenen Kollegen und Kolleginnen oder die, die in psychosomatischen Kliniken arbeiten, werden besonders mit denen konfrontiert, bei denen etwas schief ging und werden dementsprechend zunehmend skeptischer diesem Ansatz gegenüber. Ich schätze, dass es im deutschsprachigen Raum im Augenblick etwa schon 2000 Kollegen und Kolleginnen gibt, die mit Aufstellungen arbeiten, und wenn jede/r von denen pro Jahr durchschnittlich nur 100 Aufstellungen, daß heißt pro Monat acht Aufstellungen, anleitet, ergibt das schon 200 000 Aufstellungen pro Jahr. Da wir es nicht einseitig in der Hand haben, was die Klienten aus dem machen, was wir anstoßen, besteht dann natürlich immer auch die Möglichkeit von krisenhaften Entwicklungen. Das passiert aber in anderen Therapien auch. Der limitierende Faktor ist meines Erachtens nicht so sehr die Methode der Aufstellungsarbeit, sondern die, die mit ihr arbeiten. Es geht also darum zu vermitteln, dass mit dieser einflussreichen Methode verantwortlich umgegangen werden muss und dass jeweils sorgsam abgewogen werden muss, wie viel Unterschiede man dem Aufstellenden jeweils zumuten kann.

Was die Nacharbeit betrifft, bin ich ambivalent. Es ist immer wieder eindrucksvoll für mich festzustellen, welche tief greifenden Veränderungen Aufstellungen selbst dann bei vielen meiner Klienten angestoßen haben, wenn sie relativ schwer wiegende Probleme und nach einer Aufstellungen keine weitere therapeutischen Kontakte hatten. Man könnte eine Aufstellung auch wie ein (schamanistisches) Ritual sehen, das auch nur einmal durchgeführt wird. Es ist aber auch klar für mich, dass z. B. bei psychotischem und schwer süchtigem Verhalten eine therapeutische Begleitung nach einer Aufstellung gut und meist notwendig ist. Bei schweren Störungen lade ich die Therapeuten und Therapeutinnen solcher Klientin oft mit ein, dass sie mit dem Bild, das in der Aufstellung entsteht, hinterher weiterarbeiten können.

Bruno Hildenbrand: Das setzt aber voraus, dass diese Therapeuten mit Ihnen auf einer Linie sind, was z. B. die Problemdefinition anbelangt. Wenn es da zu Missverhältnissen kommt, wenn die Hypothesenbildung zur Problemlage differiert, dann könnte das doch einige Unsicherheit stiften, die dann für den weiteren Prozess ihre Bedeutung haben könnte.

Gunthard Weber: Ja, aber das unterscheidet sich auch nicht von der Situation, wenn wir Familientherapien durchführen und der gleichzeitig behandelnde Psychiater ein biologisches Weltbild hat und denkt, Medikamente wären das einzig Richtige. Der Chef einer psychiatrischen Universitätsklinik schrieb uns einmal, wir wüssten doch, dass Familientherapie ein emotional sehr belastendes Verfahren ist. Wie wir angesichts dessen bei einer depressiven Patientin, die bei ihm schon neunmal in der Klinik gewesen sei, dazu kämen, eine Familientherapie durchzuführen. Davor sind wir also bei keiner Parallelbehandlung gefeit. Gerade bei psychiatrischen Patienten mache ich immer wieder die Erfahrung, dass ein Aufstellungsgeschehen trotz der emotionalen Bedeutung, die es oft bekommt, nicht gegen das dominierende und vertraute medizinische Weltbild der Patienten und der sie umgebenden Helfer ankommt.

Bruno Hildenbrand: Das ist ja ähnlich, wenn man an elementaren Strukturen arbeitet. Da entsteht im therapeutischen Alltag sehr häufig Konfusion. Zum Beispiel an dem Punkt, wo man von den von mir erwähnten vier Strukturmerkmalen, also Nichtaustauschbarkeit der Personen, affektive Solidarität, erotische Solidarität und unbedingtes Vertrauen in die Zukunft im Sinne von Zusammenbleiben ausgeht. Dann ist ja im Regelfall auch das Gegenargument, dass es in erheblichem Umfang Trennungen und Scheidungen gebe und dass daher diese Strukturmerkmale nicht mehr als gültig angesehen werden könnten, was ja insofern nicht stimmt, als die Leute, die sich trennen, sich natürlich mit diesen Strukturmerkmalen auseinander setzen. Da haben wir dieselben Probleme.

Ich habe Sie nun so verstanden, dass Sie bei ernsthaften zwischenmenschlichen Problemen auf eine weitere Begleitung setzen, die das, was Sie in der Familienaufstellung angestoßen haben, weitertragen kann. Heißt das auch, dass der ganze Bereich des Entwickelns von neuen Möglichkeiten der Klienten, sich in der Welt und in ihren Beziehungen einzurichten, an diese weitere Begleitung delegiert ist?

GUNTHARD WEBER: Nein, überhaupt nicht, da fühlte ich mich missverstanden. Wenn ich eine Aufstellung für relevant halte, rate ich oft Klienten, eine Weile keine Therapeuten aufzusuchen und auch nicht gleich ein weiteres Aufstellungsseminar aufzusuchen. Ich vertraue der Wirkung der Anstöße, die durch Aufstellungen entstehen, und den Ressourcen und Entwicklungskräften der Klienten. Oft wirkt eine Aufstellung über Jahre hinweg entwicklungsfördernd. Immer wieder neue Aspekte treten in den Vordergrund und bewirken manchmal über Jahre Gutes auch in deren Familien. Manchmal fehlen jedoch auch noch wesentliche Informationen, und nur erste und umschriebene Schritte werden möglich. Dann sage ich Klienten auch, dass sie noch einmal kommen können, wenn neue Fragen oder Informationen auftauchen. Relativ häufig kommen Klienten nach zwei und mehr Jahren noch einmal und oft mit neuen Fragestellungen und Herausforderungen in ein Aufstellungsseminar. Die Einmaligkeit ist also kein Dogma. Hinzu kommt, dass ich während meiner viertägigen Aufstellungsseminare täglich „Runden" mache, in denen die Teilnehmer nacheinander berichten, wo sie stehen und was noch offen ist. Diese Bestandsaufnahmen nutze ich zum Beispiel, um hypothetische Fragen über die Zukunft zu stellen, ich störe alltägliche Muster und kombiniere so die eher phänomenologisch ausgerichtete Aufstellungsarbeit mit Vorgehensweisen der systemischen Therapie und Beratung.

BRUNO HILDENBRAND: Aber dadurch, dass der Prozess letztlich doch zunächst einmal auf eine einmalige Situation des Aufstellens eingefroren ist, kommen Sie ja nicht in die Lage, mit den Ausnahmen, die Sie beschrieben haben, die oft schmerzlichen kleinen Schritte, die eine große Hypothese nach sich zieht, so zu begleiten, dass das Schifflein dieser Leute den Kurs halten kann. Ich denke an den Fall, den Rosmarie Welter-Enderlin und ich in unserem Buch *Systemische Therapie als Begegnung* (1996) beschrieben haben. Im Prinzip arbeiten wir ja in gewisser Weise verwandt mit dem Vorgehen, das Sie haben, insofern, als die Genogrammanalyse am Anfang eines therapeutischen Prozesses einen hohen Stellenwert annimmt. Was Sie verräumlichen durch Konstellationen, das bilden wir in Stammbäumen ab. Das sind unterschiedliche Möglichkeiten der Darstellung, aber es sind auch verwandte Ideen dabei. Der Unterschied ist, dass die Genogrammarbeit für uns eine Art Starthilfekapital darstellt und wir sehr viel Wert auf den therapeutischen Prozess legen, den diese Arbeit nach sich zieht. Sie demgegenüber vertrauen auf die Autonomie der Klienten und darauf, dass sie schon den rechten Weg finden mögen, sich die passende Hilfe zu suchen, wenn die kleinen Schritte plötzlich Dimensionen annehmen, die sie nicht mehr bewältigen können. Begegnung heißt bei uns auch, dass die Begegnung nicht begrenzt ist auf einen einmaligen Akt von ca. 45 Minuten. Begegnung beinhaltet für uns das Versprechen auf Begleitung in der Zukunft, unabhängig davon, ob das Versprechen seitens des Klienten eingelöst wird oder nicht.

GUNTHARD WEBER: Es sind bei mir nicht nur die 45 Minuten, die eine Aufstellung dauert, sondern im Regelfall 1700 Minuten Seminar, denn alle Klienten profitieren auch aus den Runden und den Aufstellungen der anderen Teilnehmer. Diese Art Aufstellungsarbeit ist aber eine relativ neue Methode, und wir müssen erst einmal sehen, wo sie gut und wo sie vielleicht weniger oder gar nicht wirkt. Deshalb sind Nachuntersuchungen wichtig. Wir haben da tatsächlich unterschiedliche Konzepte bezüglich des Anstoßens von Veränderungen in menschlichen Systemen. Die Auseinandersetzung, die wir hier führen, geschieht aber auch unter den Aufstellern. Auch dort gibt es diesbezüglich unterschiedliche Orientierungen und Einstellungen. Ich selbst mute und traue Klienten relativ viel zu und hafte ihnen möglichst wenig Befürchtungen an und mache damit gute Erfahrungen. Ich bin da aber auch offen und bereit, mich korrigieren zu lassen, wenn die Ergebnisse meine Vorstellungen widerlegen. Ich gehe auch davon aus, dass ich in einem Aufstellungsseminar ein solches Vertrauensverhältnis zu den Klienten aufbaue, dass diese sich noch einmal an mich wenden, wenn sie mit etwas nicht umgehen können. Das geschieht auch ab und zu. Ich erinnere mich an eine Klientin, deren Aufstellung ich in einer Weiterbildungsgruppe anleitete. Direkt nach dem Seminar ging sie, ohne es mir vorher zu sagen, für eine Woche zu einem Schweige-Retreat in ein Kloster und geriet dort in eine psychosenahe Angstsymptomatik. Ich war mir gar nicht sicher, ob diese Symptomatik in einem Zusammenhang mit der Aufstellung stand, konnte aber bei ihr durch drei Einzelgespräche danach eine gute Stabilisierung erreichen. Ich verstehe die Bedenken, die Sie äußern, und ich schätze die Therapeuten sehr, die ihre Klienten geduldig und über längere Zeit mit therapeutischem Ethos begleiten, und habe es selbst jahrelang so gemacht. Das ist für mich kein Entweder-oder, sondern eher eine Indikationsfrage. Ich wehre mich allerdings auch dagegen, wenn die Aufstellungsarbeit als eine unverantwortliche Methode dargestellt wird. Dafür habe ich auch zu viele Langzeittherapien erlebt, deren Erfolge sehr begrenzt waren oder die fatal endeten.

BRUNO HILDENBRAND: Gut, dann kämen wir jetzt zu dem letzten Punkt, bevor wir die Diskussion ins Publikum öffnen. Wir leben ja in einer Welt, in der die Dialektik von Bewahren und Verändern, von Wurzeln und Flügeln immer stärker alltäglich erfahrbar wird. Der Rückzug in traditionelle Welten funktioniert einfach nicht mehr. Wenn jemand sich in diesen elementaren Strukturen von Verwandtschaft, auf die sich die Familienaufstellungen in ähnlicher Weise wie die parsonsche Familiensoziologie konzentrieren, heimisch machen will, ohne sie zu konfrontieren mit historischem Wandel, dann muss er zu Ihnen kommen. Denn Sie sagen ihm, was oben und unten ist, was die adäquate Hierarchie ist und so weiter und so fort. Was machen Sie mit Leuten, die genau das von Ihnen nur mitnehmen und die Impulse zur Veränderung großzügig ignorieren?

GUNTHARD WEBER: Sie wollen mich da etwas in eine traditionelle Ecke drängen. Also ... (verhältnismäßig leises Lachen) ... Wie soll ich das sagen. Also erst mal muss ich sagen, ich bin nicht der Meinung, dass die „Ordnungen der Liebe", wie Hellinger sie nennt, naturgegeben sind und eine ewige Gültigkeit haben. Ich bin aber überzeugt, dass es bessere und schlechtere Plätze in Familien gibt und bekömmlichere und weniger bekömmlichere Grundhaltungen in menschlichen Beziehungen, und sosehr alternative Beziehungs- und Familienmodelle wie die „offene Ehe" oder die „antiautoritäre Erziehung" verkrustete Denkweisen aufgeweicht haben, stelle ich durch die Aufstellungsarbeit doch immer wieder fest, dass es gut ist, wenn Eltern Eltern sind und Kinder Kinder und wie fatal es sich auswirken kann, wenn Menschen davon ausgehen, dass die Partner beliebig austauschbar sind etc. Der dritte Mann einer Frau tut z. B. gut daran, seinen Platz als dritter Mann einzunehmen und nicht so zu tun, als wäre er der erste. Hier hat mich die Arbeit mit Aufstellungen davon überzeugt, dass es sich gedeihlich auf familiäre Beziehungen auswirkt, wenn bestimmt Grundordnungen und Grundorientierungen beachtet werden. Ehrlich gesagt, sind mir im Zweifelsfall die lebensnahen Rückmeldungen meiner Klienten wichtiger als die theoretischen Bedenken meiner Kollegen.

BRUNO HILDENBRAND: Ich habe nicht nach denen gefragt, die mit Veränderungsabsichten kommen, sondern genau nach der anderen Klientelgruppe, die eben mit Beharrensabsichten kommt.

GUNTHARD WEBER: Deren Beharrungstendenzen bestätige ich oft und konnotiere sie positiv. In den Aufstellungen kann man oft erfahren, wie gerade sie aus Loyalität und Bindungsliebe oder im Sinne eines Ausgleiches für vermeintlich unverdientes Glück an problematischen Mustern festhalten. In der systemischen Therapie habe ich gelernt, nicht einseitig auf die Seite der Veränderung oder Nichtveränderung zu gehen, sondern zwischen beiden Seiten hin und her „zu schaukeln".

DISKUSSION MIT DEM PUBLIKUM

BRUNO HILDENBRAND (ins Publikum gesprochen): Ich könnte mir vorstellen, dass Ihnen die eine oder andere Frage eingefallen ist, die wir noch nicht angesprochen haben, die aber zur Sprache kommen sollte. Ich bitte um Wortmeldungen.

TEILNEHMERIN: Schließen Familienaufstellungen ab mit Interventionen, die für Außenstehende die Anmutung eines religiösen Rituals haben? Da hätte ich gerne, dass Sie noch ein bisschen ausholen.

BRUNO HILDENBRAND: Rituale sind aus soziologischer Sicht Aktivitäten, die ihren Sinn in sich selbst suchen, die repetitiv und automatisch sind, die eher das Subjekt tragen, als dass das Subjekt diese Aktivitäten trägt. Die Lösungssätze in den Familienaufstellungen haben in meiner Sicht genau diesen Charakter. Sie sind exakt an tragenden Strukturen orientiert, an den elementaren Strukturen von Verwandtschaft. Auch der Umstand, dass die Klienten Sätze sprechen müssen, ohne sie eigenmächtig abwandeln zu können, zeigt diesen rituellen Charakter. Im Video war das gut zu sehen, der Aufsteller hat den Klienten an der einen Stelle korrigiert, und der Klient hat das mitgemacht. Zum Rituellen gehört übrigens auch das Duzen. Ich hab mir lange überlegt, warum die Familien-Aufsteller fremde Leute duzen. Das hat nach meiner Auffassung mit den elementaren Strukturen zu tun, mit denen die Familien-Aufsteller arbeiten, dann ist das Du auch gleich um die Ecke. Das ist ähnlich wie in der Kirche, dort werden die Gläubigen ja auch geduzt. Dies sind die Elemente, die zusammen genommen den rituellen Charakter dieses Geschehens ausmachen. Unter der Voraussetzung, dass das Bewahren elementarer Strukturen nicht als Selbstzweck dient, sondern dass das Bewahren immer vor dem Hintergrund von Verändern gesehen wird, würde ich auch sagen, dass das Rituelle hier seinen adäquaten Platz hat.

GUNTHARD WEBER: Das stimmt, Aufstellungen haben für mich den Charakter nicht speziell von religiösen Ritualen, aber von Übergangsritualen allgemein. Es gibt kraftvolle Sätze, die sich in Aufstellungen bewährt haben, und das Nachsprechenlassen betont den rituellen Charakter (wie bei einer Zeremonie oder einer Liturgie). Es ist aber nicht so, dass die Sätze nicht von den Klienten abgewandelt werden können. Oft sagen Klienten z. B.: „So kann ich den Satz nicht nachsagen." Und ich fordere sie auf: „Sag es so, dass es für dich passt." Oder ich habe den Eindruck, ein Klient oder dessen Repräsentant plappert die angebotenen Sätze brav nach, ohne sie in der Seele zu bewegen. Dann kann ich ihn fragen: „Sagst du die Sätze nur brav nach, oder stimmen sie für dich?" Den Klienten in dem Videoausschnitt habe ich den von mir angebotenen Satz wiederholen lassen, weil es für mich ein Unterschied ist, ob er sagt „Ich tue es" oder „Ich versuche, es zu tun".

Ich sehe diese nach meiner Erfahrung kraftvollen Sätze als Angebote und stimme sie, wenn nötig, mit den Klienten ab. Ich möchte nicht, dass sie ihre Verantwortung bei mir abgeben wie bei einem Priester. Ich verhehle nicht, dass man in der Position als Aufstellungsleiter sehr komplementäre Beziehungsangebote bekommen kann, die Grandiositätsgefühle nähren können. Wenn ich die Klienten gleich selbst ihre Sätze suchen oder erfinden lasse, kommen aber oft solche mit Negationen heraus („Ich will das nicht mehr" etc.) oder implizit aggressive, abwertende oder ambivalente Sätze.

TEILNEHMERIN: Worüber ich immer nachdenke, ist, dass ich manchmal den Eindruck habe, im Grunde geht es um zwei ganz verschiedene Vorstellungen von Therapeut-Klient-Beziehung. Diese Vorstellungen haben vielleicht damit zu tun, wie viel oder wenig prozessorientiert man in den Kontakt mit Klienten geht. An dem einen Pol geht der Prozess ganz verloren. Das zeigt sich mir, wenn ich Bänder von Hellinger anschaue. Dort entsteht so etwas wie ein Gestaltschließungszwang, der Prozess ausschließt. Und an dem andern Pol, in der Therapie, wo ich mich eher selber einordnen würde, gibt es eine Orientierung am Prozess und am Aushandeln. Ich fand das jetzt sehr interessant, das Band von dir zu sehen, wo ein Versuch gemacht wird, auf der einen Seite im Umgang mit Klienten auch interaktionelle Elemente, Abstimmungselemente zu nutzen. Auf der andern Seite war aber schon noch eine sehr spezifische Therapeut-Klient-Beziehung da, wo du eigentlich strukturierst und wo es sozusagen Versatzstücke von Interaktion gibt, die aber letztlich wieder eingebettet werden in eine geschlossene Gestalt. Und ich weiß noch nicht, was ich damit anfangen soll, aber ich finde es sehr spannend. Letztlich denke ich aber, dass da schon ein grundsätzlicher Gegensatz drinsteckt hinsichtlich der Rolle, die sich die Therapeuten in diesen Interaktionsmustern geben. Im Moment sehe ich da noch keine Vermittlung.

TEILNEHMER: Ich wollte vielleicht noch auf die Genogrammarbeit und das Familien-Stellen eingehen, vielleicht hat das auch mit dem eben Gesagten zu tun. Ich habe in dem Workshop bei Ihnen (Gunthard Weber) gelernt, dass es ja in der Familienaufstellung oft darum geht, jemanden zu finden, der ein umschriebenes Anliegen präsentieren kann als Grundvoraussetzung für eine Familienaufstellung. Das beinhaltet für mich auch, dass das nicht mit einer familientherapeutischen Intervention im Ganzen zu verwechseln ist, wo dann alle möglichen Prozesse ungesteuert quasi aus Versehen in Gang gesetzt werden könnten. Sondern dass dieser umschriebene Fokus vielleicht ganz gut angestoßen werden kann in einem Lösungsbild, das nicht immer unbedingt eine geschlossene Gestalt haben muss, und das ist für mich ein doch entscheidender Unterschied zur Genogrammarbeit, wo es darum geht, auch transgenerationale Muster und so weiter, Geschwisterreihen und so weiter am Anfang einer größer angelegten Familientherapie zu erkennen.

BRUNO HILDENBRAND: Ich finde, dass jede Aufstellung die Visualisierung eines Musters ist, und zwar geht es um Muster, die ziemlich eingegrenzt sind auf elementare Muster.

TEILNEHMERIN: Du (Gunthard Weber) hast davon gesprochen, dass du dir nach einem halben Jahr Rückmeldungen einholen möchtest, um die ganze Sache zu kontrollieren. Ich möchte fragen, wie ihr das anstellt, mit Fragebogen, mit Interview oder womit, das ist ja gar nicht so leicht.

GUNTHARD WEBER: Ich hab das bisher nicht systematisch getan. Im Herbst lade ich zum Beispiel die Teilnehmer eines Seminars, das im vorigen Jahr stattfand, noch einmal ein. Wir interviewen sie über das, was seit dem Seminar passiert ist, und wenn sie dann noch Interesse haben, etwas Weiteres zu tun, sind wir auch bereit dazu. Zur Frage davor: Ja, es gibt im Prozess der Aufstellung geschlossene und offene Elemente, und ich weiß nicht, ob das eher Therapie oder etwas wie eine (vielleicht schamanistische) rituelle Inszenierung und Verkörperung einer Problemlage und des Übergangs zu etwas Neuem ist oder beides.

TEILNEHMERIN: Ich würde gern noch mal auf den religiösen oder quasireligiösen Charakter von Aufstellungen zurückkommen. Ich bin aufgewachsen mit katholisch-religiösen Formen, und mich erinnert das schon an Gottesdienste, was da bei den Aufstellungen geschieht. Vielleicht ist es nicht zufällig, dass Herr Hellinger Priester war, und es gab ja auch in der Kirche eine Bewegung, wo die Priester dann versuchten, volksnäher zu werden und auch irgendwie Arbeiterpriester und so weiter. Aber in einem Ritual spielen die ja trotzdem eine bestimmte Rolle, und vielleicht ist das ja auch das Faszinierende an diesen Aufstellungen, dass es eben nicht darum geht, diskursiv etwas zu entwickeln und Fragen zu stellen währenddessen, sondern dass durch ein Problem hindurch und in einer Gemeinschaft eine gute Ordnung wiederhergestellt wird und ein Bezug zu diesem Spirituellen hergestellt wird.

BRUNO HILDENBRAND: Unser Anliegen war hier nicht, charismatische Entwicklungen im Feld der Aufsteller zu thematisieren, sondern ganz nüchtern hinzuschauen, was da eigentlich passiert im Umgang mit Grundstrukturen von Familien. Gerade an dieser zufällig ausgewählten Sequenz von Gunthard Weber konnte man sehen, dass er da durchaus ohne Spiritualität ausgekommen ist und dass er selber, indem er sich nur zum Sprachrohr dieser Muster, die er entdeckte, gemacht hat, letztlich auch sich als Person sehr stark zurücknehmen konnte. Das war der für uns wichtige Punkt. Die Diskussion, wie man das Aufstellen charismatisch noch ausgestalten kann, die dann letztlich eine Hellinger-Diskussion wird, die wollten wir hier nicht führen, weil wir sonst zu dem, worum es im Kern bei Aufstellungen als professionellem Handeln geht, überhaupt nicht gekommen wären.

TEILNEHMERIN: Also mir wär noch mal wichtig, Gunthard Weber zu fragen, ob diese Art der Inszenierung nicht doch totalitäre Tendenzen befördert.

TEILNEHMER: Für mich wär noch wichtig, nachzuhaken, wie systematisch die Katamnesen gemacht werden. Wenn die nur eingeladen werden (und sich nicht selber melden können; die Hrsg.), kommen ja wahrscheinlich wieder nicht die, die irgendwie eine schlechte Erfahrung gemacht haben.

GUNTHARD WEBER: Uns hat kürzlich ein Gönner, der von Aufstellungen profitiert hat, Geld für fünf Jahre Forschung zur Verfügung gestellt, und ich denke, wir werden in dieser Zeit sorgfältige Studien durchführen können. (Zum anderen Frager:) Wenn Sie von vermeintlich totalitären Tendenzen sprechen, müsste ich, bevor ich antworte, mehr darüber wissen, was Sie genau damit meinen.

TEILNEHMER: Ja, Gunthard, wenn ich dich nicht kennen würde, dann würde ich an deiner Aussage ein bisschen zweifeln. Was mich ja so gewundert hat und was auch auf dem Band zu sehen ist, das sind deine Zuschreibungen, die du am Anfang machst. Ich denke, die haben Bedeutung, und ich denke, es hat doch Bedeutung, wenn du zwar sagst, ich will nicht Guru sein, aber gleichzeitig sagst du, wenn ich ihnen in die Augen schaue oder wenn ich ihnen ins Gesicht schaue, dann ist das so und so. Das Zweite ist: Was mir ein bisschen fehlt in der ganzen Diskussion, ist das, dass zwischen Therapie und Aufstellung zu differenzieren ist. Aufstellungen finden in einem anderen Kontext statt, nämlich in Seminaren, und das ist was anderes als in einer Therapie, möglicherweise mit einem Therapeuten oder Therapeutenpaar und so weiter, ich denke, der Kontext Seminare macht einen Unterschied.

BRUNO HILDENBRAND: Ja, gut, was Sie als letzten Punkt aufgeführt haben, weist auf ein Thema hin, das hier nicht behandelt werden konnte, das aber dringend zu behandeln ist neben einigen anderen Punkten, nämlich, welche Art therapeutischer Beziehung in der Form der Seminare konstituiert wird. Zu Ihrem ersten Punkt, die Zuschreibungen betreffend, kann ich mich erinnern, dass ich drei bis vier solcher Zuschreibungen fand, als ich diesen Text transkribiert habe. Ich dachte dann spontan, das hätte er auch lassen können, es hätte an der ganzen Sache nichts geändert. Ich habe dann Herrn Weber darauf angesprochen, und er bestätigte mich in der Auffassung, dass diese Zuschreibungen letztlich für den Prozess nichts gebracht haben.

Wir danken Ihnen für Ihr Interesse.

Rituale der Organisation – Rituale der Organisationsentwicklung

Jochen Schweitzer und Elisabeth Nicolai

ALLTAGSRITUALE – UNBEACHTETE SINNTRÄCHTIGKEIT

In Organisationen finden jeden Tag, jede Woche, jeden Monat viele Ereignisabfolgen statt, die aus Beobachtersicht Ritualcharakteristika aufweisen, ohne von den Beteiligten als Rituale angesehen zu werden.

Dazu gehören offizielle Besprechungen: Fallkonferenzen und Strategiekonferenzen, Teamsitzungen und Assistentenkonferenzen, Hilfeplangespräche und Betriebsratssitzungen, Mitgliederversammlungen und Vorstandssitzungen. Dazu gehören informelle, aber immer wiederkehrende Formen von Kontakt und Informationsaustausch: der Gang zur Kaffeemaschine im „Sozialraum"; den Chef beim Mittagstisch „erwischen"; der Nachrichtenaustausch auf dem Flur („Hast du schon gehört ..."). Dazu gehören wiederkehrende Formen, in denen in Krankenhäusern Patienten aufgenommen und über sie Briefe geschrieben werden; in denen in Firmen Kunden umworben und Reklamationen dankbar aufgegriffen oder schroff abgewiesen werden; in denen Besucher freundlich mit einer Tasse Tee empfangen oder auf einem langen, düsteren Flur auf die Arme-Sünder-Bank platziert werden.

Diesen Ereignisabfolgen fehlt vieles, was etwa nach Turner (2000) Merkmale eines Rituals ausmacht:

1. Sie beziehen sich anders als religiöse Rituale nicht auf einen Glauben an mystische Wesen und Kräfte – sie sind säkulare Rituale.

2. Ihre Abfolge ist oft nicht explizit (z. B. in schriftlicher Form) formalisiert, sondern „geschieht einfach so" – allerdings immer wieder auffallend ähnlich, in meist stillschweigendem Konsens der Beteiligten.
3. Die Beteiligten müssen durch ihre rituellen Handlungen gar nicht bewusst einen „Sinn" zum Ausdruck bringen wollen – aber diese rituellen Handlungen eignen sich, um aus Selbst- oder Fremdbeobachterperspektive latente Sinnstrukturen der Organisation offen zu legen.

Die teilnehmende Beobachtung oder das Erfragen von Alltagsritualen sind nach unserer Erfahrung die kürzesten Wege, die Kultur einer Organisation kennen zu lernen. Und sie sind Schlüsselereignisse, bei denen kleine Veränderungen große Wirkungen auf diese Kultur zeitigen können. Das macht sie organisationsberaterisch interessant. (Ähnlich interessant wie das gemeinsame Frühstücken oder gemeinsame abendliche Fernsehen in der Familientherapie – was aber hier nicht unser Thema ist.)

Angelehnt an Rappaport (1971, nach Roberts 1993) verstehen wir unter einem Alltagsritual einer Organisation eine Ereignisabfolge mit den Merkmalen:

1. *Wiederholung:* In Handlung, Inhalt oder Form wird immer wieder ganz Ähnliches gesagt oder getan.
2. *Kollektivität:* Indem es gemeinsam getan oder gesagt wird, wird es sozial bedeutsam.
3. *Ordnung:* Es hat einen typischen Anfang, ein typisches Ende, eine typische Dauer.
4. *Besonderheit:* Die Beteiligten verhalten sich oder sprechen „irgendwie anders" als gewöhnlich.
5. *Sinnträchtigkeit:* Sein Ablauf vermag Informationen über bedeutsame Aspekte des Selbstverständnisses der Organisation zu vermitteln.

Der fünfte Punkt ist besonders wichtig. Aus unserer konstruktivistisch beeinflussten Perspektive gibt es kein Alltagsritual-an-sich: Erst wenn in einem Prozess systemischer Selbstreflexion (Willke 1989; Schweitzer 1998) die Beteiligten als Selbstbeobachter oder ein externer Beobachter solche Sinnzuschreibungen machen, wird es zu einem über die Organisationskultur aussagefähigen Alltagsritual. Dann können die Beteiligten bewerten, ob sie diesen Sinn weiterhin in dieser Form ausdrücken wollen, und anderenfalls durch Änderung der Form ein geändertes Selbstverständnis zum Ausdruck bringen.

An welchen Alltagsritualen kann man erkennen, dass eine Organisation „systemisch arbeitet"? In Publikationen aus dem Feld der systemischen Therapie und Beratung erfährt man viel über systemtheoretisches *Denken* und über spezielle hochprofessionelle Rituale (Methoden und Settings) der systemischen *Beratung* (z. B. zirkuläres Fragen, Umdeuten, reflektierendes Team, Schlussinterventionen), aber wenig über basale, weit verbreitete und von vielen Institutionsmitgliedern ausgeführte Alltagsrituale, an denen man die erfolgreiche Einführung dieses Ansatzes im Organisationsalltag beurteilen könnte.

Dies hat Folgen. In psychiatrischen Organisationen im deutschen Sprachraum beispielsweise arbeiten inzwischen sehr viele systemisch weitergebildete Kollegen, deren persönlich veränderte Arbeitsweise sich aber kaum in institutionell veränderten Alltagsprozeduren niederschlägt. „Stell dir vor, viele arbeiteten systemisch – aber kaum einer merkt es"?

Das Forschungsprojekt „Systemische Organisationsentwicklung in psychiatrischen Einrichtungen"

Wir haben daher im speziellen Feld der klinischen Organisationsentwicklung ein Projekt *Systemische Organisationsentwicklung in psychiatrischen Einrichtungen* durchgeführt, das sich u. a. auch damit befasste, inwieweit Alltagsrituale dort einer systemischen Organisationsphilosophie entsprechen und inwieweit deren Kompatibilität mit systemischem Denken durch Methoden der systemischen Beratung und der Handlungsforschung verbessert werden kann.

Mit Leitungskräften aus 17 psychiatrischen Einrichtungen entwickelten wir zunächst in einer Art Konsensusprozess Indikatoren für systemisches Arbeiten auf der Organisationsebene: Woran würde ein Besucher aufgrund von Interviews und aus der Beobachtung des Alltagsbetriebes bemerken, ob und in welchen Bereichen eine Einrichtung systemisch arbeitet? (Zum Projektkonzept vgl. Hirschenberger et al. 1998.) Ergebnis war ein Leitfaden, die *Reflexionsliste systemische Prozessgestaltung*. Die Reflexionsliste ist ein Instrument, das eine Organisation zur Selbst- und Fremdreflexion nutzen kann, um sich darüber klarer zu werden, wie viele und welche systemischen Elemente sie in ihrer psychiatrischen Praxis verwirklicht. Die Reflexionsliste ist nach dem Vorspann, der die Ausgangslage der Einrichtung erfragt, in drei inhaltliche Themengebiete unterteilt.

Themen der *Reflexionsliste*
Vorspann: Ausgangslage der Einrichtung
   1. Größe und Alter der Einrichtung
   2. Institutionstyp: medizinischer oder sozialarbeiterischer Kontext, ambulant oder stationär?
   3. Existenzstatus: Sicherheit oder Gefährdung, Wachstum oder Schrumpfung?

Systemische Arbeit mit Patienten und Angehörigen
   1. Sprechen über „Krankheit und Gesundheit"
   2. Verhandeln über Sinn, Inhalt und Dauer des Aufenthaltes
   3. Wahlmöglichkeiten im Behandlungsmenü
   4. Verhandeln über Medikamente und Diagnosen
   5. Reflexionssettings für Angehörige und andere Beteiligte
   6. Systemisches Verhandeln über Handlungsoptionen in schwierigen Situationen

Mitarbeiterpartizipation, Leitungskultur, Organisation
   1. Credo und Stil der Organisationsentwicklung
   2. Mitarbeiter: Partizipation und Autonomie in Teamsitzungen, im Patientenkontakt, in der Organisationsentwicklung
   3. Personalentwicklung: Ressourcennutzung und Förderung von Kompetenzen
   4. Reflexionssettings: Supervision, Teamberatung, Coaching
   5. Leitungskultur: anregen und verstören oder kontrollieren und anordnen
   6. Feedback zwischen Leitungskräften und Mitarbeitern
   7. Interne Informationspolitik: Transparenz und Dialogangebote

Umweltbeziehungen
1. Externes Feedback
2. Regionales Fallmanagement
3. Netzwerkvereinbarungen

THEORETISCHE GRUNDLAGEN

Im Folgenden stellen wir einige jener Hypothesen über die systemische Steuerung von Organisationen (Willke 1993) und über die Entwicklungsphasen von Organisationen von Glasl und Lievegoed (1996) dar, die die Entwicklung der Reflexionsliste mit inspirierten.

3.1 Systemische Steuerung von Organisationen

Wir gingen von der Überlegung aus, dass psychiatrische Einrichtungen wie auch ihre Nutzer (Patienten, Angehörige, Überweiser) und ihre Mitarbeiter aus allen angebotenen Umweltverstörungen nur die mit ihrer Eigenlogik kompatiblen aufgreifen und gemäß dieser Eigenlogik verarbeiten werden. Mit ihrer Autonomie zu rechnen und auf den Versuch instruktiver Interaktion mit ihnen zu verzichten bedeutete, dass als Steuerungsmöglichkeiten systemische Selbstreflexion und die Reflexion vorstellbarer Variationsmöglichkeiten in den Vordergrund rückten.

Systemische Selbstreflexion: Die Beteiligten schauen sich selbst beim Kooperieren mit anderen aus einer Außenperspektive zu und bewerten dann, ob sie mit den Ergebnissen des eigenen Handelns in diesem Kontext zufrieden sind oder sich im negativen Fall aus dem eigenen „Variety-Pool möglicher Identitäten" eine passendere aussuchen und in die Kooperation einbringen wollen.

Konsensentlastete Diskurse: Man spricht darüber, worin man sich nicht versteht, worin man fundamental unterschiedliche Eigenlogiken aufweist – und darüber, wie man mit diesen prinzipiell als unüberbrückbar angesehenen Unterschieden „zivilisiert" umgehen kann.

Kontextsteuerung statt Verhaltenssteuerung: Den Kooperationspartnern gegenüber wird ein grober Rahmen (Kontext) gesetzt („Was, wie viel, wann, wie teuer?"), innerhalb dessen ihre Kooperationsbeiträge erwünscht, tolerabel oder förderungsfähig sind, statt ihr Verhalten en detail beeinflussen zu wollen.

Emergenzniveau: Eine Organisation braucht nicht alle Fähigkeiten ihrer Mitarbeiter, sondern nur jene spezifischen, die zu ihrem Arbeitsauftrag passen und die im Zusammenwirken erst ein erfolgreiches Ergebnis erbringen können. Bei der Organisationsentwicklung geht es also nicht um die Veränderung von Personen, sondern von Handlungsstrukturen und Kommunikationsstrukturen, die diesem Zusammenwirken der Beteiligten eine andere Qualität verleihen.

Unterschiede, die Unterschiede machen: Systemische Organisationsentwicklung soll praktisch gesehen „angemessen Ungewöhnliches" einführen. Entwicklung geschieht dort, wo Interventionen in der Organisation bzw. von ihren Mitarbeitern anregend oder sogar zunächst verstörend wirken, sodass sie als Anstoß für eine Reflexion von bisherigen und möglichen neuen Verhaltensweisen, Regeln und Strukturen dienen.

Phasen der Organisationsentwicklung
Nach Glasl und Lievegoed (1996) durchlaufen Organisationen im Laufe der Zeit vier Entwicklungsphasen. Jede Phase hat ihre spezifischen Merkmale und Krisenerscheinungen, wobei jede folgende Phase die Antwort auf die Grenzen der vorhergehenden und ihre Weiterentwicklung darstellt. Die Kenntnis dieser Phasen kann gleichzeitig das Verständnis für Symptome und Anzeichen von Veränderung erleichtern und die Richtung einer sinnvollen Entwicklung weisen.

Die *Pionierphase* ist geprägt durch den Aufbau. Persönliches Engagement und Improvisationsfähigkeit stehen im Vordergrund. Probleme treten auf, wenn sich Mitarbeiter auf dem Wege zunehmender Erfahrung emanzipieren, die Organisation stark wächst. Struktur und Planung werden benötigt.

In der *Differenzierungsphase* gilt: Alles logisch Unterscheidbare muss organisatorisch unterschieden und geregelt werden. Struktur, Standardisierungen und Spezialisierungen bestimmen die Organisation. Probleme dieser Phase sind Abteilungsdenken und Motivationsprobleme. Wo vorher Chaos, aber auch Lebendigkeit war, herrscht nun Ordnung, aber es droht auch Erstarrung.

In der *Integrationsphase* gewinnt das Prinzip der Selbststeuerung an Bedeutung. Flache Hierarchien, Flexibilität und unternehmerische Mitverantwortung werden gefördert. Dabei bleibt aber die Gestaltung der Organisationsprozesse hauptsächlich auf das eigene Unternehmen konzentriert.

Die Assoziationsphase hat die Aufgabe, das Unternehmen stärker mit seinen verschiedenen Umwelten, insbesondere mit anderen Unternehmen, zu verbinden, sodass alle Beteiligten zu einer Kommunikation und Kooperation finden, die partnerschaftlich und im gemeinsamen Interesse verbindliche Maßnahmen aushandelt.

Praxisrelevant wird die Betrachtung der Entwicklungsphasen, da psychiatrische Krankenhäuser derzeit häufig gezwungen sind, Stationen zu verkleinern, zu schließen oder auszulagern. Kleinere Einrichtungen wie Wohnheime, betreutes Wohnen, Tageskliniken und andere nichtklinische Einrichtungen entstehen, wachsen und expandieren. Mit Expansion oder Schrumpfung sind viele der inhaltlich-konzeptionellen Fragen mittelbar oder unmittelbar verbunden: Sicherheit oder Unsicherheit über den eigenen Arbeitsplatz schaffen ein Klima von Vertrauen oder Misstrauen, drohende Schließung oder Entlassung führt eher zu Besitzstandswahrung als zu Ideenvielfalt und Lust am Experimentieren, entsprechend den Zukunftsaussichten geht der Organisationsentwicklungsprozess in manchen Einrichtungen eher unter Druck als mit Gelassenheit vonstatten.

DIE BESUCHE MIT DER „REFLEXIONSLISTE SYSTEMISCHE PROZESSGESTALTUNG" ALS RITUAL

Mit der Reflexionsliste haben wir 1997 bis 1999 zwölf psychiatrische Einrichtungen besucht, von großen Kliniken mit 1400 Betten über psychiatrische Abteilungen an Allgemeinkrankenhäusern mit 200 Betten bis zu Tageskliniken mit 20 Betten. Das Alter reichte von traditionsreichen 150 Jahren bis zu Neugründungen vor einigen Jahren, Institutionstypen waren psychiatrische Krankenhäuser, psychiatrische Abteilungen in Allgemeinkrankenhäusern, Tageskliniken, Wohn- und Arbeitsstätten oder betreutes Wohnen.

Der Besuch mit der Reflexionsliste in einer Einrichtung dauert zwei bis drei Tage. In dieser Zeit werden verschiedene Beteiligte, d. h. Mitarbeiter verschiedener Berufsgruppen und Hierarchieebenen, Patienten, Angehörige und – wenn möglich auch – Überweiser in Gruppen entlang den Themen der Reflexionsliste von einer externen Beobachterin zu ihrer Alltagspraxis interviewt. Neben diesen Gesprächen nimmt sie an Visiten, Teambesprechungen, Konferenzen, Gruppengesprächen teil, um eigene Eindrücke zu erhalten. Ziel ist es, eine gemeinsame Reflexion der Mitarbeiter und Betroffenen darüber anzuregen, welche Alltagsrituale im Bezug auf diese verschiedenen Themen existieren und wie zufrieden man damit ist. Zum Abschluss eines jeden Besuches bekommt die Einrichtung eine Rückmeldung darüber, was die Beobachterin an Eindrücken selbst gewonnen hat, welche Stimmen und Strömungen sie gehört hat, welche Widersprüche sie entdeckt hat und was aus ihrer Sicht zentrale Themen der Organisation sind.

Den Charakter des Rituals erhalten diese Besuche in zweierlei Hinsicht:

1. Für die Mitarbeiter einer Organisation wird ihre Mitgliedschaft dokumentiert. Über den Arbeitsvertrag hinaus, der ihre formale Zugehörigkeit bestätigt, haben Mitarbeiter häufig das Gefühl „doch gar nicht gefragt zu sein", „nur ein kleines Rädchen zu sein, das nichts ausrichten kann". Während der Besuche mit der Reflexionsliste wird ein Rahmen festgelegt, in dem verschiedene Beteiligte ihre Wahrnehmung, Bewertungen und Wünsche kommunizieren können, was sie als Akteure im Organisationsentwicklungsprozess definiert. Das Ritual des gemeinsamen Reflektierens inszeniert eine neue Ebene gemeinsamer Verantwortung, bei der – zumindest während des Phase des Austausches – der Pflegedienstmitarbeiter ebenso wichtig ist wie der Chefarzt.
2. Wir selbst haben den Ritualcharakter im Laufe der 17 Reflexionslistenbesuche bei zwölf Einrichtungen zunehmend ausgebaut. Zunächst überließen wir die Ankündigung und Organisation der Besuche völlig der besuchten Einrichtung. Entsprechend unterschiedlich fielen die Besuche aus: In einigen Einrichtungen waren alle Termine durchorganisiert, alle Mitarbeiter detailliert informiert und die Rückmeldung geplant. In anderen wiederum waren die informierten Mitarbeiter gerade nicht im Dienst, andere wussten von nichts, hatten keine Zeit oder verweigerten ihre Teilnahme aus mangelnder Information und dem daraus folgenden Misstrauen gegen eine „Befragung". Wir machten die Erfahrung, dass eine stärkere

Ritualisierung den Interventionscharakter des gesamten Besuches erhöhte. Der Besuch selbst wurde ritualisiert, indem viele Kontextbedingungen vorher festgelegt und immer in gleicher Weise von den Organisationen vorbereitet wurden. Damit stellte das Besuchsritual einen „Erwartungsrahmen" zur Verfügung. Man erwartete bereits durch die Vorbereitungen und die Ankündigung, dass etwas Wesentliches geschehen würde. Ritualisiert waren bei den Besuchen Orte, Zeitpunkte, Teilnehmerzusammensetzungen und Fragen. Die Gesprächsleitung einer externen Beobachterin und die Zusage späterer Anonymisierung erlaubten in einem besonderen, geschützten Rahmen Meinungsäußerungen und die Diskussion konträrer Meinungen.

Die Rückmeldung stellte im Gesamt des Besuches ein eigenes Ritual dar. Schon mit Beginn des Besuches stehen Ort und Zeitpunkt der Rückmeldung fest, alle Beteiligten und Interessierten sind eingeladen. Die Beobachterin gibt ihre Rückmeldung über die verschiedenen Punkte der Reflexionsliste und lädt anschließend zu Kommentaren oder Diskussionen ein. Die Erwartungshaltung ist hier besonders hervorgehoben: In der Rückmeldung werden schließlich Vergangenheit, Gegenwart und Zukunft verbunden, indem von Einschätzungen des Bisherigen, der aktuellen Situation und den Wünschen, Empfehlungen oder Vermutungen bezüglich der Zukunft gesprochen wird. Der Interventionscharakter der Rückmeldung beruht darauf, dass Werte reflektiert, von Teilen der Organisation infrage gestellt oder erweitert werden. Das kann Anstoß geben für die Veränderung bereits bestehender oder zur Entstehung neuer Rituale.

Den Charakter eines Rituals erhalten die Besuche zusätzlich durch den Gebrauch der Wiederholung, wenn Einrichtungen z. B. alle zwei Jahre zu einer Beobachtung und Rückmeldung von außen einladen. Die Frage danach, was sich innerhalb eines bestimmten Zeitraumes verändert hat, welche der Anregungen eines vorausgegangen Feedbacks aufgegriffen wurden, welche nicht und wie man sich dies erklärt, gehören zu diesem Ritual und regen wiederum zu einer Reflexion darüber an, wie sich das System entwickelt oder stabilisiert.

Alltagsrituale systemisch arbeitender Organisationen

Mit der Reflexionsliste sind wir ganz unterschiedlichen Ritualen psychiatrischer Praxis in den Organisationen auf die Spur gekommen. Einige werden wir hier erzählen.

a) Verhandlungsrituale

Das Verhandeln oder Instruieren über Sinn, Inhalt und Dauer des Aufenthaltes zeigt sich in Einrichtungen in unterschiedlichen Ritualen. In manchen Institutionen wird den Patienten gesagt, wie lange die Behandlung voraussichtlich dauern wird, welches Programm für sie vorgesehen, d. h. das richtige ist. In anderen Einrichtungen fragt man Patienten und Angehörige danach, was sie für nützlich halten und wie lange der Aufenthalt aus ihrer Einschätzung dauern wird. Auch die Zeiträume, in denen diese Vereinbarungen getroffen werden, sind zumeist fest: Einige Akutstationen verhandeln z. B. nach zwei Wochen, wenn Patienten aus der akuten Krise heraus sind, ambulante Einrichtungen tun dies meist im Vorfeld, sozusagen als Auftragsklärung, und wieder andere entscheiden sich, den Patienten erst eine Zeit zum „Umschauen" zu lassen, bevor man Behandlung und Dauer miteinander vereinbart.

Eine etwas ungewöhnliche und provozierend erscheinende, eigentlich aber an den Rehabilitationsalltag anknüpfende Praxis können sehr langfristige Behandlungsverträge sein. Die so genannten 10-Jahres-Verträge (Groth 2000) beinhalten das Angebot der Einrichtung, dass ein Patient sie für eine festgelegte Mindestzeit (z. B. 10 Jahre) nutzen kann und die Behandler nichts gegen seinen ausdrücklichen Wunsch tun werden, um ihn ganz oder in eine andere Betreuung oder Behandlung zu entlassen. Eine Klinik schließt Behandlungsverträge (Mecklenburg u. Ruth 2000) ab: Mit Patienten etwa, die mit psychotischen Episoden oder akuten Krisen längerfristig immer wieder die Klinik aufsuchen, schließt man Verträge, wie man sie behandeln solle, wenn sie das nächste Mal in einem verhandlungsunfähigen Zustand kämen. „Wie sollen wir mit Ihnen verfahren, wenn Sie nicht mehr ansprechbar sind?" Die Patienten wissen selbst meist erstaunlich gut, welche Maßnahmen notwendig sein werden. Darüber wird dann eine beiderseitig unterzeichnete Vereinbarung getroffen, in die auch andere behandelnde Dienste einbezogen werden können.

b) Wahlrituale

Manche Einrichtungen legen in ihrer Konzeption fest, dass Patienten wählen, woran sie teilnehmen wollen, in anderen wird der Behandlungsplan vorgelegt und verordnet.

Wie viel „Hinzu- und Abwahlmöglichkeiten" Patienten allerdings haben sollten, wird auch zwischen systemisch orientierten Einrichtungen kontrovers diskutiert, und dementsprechend unterschiedlich sind die Gebräuche. Zwischen den Extremen „keinerlei Wahlfreiheit – vollständig festgelegter Behandlungsplan" und „völlige Wahlfreiheit – an jedem Tag neu" steht das häufig anzutreffende Modell „den Patienten Vorschläge machen, über die dann verhandelt wird".

c) Entwicklungsrituale

Mitarbeiterpartizipation, Leitungskulturen und Organisation: Hier geht es darum, wie stark Mitarbeiter durch interne Arbeitsgruppen, Projektgruppen usw. an Entwicklungsprozessen beteiligt sind. Solche Organisationsrituale beziehen Mitarbeiter in den Prozess der Entwicklung, Konzeption und Reflexion ein. Die Rituale der Organisationen unterscheiden sich wesentlich in ihrer Ausgestaltung: Der Stil der Organisationsentwicklung und die damit verbundenen Glaubenssätze können von Existenzängsten oder von der Idee der Weiterentwicklung geprägt sein. Dieser Bedeutungsgehalt übersetzt sich in die Organisationsentwicklungsrituale. Je nachdem haben Projektgruppen für ihre Aufgaben ein größeres Zeitbudget oder Zeitdruck, sie setzen sich mit betriebswirtschaftlich orientierten Fragestellungen auseinander oder sammeln Themen nach dem Motto: Was könnten wir mit unseren Ressourcen und Fähigkeiten denn noch tun, was könnten wir verbessern oder weiterentwickeln?

d) Leitungsrituale

Auf den ersten Blick scheint in vielen Einrichtungen das Feedback zwischen Leitung und Mitarbeitern wenig ritualisiert. Auf den zweiten Blick ist zu entdecken, dass sich überall dort informellere Rituale entwickeln, wo es keine administrativ vorgegebenen gibt. Häufig anzutreffen ist die geregelte Rückmeldung von Leitung an Mitarbeiter, z. B. halbjährlich, jährlich oder wenn es um Beförderung oder neue Gehaltsgruppierungen geht. Wenig verbreitet ist ein festes Rückmeldungsritual von Mitarbeitern an die Leitung. Mitarbeiter berichteten, dass es sich dann eher um informelle Rückmeldungen handele. Mancherorts gibt es kein festgelegtes Setting, und wenn man dem Chef sagen will, womit man zufrieden oder unzufrieden ist, müsse man zusehen, dass man den Chefarzt beim Mittagessen „erwische". Man könne sich mit ihm an einen Tisch setzen, um mit ihm zu sprechen. Alle anderen wüssten dann Bescheid und setzten sich nicht dazu.

Entlang der Reflexionsliste haben wir zu allen Themen Rituale gefunden, die einen mehr, andere weniger institutionalisiert, und wieder andere entwickelten sich eigenständig aus einem Mangel an Sinn gebender institutioneller „Regelhaftigkeit" heraus.

e) Rituale externen Feedbacks

Inzwischen gibt es eine ganze Reihe von Möglichkeiten, die Einrichtungen nutzen, um sich von ihrer Umwelt ein Feedback zu holen. Dazu werden Patienten befragt, wie zufrieden sie mit dem Versorgungsangebot sind. Es werden Überweiser, Kooperationspartner, manchmal auch Angehörige befragt, wie sie die Kooperationspraxis erleben. Es gibt sowohl telefonische Kurzinterviews als auch Fragebogenuntersuchungen. Einrichtungen, die solche Feedbacks aus der Umwelt für nützlich halten, bedienen sich bei Wiederholungen zumeist unterschiedlichster Formen. Zwei interessante Varianten:

1. Vergleichende Nutzerbefragung in einer Region (Gromann 2000): Mehrere psychiatrische Einrichtungen führten jährliche Nutzerbefragungen durch, um festzustellen, wie die regionale Versorgungsqualität aus der Sicht der Patienten sei. Man wollte damit gemeinsam ermitteln, wie die Angebote zum Hilfebedarf passten. Die Ergebnisse wurden bei allen Einrichtungen veröffentlicht. Das erzeugte eine produktive Konkurrenz, Mitarbeiter diskutierten die eigenen Ergebnisse, aber auch die der anderen und deren Grundlagen.
2. Patienten- und Mitarbeiterbefragung mit Perspektivwechsel: In der psychiatrischen Abteilung eines Kreiskrankenhauses wurden mithilfe unseres Projektes 50 Patienten und 30 Mitarbeiter befragt, „Wenn Sie hier der Chefarzt wären, wie würden Sie dann die Klinik organisieren?" (Scheidt et al. 2001). Die Fragen dazu waren zuvor von Arbeitsgruppen der Klinikmitarbeiter selbst formuliert worden. Patienten wurden also auf-

gefordert, einen Perspektivwechsel in der Rolle eines Entscheidungsträgers vorzunehmen.

Die Visite im neuen Kleid
Ein Ritual, das sich in der Klinik nach der Befragung stark veränderte, war die Chefarztvisite, mit der ein Großteil der Patienten unzufrieden gewesen war. Patienten beklagten, dass der Chefarzt keine Zeit für sie habe. Er selbst erweckte mit seiner ritualisierten Eingangsfrage „Wie geht es Ihnen heute?" den Anschein, als wolle er ein Gespräch mit ihnen führen. Tatsächlich ging es aber im Verlauf der Visite nach kürzester Zeit nur noch um medizinische Fragen unter den Behandlern. Der Unmut der Patienten war also entstanden, weil Erwartungen geweckt wurden, die uneingelöst blieben. Man beschloss, die Patienten zukünftig zu informieren, dass die Visite im Wesentlichen eine Maßnahme zur Fortbildung des Personals sei. Das Motto lautete nun eher: „Bitte unterstützen Sie uns bei der Fortbildung unserer Mitarbeiter." Seither verläuft die Visite konformer mit den Erwartungen und erzeugt nicht mehr so große Enttäuschung.

Eine interessante Erfahrung war, dass bei Kliniken im Regelfall entweder im Bereich Verhandeln mit Patienten und Angehörigen eine fortgeschrittene Praxis herrscht oder im Bereich der Mitarbeiterpartizipation eine hohe Entwicklungs- und Veränderungsbereitschaft besteht, aber selten beides zugleich.

Die Verhandlungskultur in Einrichtungen hängt sehr stark von der Klientel und dem Behandlungsauftrag ab. Dort, wo man, salopp gesagt, seine Klientel ohnehin bekommt, wie z. B. in der Akutpsychiatrie, in Grundschulen oder gar im Gefängnis, da muss man mit den Kunden nicht verhandeln. Überall, wo Kunden wählen können, wie z. B. in Tageskliniken, betreutem Wohnen, Internaten oder Rehabilitationseinrichtungen, wird stärker verhandelt, weil man die Klienten, Patienten oder Kunden für sich werben muss.

f) Die Rückmeldung als Ritual
Die Rückmeldung von Befragungsergebnissen oder eines ausgewerteten Reflexionslistenbesuches kann als Ritual für die Einrichtung Bedeutung gewinnen. Nach der Befragung von Patienten und Mitarbeitern einer Klinik wurden alle Beteiligten und Interessierten geladen. Der Verwaltungsleiter, der Chefarzt, die Pflegedienstleiterin,

fast alle akademischen Mitarbeiter, etwa ein Fünftel der Pflegedienstmitarbeiter und zwei niedergelassene Psychiater aus der Umgebung sowie einige engagierte Angehörige und Vertreter der Patienten waren an einem Nachmittag zur Rückmeldung und Diskussion der Ergebnisse zusammengekommen. Die Ergebnisse der Untersuchung wurden zunächst vorgestellt, dann in möglichst gemischten Kleingruppen diskutiert und die Eindrücke wieder ins Plenum zurückgebracht. Der Chefarzt, die Pflegedienstleiterin und ein Mitglied der Projektgruppe setzten sich schließlich in der Mitte zusammen und tauschten sich öffentlich über ihre Vermutungen darüber aus, was denn in nächster Zeit Gegenstand der Umsetzung sein solle. Damit wurden erste Vorstellungen von dem in den Raum gestellt, was umsetzbar sein könnte, ohne dass man eine Verpflichtung einzugehen hatte.

WIE KANN MAN DIE VORHANDENEN RITUALE WEITERENTWICKELN?

Einige Beispiele aus unseren Besuchen zeigen, wie wir aus dieser Reflexion der Alltagsrituale zu einem Entwicklungsprozess eingeladen wurden und daraus neue Rituale für den Organisationsentwicklungsprozess entworfen haben.

Übergangsritual „Museumsgründung"

Um ein Übergangsritual zwischen der Pionier- und der Differenzierungsphase ging es in einer Einrichtung, die zu Anfang der 90er-Jahre fünf Mitarbeiter gezählt hatte und inzwischen auf 100 Mitarbeiter angewachsen war.

In den sozialtherapeutischen Wohn- und Arbeitsstätten war ein rasanter Wachstumsprozess innerhalb von knapp zehn Jahren vor sich gegangen, bei dem stetig neue Arbeitsfelder hinzukamen und neue Teams gebildet wurden. Die Einrichtung war sozusagen vom Pionierbetrieb mit kleinen, eher basisdemokratisch funktionierenden Teams zu einem Sozialunternehmen mit hierarchischen Strukturen gewachsen. Tenor der Gespräche bei unserem Besuch mit der Reflexionsliste war, dass die Mitarbeiter unzufrieden mit der Rolle der „Hausleiter", d. h. der mittleren Leitungsebene, waren. Die Hausleiter waren früher eher Delegierte des Teams, während sie nun nach dem Willen des Geschäftsführers mit administrativen Kompetenzen ausgestattet worden waren. Die Neuerungen wurden ambivalent bewertet. Manche der altgedienten Mitarbeiter lehnten sie ab, da sie die neuen Strukturen zu unpersönlich fanden. Die Neuen dagegen begrüßten sie, denn sie wünschten sich in erster Linie ein Arbeitsverhältnis ohne „soziale Selbstausbeutung" und keine aufreibende Mitgestaltung administrativer Aufgaben. Der Übergang von einer Phase in die andere bereitete Schwierigkeiten: Die alten Regeln und Rituale waren irgendwie überholt, und es galt nun, neue, für alle Beteiligten brauchbare Rituale einzuführen. Der Übergang vom Familienbetrieb zu einem strukturierten Unternehmen schien holprig, weil viele Mitarbeiter das Gefühl hatten, dass jene alten Gepflogenheiten durch die Neuerungen, v. a. in der Rolle der Leiter, abgewertet würden. Nach einer schriftlichen Befragung der Mitarbeiter und nach zwei Workshops mit den Mitarbeitern boten wir der Einrichtung das Übergangsritual einer Museumsgründung an. Hier sollte es nun ein Ritual geben, das das Engagement des Familienbetriebes würdigt und gleichzeitig anerkennt, dass sich mit dem Wachstum die Strukturen geändert haben und eine andere Organisationsform notwendig ist. Das Organisationsmuseum wurde in Form eines Holzkastens an einer zentralen Wand der Geschäftsstelle aufgebaut. Mitarbeiter konnten dort Notizen oder Gegenstände unterbringen, die dokumentierten, was früher wichtig war und von dem man glaubte, dass man es nun mit der neuen Leitungsstruktur verabschieden müsste oder gar schon verabschiedet hätte. So würdigte man den Stellenwert in der Entwicklungsgeschichte und erkannte gleichermaßen die Notwendigkeit der neuen Strukturen an.

Entscheidungsritual „Anwaltsplädoyers und Richterspruch"
Wie werden eigentlich Entscheidungen getroffen, wenn man nicht mit allen Mitarbeitern bis zum Konsens diskutieren kann und will? In derselben Einrichtung waren sich alle einig, dass man mit einer Konsensentscheidung über die Rolle der Hausleiter genau jene Strukturen perpetuieren würde, die man eigentlich als veränderungsbedürftig betrachtete. Ein Ritual führte schließlich eine stärkere hierarchische Entscheidungsdifferenzierung ein.

Die Inszenierung: ein Tisch mitten im Raum, dahinter der Gesamtleiter. Die Teams tragen nach einer kurzen Beratungsrunde dem Gesamtleiter in einem Plädoyer Argumente, Sichtweisen und Wünsche bezüglich der zukünftigen Rolle der Hausleiter vor. Der Gesamtleiter nimmt diese entgegen und wird zu gegebener Zeit seine Entscheidung bekannt geben.

Übergangsritual: Begräbnis des alten Dienstes

Ein Übergang zwischen Differenzierungsphase und Integrationsphase zeigte sich z. B. in einem psychiatrischen Krankenhaus, in dem, wie in vielen anderen auch, Fachdienste aufgelöst wurden. Psychologische und soziale Fachdienste wurden dezentralisiert und einzelnen Stationen zugeordnet. Ein solcher Fachdienst bedauerte seine Auflösung ganz besonders. Protest und Widerstand hatten nichts genutzt, ein hoher Krankenstand und vermehrte Gespräche mit dem Chefarzt führten dazu, dass dem Fachdienst Supervision zugestanden wurde. Bald war man sich einig, dass der Veränderungsprozess als solcher nicht mehr aufzuhalten sei. Das hatte einen Trauerprozess ausgelöst, der sich zunächst im Versuch, die Veränderung wenigstens hinauszuzögern, Ausdruck verschafft hatte. Die Mitarbeiter hatten seit mehr als zehn Jahren zusammengearbeitet, sie hatten ein eigenes, sehr schönes Haus auf dem Klinikgelände, von dem aus sie ihre Arbeit auf den Stationen machten, und sie hatten dort ihre gemeinsamen Rituale und Strukturen gelebt. Das Neue, das sie erwarten würde, war dagegen unklar: Würde man auf der Station willkommen sein, bekäme man dort ein eigenes Zimmer, mit wem sollte man sich fachlich austauschen, seine Kaffeepausen verbringen usw.? Nachdem man nochmals alle Ideen zum Ausbremsen der Dezentralisierung als nicht Erfolg versprechend abgeschrieben hatte, wurde ein Beerdigungsritual inszeniert. Eines Morgens wurden über die zentralen Schreibtische der Sekretärinnen zwei weiße Leintücher gelegt. Man traf sich dort zu einer Feierstunde, in der man die gute, alte Zeit der Zusammenarbeit in diesem Hause noch einmal bei einem Glas Sekt und Gebäck besprach, bedauerte, sich Anekdoten erzählte, lachend und weinend, wie man es eben bei Beerdigungen so tut. Einen Monat später waren alle Mitarbeiter auf ihre neuen Stationen verteilt.

Am siebten Tage sollst du ruhn: Ferien von der Organisationsentwicklung

In einer klinischen Einrichtung, die von Schließung bedroht war, überschlugen sich verschiedene Organisationsentwicklungsmaßnahmen, mit denen man der Gefahr Einhalt bieten wollte. Die Motivationslage in Projekt- und Arbeitsgruppen war eher gedämpft und erschöpft, da das Engagement, das sich aus der Angst und dem Drängen des Leiters speiste, naturgemäß wenig Lust verbreitete. Ein Projekt schien das nächste abzulösen, und die Mitarbeiter äußerten die Befürchtung, dass es doch alles nichts nutze, aber man eben weitermachen müsse. Wir empfahlen ein Ritual der Würdigung und der Verschnaufpausen.

Jedes abgeschlossene Projekt, jedes Ergebnis sollte mit einer kleinen offiziellen Feier gewürdigt und veröffentlicht werden.

Zudem empfahlen wir die „Betriebsferien von der Organisationsentwicklung". Einmal im Jahr sollten zu einer festgelegten Zeit vier Wochen alle Organisationsentwicklungsmaßnahmen, Projekte, Arbeitsgruppen, Sitzungen und Auswertungen ruhen. In dieser Zeit sollten sich alle erholen und sich nur ihrer eigentlichen Arbeit widmen können.

RITUALE MIT WEITERENTWICKLUNGSBEDARF

Aus unseren Erfahrungen bei den Besuchen mit der Reflexionsliste würden wir einige Weiterentwicklungen in der Ritualgestaltung des psychiatrischen Alltags vorschlagen.

Kundenorientiertes Verhandeln mit Patienten

Ein Ausgangsgedanke des Heidelberger OE-Projektes und der Reflexionsliste war das Konzept einer systemischen Kundenorientierung in der psychiatrischen Versorgung: die Behandlungsangebote eher an der Bedürftigkeit als am Bedarf, eher am subjektiven Wunsch der Nutzer als an objektiven Indikationskriterien zu orientieren – kurzum an der Leitfrage „Wer will was von wem, wann, wie viel, wozu?" (Schweitzer u. Reuter 1991; Schweitzer 1995). Dieses im Wirtschaftsleben oft recht triviale und simple Prinzip erweist sich in der psychiatrischen Arbeit vor allem mit „schwer gestörten" Patienten als produktive Herausforderung. Hier arbeiten viele Einrichtungen an ihren Ritualen, die durch die spezifischen Kontextbedingung oftmals begrenzt sind.

Systemische Familiengespräche: Als einfache, aber feste Rituale im stationären Behandlungsalltag verankern

Familientherapie gehört eher zu den Tugenden, die man zwar für wichtig hält, aber für alltagsuntauglich. Nur in einer von 13 Kliniken und Einrichtungen trafen wir systematisch etablierte Familientherapie an. In Gesprächsrunden erachtete man einhellig Familiengespräche als wichtig, aber es gab doch gute Gründe, sie nicht zu führen. Rituale, die Familientherapie praktikabler machen könnten, sind nach unserem Erachten:

Hausinterne, wiederholte Familienberatungs-Weiterbildung und Supervision für alle therapeutischen Mitarbeiter: Das Ritual einer Weiterbildung sollte nicht nur der sowieso vorhandenen kleineren Zahl von Mitarbeitern mit intensiver systemisch-familientherapeutischer Weiterbildung, sondern auch allen anderen therapeutischen Mitarbeitern in Gestalt einer betriebsinternen Kurzweiterbildung in systemischer Familienberatung angeboten werden. Angesichts der Personalfluktuation, besonders bei Assistenzärzten und in der Pflege, sollten solche Weiterbildungen ca. alle zwei Jahre wiederholt werden.

Familienberatung als Ritual „ohne großen Bahnhof": Familiengespräche sollte man nicht regelmäßig mit großem Tamtam (Einwegscheibe, Video, Team- oder Ko-Therapie, Schlusskommentar) veranstalten, sondern solche Vorgehensweisen für besonders wichtige oder schwierige Gespräche reservieren. „Regelgespräche" hingegen können von einem Mitarbeiter in einem ganz normalen Sprech- und Arbeitszimmer, ohne Kollegen, in 30–60 Minuten geführt werden.

Ein fester Platz im Wochenplan und in der Akte: Familiengespräche sollten so wie Visiten, Gruppentherapien, Arbeitstherapie etc. einen festen Platz im Wochenplan bekommen – z. B. nachmittags, 16–17 Uhr. Als Routineeintrag sollte ein Genogramm mit den verfügbaren Familieninformationen sowie ein Kurzprotokoll des ersten Familiengespräches in jeder Akte liegen.

Aktives Angebot eines Familiengesprächs bei allen Neuaufnahmen: Die Einrichtung bietet von sich aus aktiv bei jeder Neuaufnahme ein (eventuell sehr kurzes, s. o.) Familienerstgespräch an. Von dieser Einladung (i. d. R. an den Patienten, manchmal auch direkt an die Angehörigen) aus kann es dann in sehr unterschiedlichen Settings weitergehen.

Führungsrituale systemisch vorgebildeter Leiter
In unserem Projekt ließen sich nach einiger Zeit markante Unterschiede systemischer Leitungsstile erkennen.

Wir entwickelten und diskutierten während der Projekttreffen mit den Teilnehmern die Hypothese, dass ihnen „Anregen und Verstören" – zwei zentrale Prinzipien systemischer Beratung – angenehmer seien als „Anordnen und Kontrollieren", also die „klassischen" Leitungsaufgaben. Mancher Leiter argumentierte mit der Befürchtung, eine nützliche therapeutische Vielfalt könnte verloren gehen, wenn er systemische Therapie in den Alltagsbetrieb als Regelprocedere einführe. So blieb systemische Therapie in mancher Einrichtung eher unregelmäßig, fast zufällig, durch einzelne Personen vertreten.

Ressourcenförderung kann durchaus auch so verstanden werden, dass systemische Familiengespräche als ritualisiertes Angebot mit festem Setting wie z. B. Einwegscheibe, Reflecting Team, Weiterbildungsangebote, Supervision, Intervision eingeführt werden, was keineswegs ausschließt, dass andere Verfahren nutzbringend angewandt werden können.

Leiter sollten Rituale (Leitungsteams, Gesamtkonferenzen, Rundschreiben u. a.) einführen, bei denen sie sagen, was als Ergebnis in einem bestimmten zeitlichen Rahmen erreicht werden soll, wobei das Wie den Beteiligten überlassen bleibt. Insgesamt scheint uns, dass, wie alle Leiter, so auch solche mit systemischer Vorbildung auf eine Balance achten müssen zwischen

– Sicherheit vermitteln und infrage stellen,
– genau anordnen und vage anregen,
– systemtherapeutischem „Kernverständnis" und schulenübergreifender Pluralität,
– systemischer Therapie als Routineprozedur und systemischer Therapie als Kunst.

Rituale gelingender Organisationsentwicklung
Sicherheit und Anerkennung. Mitarbeiter, die bleiben sollen, benötigen eine verbindliche und sichere Aussage über die Zukunft ihres Arbeitsplatzes und eine Anerkennung für ihre Arbeitsleistung. Auf der Basis affektiver Sicherheit kann engagierte systemische Organisationsentwicklung entstehen.

Transparenz. Leiter sollten deutlich machen, welche Arbeitsweise sie bevorzugen. Dies können sie tun, indem sie eine entsprechende Alltagspraxis einführen. Sie können einerseits systemische Elemente in ihre Arbeitsorganisation einführen – Aufnahmegespräch, Medikamentenvisite, Hausbesuch, Teamsitzung, Entlassbrief. Dabei sollte das Procedere einfach und durchschaubar sein, damit niemand systemisches Beraten für eine zwar attraktive, aber für normale Menschen zu komplizierte und aufwändige Kunst hält. Andererseits sollten Mitarbeiter dazu eingeladen sein, bei Therapie- und Beratungsgesprächen zuzusehen oder mitzuarbeiten.

Feedback von außen. Patienten, Angehörige und Überweiser können als Supervisoren der Behandler genutzt werden, indem man sie regelmäßig um eine Rückmeldung bittet. Sie können fortlaufend als Gäste zu Teamkonferenzen oder Angehörigenvisiten eingeladen werden oder ab und zu als kritische Fremdbeurteiler bei Umfragen. Ein Feedback können sich auch Leiter von ihren Mitarbeitern einholen, um es für die eigene Entwicklung zu nutzen.

Der Umgang mit Informationen. In vielen Einrichtungen gibt es Klagen über mangelnde Informationen. Ob man Mitarbeitern viele Informationen gibt oder sie ermuntert, sie sich zu holen – das optimale Ritual zur Mitarbeiterinformation wird es nicht geben. Daher scheint es empfehlenswert, das Augenmerk mehr auf den Ausbau guter Informationswege und einfacher Zugänge zu Informationen zu legen, als die Informationen selbst stets lückenlos präsentieren zu wollen.

ZUSAMMENFASSUNG

Überträgt man das Ritualkonzept von den heiligen Höhen seiner religiösen Herkunft in die Niederungen psychiatrischen Alltagsgeschehens, dann ermöglicht dies einen neuen Blick. Die Alltagsabläufe des morgendlichen Weckens und Frühstücks, der Visite, der Medikamentenausgabe, der Arbeits- und Beschäftigungstherapie, der Gruppentherapie, der Stationsbesprechung, der Wochenendbeurlaubung, des Arztbriefes u. v. m. erscheinen dann als kollektiv praktizierte Sinn stiftende Handlungen, mit denen die Organisation unter Mitwirkung ihrer Mitglieder ihr Selbstverständnis ausdrückt. Macht man diese Abläufe durch Selbst- und/oder Fremdbeobachtung den

Mitgliedern bewusst, dann werden sie zunächst der Bewertung („Wollen wir dies so?") und möglicherweise einer Veränderung zugänglich („Wie könnten wir, was uns wichtig ist, anders ausdrücken?"). Voraussetzung ist allerdings, dass systemische Selbstreflexion in der Organisation erwünscht oder zumindest erlaubt ist. Je souveräner die Leitung der Organisation, desto wahrscheinlicher ist dies.

Rituale in Organisationen

Tom Levold

Sich mit Ritualen in Organisationen zu beschäftigen ist sowohl ein professionelles wie persönliches Unterfangen. Als Supervisor und Organisationsberater konnte ich im Laufe der vergangenen Jahre viele Erfahrungen mit Teamprozessen in den unterschiedlichsten Organisationen machen. Die Gestaltung dieser Teamprozesse hatte aus meiner Sicht nicht selten mit der Fähigkeit bzw. Bereitschaft dieser Teams zu tun, Rituale zur Lösung bestimmter Probleme zu nutzen. Diese Fähigkeit steht heute nicht mehr ohne weiteres als soziale Ressource zur Verfügung – und auch die Bereitschaft zu rituellem Handeln ist heute keine Selbstverständlichkeit mehr.

Die Frage nach dem Stellenwert und der Notwendigkeit von Ritualen stelle ich mir nicht nur als Psychotherapeut und Supervisor, sie ist mir seit meinem Studium der Sozialwissenschaften und der Völkerkunde vertraut. In Ritualen bringt sich die Kultur einer Familie, einer Organisation oder einer Gesellschaft zum Ausdruck. Insofern lassen sich Rituale in erster Linie als eine besondere Form der symbolischen Kommunikation verstehen, die sich spezifischer Codes von Gesten, Handlungen und Sprechakten bedient und sich klar von anderen Formen inhaltlich-sprachlicher Kommunikation unterscheidet. Ich benutze den Ritualbegriff dabei sowohl für soziale Ereignisse, die ich als Makrorituale bezeichnen würde (und die in der Regel sowohl von den Beteiligten als auch von Außenstehenden ohne Schwierigkeiten als Rituale verstanden werden können – wie etwa Familienfeste und Jubiläumsfeiern, Neueinführung oder Verabschiedung von Mitarbeitern, Einweihung von Verkehrsstrecken, die Love-Parade oder Vereidigungen von Ministern), als auch für die mehr oder weniger bewussten Mikrorituale des täglichen Umgangs, der symbolischen Verkehrsformen wie Begrüßungen, Ansprachen, Tischsitten, situationsbezogenen Bewegungsgebote und -verbote usw., deren ritueller Charakter erst auf den zweiten Blick erkenntlich wird.

So wie sich eine Kultur in ihren Ritualen zum Ausdruck bringt, so markieren die sozialen Akteure im Vollzug von Ritualen ihr Verhältnis zu den Kulturen, an denen sie teilhaben. Dieses Verhältnis ist in der Regel komplex, weil Kulturen differenziert und komplex sind. In jeder Kultur treffen unterschiedliche Werte, Normen und Interessen aufeinander; dies gilt auf jeden Fall für alle entwickelten modernen Gesellschaften. Darüber hinaus befinden sich die Menschen in differenzierten Gesellschaften immer in verschiedenen Teil- und Subkulturen gleichzeitig oder wechseln zwischen diesen hin und her, müssen sich orientieren und eigene Präferenzen bilden. Insofern sind Rituale, wie wir noch genauer sehen werden, in ihrer Funktion „ambivalent: Sie gestalten soziale Verhältnisse zwischen Konflikt und Integration" (Gebauer u. Wulf 1998, S. 139).

Auch die Haltungen und Einstellungen zu Ritualen sind heutzutage – und dies steht in Zusammenhang mit konkreten gesellschaftlichen Entwicklungen – eher ambivalent. Dies gilt wahrscheinlich nicht nur für Organisationen und ihre Mitarbeiter, sondern auch für ihre Supervisoren und Berater. Aus diesem Grunde möchte ich diesen Beitrag mit einigen persönlichen und geschichtlichen Bemerkungen zur Bedeutung von Ritualen beginnen. Im daran anschließenden zweiten Teil werde ich einige theoretische Begriffe vorstellen, die es erleichtern können, den widersprüchlichen Stellenwert von Ritualen in Organisationen zu verstehen. Im abschließenden dritten Teil werde ich Beratungsprozesse vorstellen, die mir geeignet erscheinen, die vorangegangenen Ausführungen zu illustrieren.

Persönliche und gesellschaftliche Erfahrungen

Man kann sich wohl kaum zum Nutzen von Ritualen in verschiedenen sozialen Kontexten äußern, ohne die eigene Haltung zu Ritualen zu reflektieren. Mein Verhältnis zu Ritualen hat im Laufe meines Lebens einige Brüche und Veränderungen erfahren und manche Schleifen durchlaufen, insofern würde ich es nicht als leicht und entspannt bezeichnen, eher als ambivalent, zeitweise antiritualistisch, wenngleich ich mittlerweile – wieder, möchte ich sagen – Ritualen einen hohen Stellenwert beimesse, auch und gerade für mich und meine Person. Da ich in meiner Praxis als Supervisor und Organisationsberater immer wieder mit Irritation, Skepsis und auch Ablehnung bezüglich Ritualen konfrontiert bin – was ich einerseits aus eigener Erfahrung her kenne und nachvollziehen kann, was andererseits aber auch die gesellschaftliche Entwicklung der vergangenen Jahrzehnte, zumindest in Deutschland, widerspiegelt –, möchte ich einige persönliche Erfahrungen mitteilen.

In meiner Herkunftsfamilie wurden zwar die üblichen kulturbezogenen Feste wie Weihnachten und Ostern gefeiert, auch gab es Glückwünsche und Geschenke zum Geburtstag, aber dennoch wurden die typischen Familienrituale nicht mit großem Nachdruck begangen. Aufgrund fehlender Verbindungen zur erweiterten Familie wurde wenig Familienfeste gefeiert. Einladungen von Freunden, Nachbarn oder Kollegen habe ich eher als anstrengende, stressbeladene Aktionen in Erinnerung, die man nach Möglichkeit vermied. Insofern würde ich meine Ursprungsfamilie als eher unterritualisiert kennzeichnen (Roberts 1993, S. 49 ff.).

Interessanterweise lässt sich das nicht in gleicher Weise für die Mikrorituale in unserer Familie sagen, die alltäglichen Interaktionsrituale der Höflichkeit, Ehrerbietung, des guten Benehmens usw., die so tiefgründig von Erving Goffman untersucht worden sind (Goffman 1996). Im Gegenteil spielten sie eine enorm wichtige Rolle im täglichen Miteinander und wurden durch allerlei Zwangsmaßnahmen durchgesetzt. So hatte das Alltagsleben einen sehr geregelten Ablauf (nicht nur das Abhalten von Mahlzeiten betreffend), auch wenn die symbolischen Bedeutungen dieser alltäglichen Ritualisierungen eher implizit und unausgesprochen blieben, was es nicht leicht machte, sie von bloßen Gewohnheiten zu unterscheiden. Ich frage mich heute, ob dieser Druck zur Förmlichkeit nicht auch dazu beigetragen hat, dass Makrorituale, nämlich Feiern, Einladungen etc., als so anstrengend und stressbeladen erlebt wurden. Jedenfalls hatten sie nichts Selbstverständliches, geschweige denn etwas Leichtes und Unbefangenes.

Der Ort, an dem ich als Kind dagegen das ganze Gewicht von starken Ritualen erlebte, die mich vollständig ergriffen und mir sowohl Angst als auch Stolz und Ehrfurcht einflößten, war die katholische Kirche. Meine frühesten Erinnerungen an bedeutungsvolle Ereignisse beziehen sich auf kirchliche Rituale, zu denen ich meine Mutter begleiten durfte. Die lateinische Messe, die ich später als Ministrant auswendig dahersagen konnte, ohne zu wissen, welchen Text ich eigentlich rezitierte, war ein echtes Mysterium für mich, verstärkt durch die peinliche Genauigkeit der Körperbewegungen und Handlungen, die Priester und Ministranten auszuführen hatten und keinesfalls hinterfragt wurden. Ich lernte am eigenen Leibe die symbolische Funktion von Ritualen kennen, die laut Basil Bernstein darin besteht, „das Individuum durch rituelle Akte zu einer sozialen Ordnung in Beziehung zu setzen, den Respekt vor ihr zu steigern, das Gelten dieser Ordnung bei dem Individuum zu bestärken und, vor allem, die Anerkennung jener Prozeduren zu vertiefen, die Kontinuität, Ordnung und Handlungsgrenzen aufrechterhalten und die Kontrolle ambivalenter Einstellungen gegenüber der sozialen Ordnung gewährleisten" (Bernstein 1977, S. 86). Durch die Teilnahme an diesen Ritualen prägte sich mir die katholische Kirchenkultur ein, ohne dass ich dies bewusst verstanden hätte oder hätte verstehen müssen.

Die Gegenkultur der 68er-Revolte hat mich – im Jahre 1953 geboren – politisiert, wenngleich ich erst etwas später – im Sommer 1969 – aktiv an der Schülerbewegung teilnahm. Den Glauben und die Bindung an die Kirche hatte ich freilich schon vorher verloren. Diese Epoche ist für das Thema dieser Arbeit deshalb von Bedeutung, weil die 68er-Bewegung mit einem elementaren Antiritualismus einherging, der wohl die Haltung einer ganzen Generation gegenüber Ritualen nachhaltig verändert hat – so auch meine. „Unter den Talaren der Muff von tausend Jahren" war das Leitmotiv, unter dessen Führung allen hergebrachten Ritualen und Gebräuchen der Garaus gemacht wurde. Ich erinnere mich an Sit-ins bei Feierlichkeiten aller Art, Autowaschaktionen am Heiligen Abend, demonstrative Regelverletzungen in der Schule, Missachtung aller Formen schlechthin. Das hatte zwar schnell selbst etwas Ritualistisches, doch bezogen diese Gegenrituale ihre Kraft in erster Linie aus dem, was sie ablehnten. Mary Douglas schrieb 1970 in ihrem Buch *Ritual, Tabu und Körpersymbolik*, das erst im Jahre 1981 auf Deutsch erschien: „‚Ritual' ist ein anstößiges Wort geworden, ein Ausdruck für leeren Konformismus; wir sind Zeugen einer allgemeinen Revolte gegen jede Art von Formalismus, ja gegen jede ‚Form' überhaupt" (Douglas 1981, S. 11).

In der Tat beherrschte die 68er-Bewegung die Idee: Die Form gilt nichts, der Inhalt alles. Dafür gab es natürlich auch gute Gründe. Der Generationenkonflikt um die Verstrickung der Elterngeneration in die Verbrechen des Nationalsozialismus entzündete sich u. a. maßgeblich an der Weigerung der älteren Generation, eine inhaltliche Auseinandersetzung mit der eigenen Geschichte zu führen. Die Nationalsozialisten hatten nicht nur eine maßlos übersteigerte Ritualisierung der Politik betrieben, sie hatten darüber hinaus alle gesellschaftlichen und kulturellen Formen und Rituale bis hin zum einfachsten Ritual der Begrüßung („Heil Hitler") ideologisch vereinnahmt und damit ihre integrative Funktion ausgehöhlt und zerstört.

In der Nachkriegszeit wurden zwar die Embleme des Faschismus entfernt – auch die rituellen Massenveranstaltungen, die nationalsozialistischen Makrorituale hatten ein Ende.[1] Dennoch gab es eine kulturelle Kontinuität zwischen dem Nationalsozialismus und der deutschen Nachkriegszeit auf der Ebene der autoritär strukturierten alltäglichen Interaktionsrituale in Familie, Schule, Arbeitsleben und der Öffentlichkeit, die der Reflexion völlig entzogen waren. Man machte die Dinge so, wie man sie machte, weil es sich so gehörte. Alles andere gehörte sich nicht und wurde erbarmungslos sanktioniert. Diese allgemeine Dumpfheit und Steifheit der öffentlichen und oft auch der privaten sozialen Beziehungen bildete das gesellschaftliche Klima der 50er- und 60er-Jahre und ist offenbar, betrachtet man die aktuellen kritischen Darstellungen der 68er-Bewegung, in ihrer prägenden Bedeutung für die Radikalität des Widerstandes völlig in Vergessenheit geraten. Das Unbehagen an jedweder Form und die Begeisterung für alles, was inhaltliche Reflexion und Infragestellung bedeutete, bezog sich nämlich gerade auf die Hohlheit und Leere dieser Formen, mit denen jede Reflexion als Provokation und jede Veränderung als Angriff abgewehrt wurden. Dementsprechend galt auf der anderen Seite von nun an das Hinterfragen jeder Äußerung und Handlung als aufklärerische Pflicht.

Die Zeiten haben sich nachhaltig verändert, und zwar so, dass heute für die Mehrzahl der Menschen, die keine eigene Erinnerung an das soziale Klima jener Jahre haben, diese Atmosphäre kaum noch vorstellbar erscheint. Einer der wenigen faktischen Erfolge, die die

1 Das gilt zwar für die BRD, nicht aber für die DDR. Dort wurden die nationalsozialistischen Massenrituale bald durch sozialistische ersetzt, die strukturellen Unterschiede zwischen beiden waren eher gering.

68er-Revolte wirklich hatte, liegt wohl in der Entformalisierung und Entritualisierung des öffentlichen und privaten Lebens.[2] Dies gilt für den Großteil dieser Generation und keinesfalls nur für die Aktivisten der Revolte. Aus dieser Perspektive hat die deutsche Gesellschaft, wie andere Gesellschaften auch, eine wirkliche Kulturrevolution erlebt.

Rituale und Organisationen

Der nachfolgende zweite Teil ist eher theoretisch ausgelegt und knüpft – ausgehend von einem Verständnis der Organisation als Kultur – an die Ritualtheorie von Mary Douglas sowie die Konzeption elaborierter und restringierter Sprachcodes von Basil Bernstein an, um ein Spannungsfeld von Reflexivität und Ritualität in Organisationen zu bestimmen, welches den Rahmen für beraterische oder supervisorische Interventionen abgeben kann. Ich gebe zu, dass diese Ausführungen zwangsläufig eher abstrakter Natur sind, möchte aber die Leser damit nicht entmutigen, sondern eher verführen, diesen Teil besonders gründlich zu lesen. Dafür sind im abschließenden dritten Teil zwei ausführliche Fallgeschichten zu finden, deren Lektüre das Verständnis der folgenden theoretischen Erwägungen auch praktisch unterfüttern kann.

Ritualismus und Antiritualismus

Wie Mary Douglas zeigt, führt die Abwendung von Ritualen „zu einer immer geringeren Aufnahmefähigkeit für verdichtete Symbole" (1981, S. 37). Finden kommunizierte Inhalte keine gültige soziale Form, in der sie festgehalten und für alle verbindlich gemacht werden können, werden sie beliebig und schnell austauschbar. Die sozialen Prozesse werden sinnentleert. Meinung folgt dann folgenlos auf

2 Auch diese Entwicklung ist freilich nicht bruchlos, wie auch die harten öffentlichen Auseinandersetzungen um Rituale – wie etwa in der jahrelangen Auseinandersetzung um die Gelöbnisse bei der Bundeswehr – zeigen. Genau an dieser Stelle wird aber auch deutlich, wie schwer es eine „ritualistische" Haltung in der Politik hat, die sich ständig überzeugend von der Vergangenheit distanzieren muss, um nicht in den Verdacht zu geraten, dem Ewiggestrigen nachzuhängen. Man vergleiche dies mit der Sicherheit und dem Pathos, mit dem nationale Rituale in den USA, Frankreich oder England inszeniert werden.

Meinung, ohne dass sich eine kollektive Handlungsperspektive ergäbe. „Wenn sich gegen Ende dieses Proteststadiums das Bedürfnis nach Organisation durchsetzt, wird der Konflikt sichtbar zwischen der antiritualistischen Grundeinstellung und der auf die Dauer unumgänglichen Notwendigkeit, ein kohärentes Ausdruckssystem zu entwickeln; und dann beginnt die Wiedereinsetzung des Ritualismus innerhalb des neuen Kontexts von sozialen Beziehungen" (ebd., S. 36). Ritualismus und Antiritualismus sind insofern historisch aufeinander bezogene Bewegungen, die immer dann besonders stark ausgeprägt sind, wenn es in einer Kultur nicht gelingt, eine gute Balance zwischen Stabilisierung und Veränderung zu erhalten. Das Ergebnis ist dann entweder Starrheit und Rigidität auf der einen Seite oder Diffusion und Anomie auf der anderen, wobei beide Seiten gleichermaßen von Sinnverlust bedroht sind.

Organisationen als Kulturen

Dies lässt sich nicht nur an gesellschaftlichen Prozessen aufzeigen, sondern auch an den Organisationen einer Gesellschaft. Wenn wir uns mit Ritualen in Organisationen beschäftigen wollen, müssen wir Organisationen als eigenständige Kulturen beschreiben. Nach Edgar Schein (zit. bei Schreyögg 1995) haben Organisationen ein „organisatorisches Weltbild", welches durch die Basisannahmen einer Organisation abgesteckt wird, die sich auf die Natur des Menschen, auf menschliches Handeln und zwischenmenschliche Interaktionen wie auf die organisatorische Umwelt beziehen. Diese Annahmen sind mehr oder weniger unbewusst und finden ihren Niederschlag in Wertvorstellungen und Verhaltensstandards, die ebenfalls latent und nicht direkt beobachtbar sind (zit. bei Schreyögg 1995, S. 19). Erst in den beobachtbaren Ritualen, der Verwendung von spezifischen Symbolen und Zeichen kommt diese Organisationskultur zum Ausdruck.

Unterschiedliche Organisationskulturen lassen sich danach unterscheiden, wie prägnant und kohärent, d. h., wie klar ausformuliert und zusammenhängend die Werthaltungen einer Kultur sind, wie groß der Verbreitungsgrad ist, in dem die Mitarbeiterschaft die besonderen kulturellen Formen nutzt und teilt, und in welchem Maße die kulturellen Muster von den Mitarbeitern verankert und verinnerlicht worden sind. „Entsprechend diesem Klassifikationssystem könnte man eine Organisationskultur dann als stark bezeichnen, wenn sie über hohe Prägnanz mit hoher Begeisterungskraft verfügt, hohe Homogenität aufweist und bei den Organisationsmitgliedern tief verankert ist. Schwache Kulturen wären demgegenüber solche, die nur geringe Prägnanz aufweisen, eine geringe Homogenität mit einem geringen Verbreitungsgrad erkennen lassen und auch nur oberflächlich verankert sind" (ebd., S. 20).

Das Ausmaß an Ritualisierungen und symbolischer Kommunikation wird dementsprechend in „starken" Organisationskulturen größer sein als in „schwachen" Organisationskulturen.

Hinzu kommt noch, dass Organisationen in der Regel aus verschiedenen Teilkulturen bestehen, die sich aus unterschiedlichen beruflichen Sozialisationsprozessen und Aufgabenbereichen ergeben. So lassen sich z. B. in psychotherapeutischen Einrichtungen oft besondere Subkulturen von Fachkräften und Verwaltungskräften erkennen, die jeweils über unterschiedliche subkulturelle Basisannahmen verfügen und füreinander Umwelt innerhalb des übergreifenden Systems der Organisation sind. Größere Organisationen stellen daher in der Regel ein Geflecht von unterschiedlichen Subkulturen dar, die nicht zwangsläufig miteinander harmonisieren oder auch nur aufeinander bezogen sind, was in der Gesamtorganisation natürlich Integrationsfragen aufwirft.

Restringierter und elaborierter Code
Entscheidend für die symbolische Kommunikation im Rahmen einer Organisationskultur ist die Übereinstimmung der Akteure in Bezug auf die von Schein postulierten Basisannahmen der Organisation. Teilen sie die Basisannahmen, werden der Sprachgebrauch bzw. die symbolischen Ausdrucksformen anders sein, als wenn die Basisannahmen bei den Akteuren unbekannt oder umstritten sind.

Dies hat Basil Bernstein mit seiner Unterscheidung von restringiertem Code und elaboriertem Code auszudrücken versucht, als er untersuchte, wie die spezifische Sozialisation in den unterschiedlichen Kulturen der sozialen Schichten vonstatten geht. Allgemein bekannt ist, dass Bernstein den restringierten Code der stärker autoritäts- und gruppenbezogenen Unterschicht, den elaborierten Code hingegen der autonomie- und individualitätsbezogenen Mittelschicht als vorherrschende Sprachmuster zuordnete. Er hat aber darauf hingewiesen, dass in allen sozialen Kontexten, in denen die Grundannahmen geteilt werden, eine Art restringierter Code als ökonomisches Instrument der Informationsübermittlung und der Stabilisierung von sozialen Strukturen, Kommunikations- und Kontrollsystemen entsteht. Dies gilt natürlich auch für die verschiedensten Organisationen. Werden die Grundannahmen nicht geteilt, entwickelt sich ein elaborierter Code, der aufgrund seiner gesteigerten Reflexionsfähigkeit die Einnahme einer Metaperspektive erleichtert. Man könnte auch sagen: Selbstreflexivität ist in sozialen Systemen ohne einen elaborierten sprachlichen Code nicht zu haben. Beim restringierten Code „trägt jede Äußerung dazu bei, die soziale Ordnung zu bestätigen. Der Sprachaustausch hat in diesen Fällen eine solidaritätserhaltende Funktion". Neben der Informationsvermittlung ist die sprachliche Äußerung „in jedem Falle auch ein Ausdruck, eine Ausschmückung und eine Verstärkung der Sozialstruktur. Diese zweite Funktion ist die eigentlich dominierende, während es sich beim elaborierten Code um eine Sprachform handelt, die sich im Laufe ihrer Entwicklung mehr und mehr von dieser Funktion befreit, so daß ihre Primärfunktion schließlich im Organisieren von Denkprozessen, im Unterscheiden und Kombinieren von Ideen besteht ... In diesem Falle geht es darum, die Auffassungen des Sprechers in ihrer ganzen Individualität zum Ausdruck zu bringen und die Kluft zwischen den unterschiedlichen Grundannahmen zu überbrücken" (Douglas 1981, S. 39 f.). Je differenzierter die Arbeitsteilung, desto eher ist mit einem elaborierten Code zu rechnen, denn „um so größer wird der Druck in Richtung auf die Herausbildung von Kommunikationskanälen zur Übertragung explizit formulierter Richtlinien, einschließlich der Artikulation ihrer Konsequenzen" (ebd.).

Da Organisationen unterschiedlichen internen und externen kommunikativen Anforderungen ausgesetzt sind, lassen sich in ihnen in der Regel sowohl Beispiele für die Nutzung restringierter Codes wie für die Nutzung elaborierter Codes finden, ob in unterschiedlichen Abteilungen (Management, Buchhaltung, Poststelle etc.) oder in unterschiedlichen Arbeitsformaten (etwa Aufgabenausführung, Besprechungen, Supervision und Beratung).

In einer immer komplexer werdenden Umwelt sind Organisationen zudem gezwungen, zunehmend elaboriertere Codes zu verwenden, um anschlussfähig in Bezug auf Umweltentwicklungen zu bleiben. Die Konzentration auf mehr oder weniger vollständig restringierte Codes ist wohl nur in den so genannten totalen Institutionen und anderen isolierten Systemen zu beobachten.

Positionale und personale Orientierung
Der zunehmende Bedarf an Reflexivität geht aber nicht nur mit der Entwicklung von restringierten zu elaborierten Sprachcodes einher. Mary Douglas trifft eine darüber hinausgehende weitere Unterscheidung zwischen der positionalen und der personalen Orientierung in sozialen Systemen, die mir ebenfalls für die Beobachtung von Kommunikation in Organisationen bedeutsam zu sein scheint.

Im Bereich der Sozialisation und Familienkontrolle, auf den sich diese Unterscheidung primär bezieht, bedeutet eine positionale Orientierung der Eltern, dass die Durchsetzung von Regeln mit einem Verweis auf bestimmte Positionen oder Statusmerkmale, also eher unpersönlich erfolgt (z. B. „Jungen spielen nicht mit Puppen" oder „Man redet so nicht mit Respektspersonen" usw.).

Dagegen legt eine personale Orientierung der Eltern das Gewicht weniger auf die Regeldurchsetzung vermittels Autoritäts- und Statusmarkierungen, sondern auf die Autonomie und Einmaligkeit der beteiligten Individuen. Regeln müssen nicht mehr nur befolgt, sondern vor allem auch verstehbar gemacht und legitimiert werden, damit sie auch emotional akzeptiert werden können (z. B. „Papa wird traurig, erfreut usw. sein, wenn du dies oder jenes machst" oder „Es wird dir hinterher Leid tun, wenn du jetzt so etwas Böses machst").

In Organisationen werden wir bei einer überwiegend positionalen Orientierung von Mitarbeitern in Besprechungen eher auf Formulierungen stoßen wie „Das haben wir immer schon so gemacht", „Anweisung ist Anweisung", „Die Vorschrift besagt, dass ..." oder „Das steht nicht in meinem Arbeitsvertrag", während bei überwiegend personaler Orientierung eher Sätze wie „Dass man mir diese Aufgabe nicht zugetraut hat, hat mich sehr verletzt" oder „Ich will nicht, dass du einfach nur deine Arbeit tust, ohne dich hier auch wohl zu fühlen" usw. zu erwarten sind.

Auf den ersten Blick scheinen die Unterscheidungen von restringiertem und elaboriertem Code einerseits sowie positionaler und personaler Orientierung auf das Gleiche hinauszulaufen. Ritualistische Einstellungen vermuten wir zu Recht eher bei positional orientierten Systemen mit einem restringierten Sprachcode, antiritualistische Haltungen dagegen eher bei personal orientierten Systemen, die elaboriertere sprachliche Codes zur Verfügung haben.

Allerdings handelt es sich dennoch um unterschiedliche Dimensionen sozialer Wirklichkeit, die sich – wie Douglas zeigt – in einer

Art Matrix aufeinander beziehen lassen und in die sich unterschiedliche Weltauffassungen und entsprechende Organisationstypen mit je spezifischen Ritualisierungsmustern einordnen lassen (Douglas 1981, S. 48).

Reflexivität und Beratungsbedarf

Für Organisationsberater und Supervisoren sind in erster Linie Systeme von Belang, die sich eines elaborierten Codes bedienen. Organisationen oder Organisationsteile, die in erster Linie einem restringierten Code verhaftet bleiben (etwa eine Bundeswehrkompanie im Einsatz, eine Maurerkolonne oder die Zeugen Jehovas), werden kaum externen Beratungsbedarf anmelden. Wir dürfen gleichzeitig annehmen, dass in diesen Systemen der Gebrauch von Ritualen unproblematisch, weil selbstverständlich und alltäglich ist.

In Organisationen, die Beratung durch außen stehende professionelle Beobachter in Anspruch nehmen, muss schon deshalb ein elaborierter Sprachstil zur Verfügung stehen, weil sonst der Reflexionsgewinn, der durch die Hineinnahme der Fremdbeobachtung in das System erzeugt wird, gar nicht genutzt werden könnte. Zumindest muss die Organisation im Zuge eines Professionalisierungsprozesses den Bedarf an einer elaborierteren Reflexion artikulieren können.

Positionale Orientierungen in Verbindung mit elaboriertem Code führen zu einer klaren Definition differenzierter und eindeutiger sozialer Rollen sowie der entsprechenden Ausarbeitung expliziter Kontrollsysteme. Die Akteure handeln aktiv, bleiben aber rollenorientiert. Die hierarchische Struktur und die Festlegung von Aufgaben und Entscheidungsspielräumen schränken den Individualismus der Akteure ein, die Anforderungen der Sozialstruktur erscheinen selbstverständlich. Die Reflexivität gilt hier den sachlichen und zeitlichen Aspekten der Durchführung von Organisationszielen, die soziale Dimension bleibt thematisch im Hintergrund. Als Beispiele lassen sich Berufssoldaten, Juristen, Ingenieure oder Operationsteams nennen.

Beziehungsarbeit dagegen und Berufe, bei denen die Beziehungen von Menschen im Mittelpunkt stehen, zeichnen sich durch die Verknüpfung personaler Orientierungen mit einem elaborierten Code aus. Reflexivität wird zum entscheidenden Produktionsmittel. Vorherrschende Orientierungen sind hier Streben nach persönlichem

Erfolg und professioneller Selbstverwirklichung. Die Akteure sind nicht vorgängig durch die Organisation miteinander verbunden, sondern sehen sich in erster Linie als Individuen. Sie erheben den Anspruch, die eigene Position und die Beziehungen zu anderen selbst zu definieren – die Sozialdimension gewinnt im Vergleich zu sachlichen und zeitlichen Aspekten erheblich an Gewicht (vgl. Douglas 1981, S. 48 ff.). Berater und Beraterinnen, Therapeuten und Therapeutinnen dürften sich in der Regel dieser Kategorie zurechnen. Und in dieser Kategorie dürfte der Antiritualismus auch am weitesten verbreitet sein.

Rituale als Komplexitätsreduktion

Gesamtgesellschaftlich lässt sich die Entritualisierung der sozialen Verkehrsformen auch als Kehrseite des Individualisierungsprozesses beschreiben, den wir seit einigen Jahrzehnten erleben und der sowohl Antwort auf als auch Voraussetzung für die Komplexitätssteigerung der Gesellschaft ist.

Die Komplexitätssteigerung, die mit einer Elaborierung des Sprachstils möglich wird – und damit die Optionen für Handlungs- und Wahrnehmungsalternativen potenziert –, bedeutet aber gleichzeitig einen Zuwachs von Unsicherheit, deren Absorbierung wiederum vom System geleistet werden muss, um die eigene Handlungsfähigkeit zu erhalten. „Ritualisierungen stellen", um mit Niklas Luhmann zu sprechen, „geringe Ansprüche an die Komplexität des Systems. Sie scheinen daher so lange als Behelf zu dienen, bis in der Form von Organisation hinreichend komplexe Systeme entstehen, die funktionale Äquivalente für Unsicherheitsabsorption entwickeln können" (Luhmann 1984, S. 253). Luhmann sieht die Funktion von Ritualen in erster Linie in der Kappung aller Ansätze reflexiver Kommunikation: „… ihre Rigidität selbst tritt an die Stelle der Frage, warum dies so ist … Rituale sind vergleichbar den fraglosen Selbstverständlichkeiten des Alltagslebens, die ebenfalls Reflexivität ausschalten" (ebd., S. 613). Für differenzierte soziale Systeme wie Organisationen scheinen Rituale aus der Luhmannschen Perspektive daher eher uninteressant zu sein, weil sie keine kontingente Kommunikation ermöglichen, sondern allenfalls als „Kommunikationsvermeidungskommunikation" (Luhmann 1997, S. 235) infrage kommen. Er sieht in den Organisationen selbst schon die komplexere – Lösung der Aufgabe, welche den Ritualen ursprünglich in der Gesellschaft zukam. Organisationen treten gewissermaßen an die Stelle gesellschaftlicher Rituale.

Ich möchte dagegen betonen, dass Rituale durchaus geeignet sind, übermäßige Komplexität in Organisationen durch die aktive und kollektive Herstellung und Aufrechterhaltung einer spezifischen Organisationskultur zu reduzieren. Dies ist umso mehr der Fall, als die Organisationen personale und elaborierte Kommunikationsstrukturen bevorzugen. Wie kann man aber unter diesen Voraussetzungen, die offensichtlich eher eine antiritualistische Haltung hervorbringen, Ritualen einen angemessenen Platz verschaffen?

Reflexion vs. Ritual

Wir stoßen hier auf ein interessantes Dilemma von solchen Organisationen, die sich durch einen Reflexionsanspruch oder eine reflexive Praxis auszeichnen. Wenn ritualistische Systeme Komplexität durch den unbefragten Vollzug von Ritualen reduzieren, kommt es mit der Umstellung auf Reflexion zu einem ritualbezogenen „Sündenfall", der nicht ungeschehen gemacht werden kann. Fortan können Rituale, die als solche erkannt werden, nur noch eingesetzt werden, wenn sie zugleich reflexiv abgesichert werden. Man muss sich nun auf den üblichen, reflexiv aufgeladenen Entscheidungswegen zu einem Ritual entschließen, anstatt es einfach aus Tradition oder Pflicht zu vollziehen. Sein Sinn liegt nicht mehr im Vollzug selbst, sondern muss argumentativ hinzugefügt und kollektiv akzeptiert werden.

Je weiter die Organisation auf diesem Wege vorangeschritten ist und je mehr sie sich von rituellen Praktiken entfernt hat, desto komplizierter kann der Prozess der Implementierung von rituellen Problemlösungen in einer Organisation werden. Die Gefahr liegt dann darin, dass eine Organisation ihre Identität und Integrationskraft verliert, weil sie keine sozialen Formen mehr zur Verfügung hat, um Einflussnahme und Machtausübung zu regulieren. Statt tragfähiger und gültiger Entscheidungen finden sich die Akteure in einem Dauerdiskurs ohne Ergebnis wieder, in dem nur noch Einzelmeinungen aneinander anschließen, ohne dass sie sich zu einer sozialen Gestalt fügen können. Auf der anderen Seite liegt der mögliche Gewinn natürlich darin, dass der damit verbundene Zuwachs an Freiheit ein Potenzial an Innovation und Kreativität freisetzen kann, der der Organisation Lern- und Entwicklungsmöglichkeiten eröffnet, über die starr ritualisierte Systeme nicht verfügen.

Das Paradox besteht also darin, dass die besondere Leistung von Ritualen, nämlich unhinterfragt kulturelle und organisatorische Einheit zu stiften, in komplexen Systemen nur durch eine reflexive Absicherung zu haben ist, die selbst Entritualisierung zu ihrer Voraussetzung hat.

Teams als Verkörperung reflexiver Praxis

In besonderer Weise ist das in der Arbeit mit Teams zu beobachten, deren Selbstverständnis gerade durch ihren Anspruch auf systematische Reflexion markiert wird. Gerade bei Teams in psychosozialen Einrichtungen ist es üblich, nicht nur sach- und aufgabenbezogene Abläufe zu reflektieren, sondern auch die Beziehungen zu den Klienten wie auch die persönlichen Beziehungen innerhalb des Teams reflektierend zu klären. Auf diese Weise ist in der Regel auch die Schnittstelle für Berater oder Supervisoren definiert, die als Fremdbeobachter dem Team bei diesen Reflexionsprozessen reflektierend zur Seite stehen sollen. Oft sehen sich Teams, besonders in kleineren Einrichtungen, – unter Nichtberücksichtigung der realen organisationellen bzw. (haftungs)rechtlichen Bedingungen – als Letztinstanz für die Bearbeitung innerbetrieblicher Probleme und Konflikte an. Probleme müssen also reflexiv geklärt werden. Entsprechend findet sich oft als Idealvorstellung von Teamarbeit, dass die Mitarbeiter in der Lage sein müssten, authentisch persönliche Empfindungen und Einschätzungen preiszugeben, sachlich miteinander zu argumentieren und demokratisch zu von allen akzeptierten Lösungen zu kommen.

Wie wir sehen können, stellt eine solche Haltung nicht nur besondere Anforderungen an die Motivation der Beteiligten, sondern auch an ihre individuelle ethische Legitimation und geht deshalb oft mit einem hohen Stresspegel und Spannungsniveau in den Teamsitzungen einher. Der Druck zur Selbstdarstellung und Selbstlegitimierung ist hoch und mit entsprechenden Schamgefühlen bzw. Abwehrstrategien zur Vermeidung von Beschämung verbunden. In Organisationen mit positionaler Orientierung und restringiertem Code geht es stattdessen weniger um individuelle Motivation und Ethik als um Gehorsam und korrektes Verhalten. „Das rituelle Geschehen bietet Hilfe gegen Gefühle der Unsicherheit und Angst. Soweit sich der andere auf rituelles Handeln einläßt, präsentiert er sich als kalkulierbar und damit als nicht völlig fremd. In der rituellen Kooperation entsteht Sinn. Dieser läßt eine gemeinsame Sicht der Welt entstehen" (Gebauer u. Wulf 1998, S. 139).

Das – in psychosozialen Einrichtungen weit verbreitete – demokratische Selbstmissverständnis von Teams blendet einerseits aus, dass Organisationen mit bezahlten Mitarbeitern keine Demokratien sind und nicht sein können, weil im Unterschied zur Demokratie die Legitimität von Entscheidungen sich nicht einem Wahlvolk verdankt, sondern sich aus der Verantwortungsübernahme durch die verschiedenen Leitungsebenen innerhalb der vorgegebenen Organisationsstruktur ergibt. Andererseits wird dabei auch übersehen, dass Demokratie eben nicht in der Abwesenheit von hierarchischen Strukturen und fest gefügten Formen und Prozeduren besteht, sondern auf die Einhaltung hoch ritualisierter sozialer Mechanismen angewiesen ist, will sie ihre Legitimation erhalten. Vertreter einer demokratischen Teamideologie sind daher gewissermaßen aus den falschen Gründen antiritualistisch eingestellt.

Weil in vielen Teams – besonders in Einrichtungen der psychosozialen Versorgung – der Wert der individuellen Autonomie Vorrang vor dem der effektiven Kooperation hat, kommt der Einsatz von Ritualen in Supervision und Organisationsberatung nicht an dem geschilderten Dilemma vorbei, sondern muss sozusagen direkt durch das Dilemma hindurch.

Der Umgang mit Ritualen in der beraterischen Praxis

Ich will daher im dritten Teil dieser Arbeit einige praxisbezogene, aber noch ganz unsystematische Überlegungen zum Einsatz von Ritualen in Supervision und Organisationsberatung anstellen und mit Beispielfällen illustrieren.

Respektierung der kulturellen Eigenzeit von Organisationen

Zunächst scheint wichtig zu sein, dass Berater lernen, Organisationen nicht nur als zweckrationale Systeme, sondern auch als Kulturen anzusehen, die den Akteuren sowohl Beschränkungen auferlegen als auch mit spezifischen Ressourcen ausstatten. Will man Kultur nicht auf ein technisches Konstrukt verkürzen, das beliebig durch Interventionen veränderbar ist, muss man zur Kenntnis nehmen, dass Kulturen eine Eigenzeit haben, die das Entwicklungs- oder Veränderungstempo einer Organisation maßgeblich bestimmen. Insofern darf gerade eine systemische, lösungsorientierte Supervision oder Beratung, die sich durch die zeitlich und sachlich begrenzte Erreichung eines wohl definierten Ziels legitimieren will, den kulturellen Kontext solcher Zieldefinitionen sowie die kulturelle Eigendynamik und Eigenzeit nicht außer Acht lassen.

Gerade in Teams, die aufgrund organisationsspezifischer oder externer Bedingungen (Rotation von Mitarbeitern aus Ausbildungsgründen, Finanzierung der Einrichtung über öffentlich subventionierte befristete Arbeitsstellen usw.) ständige Veränderungen durchlaufen, können externe Supervisoren so etwas wie Begleiter kulturellen Wandels werden, manchmal sogar zur Bewahrung kultureller Stabilität beitragen. In meiner Praxis finde ich entsprechend eine bunte Mischung aus Kurzzeitengagements und z. T. langjährigen Supervisionsprozessen, die ich auch schätzen gelernt habe. Entscheidend ist für mich nicht die Dauer solcher Prozesse, sondern ob es mir einerseits gelingt, nicht zum Teil der Organisation zu werden, d. h. die Kunden immer wieder überraschen zu können, und andererseits, mein Interesse und meine Neugier für die zu beobachtenden Prozesse wach zu halten.

Gerade die Implementierung von Ritualen in eher antiritualistischen Systemen erfordert ausreichend Zeit, damit die Rituale nicht als Verletzung des Autonomieanspruchs der Beteiligten erlebt werden, als künstliche und unangemessene Manipulation eines notwendigen inhaltlichen Klärungsprozesses oder gar als intellektuelle Beleidigung der Protagonisten.

Als Beispiel möchte ich die Arbeit mit einer Schwangerschaftskonfliktberatungsstelle anführen, die sich insgesamt über fast neun Jahre erstreckte. Erklärter Auftrag war die Supervision von Fällen und die Herstellung eines Rahmens, in dem über Teamangelegenheiten und Konflikte gesprochen werden konnte. Im Laufe der Zeit kam noch die Begleitung bei der Konzeptentwicklung sowie bei der Erarbeitung einer neuen Leitungsstruktur hinzu.

Zu Beginn bestand das Team aus zehn Frauen und einem Mann, von denen drei Frauen als Beratungsassistentinnen in der Anmeldung arbeiteten und die anderen als Ärztinnen, Psychologen und Psychologinnen, Pädagoginnen und Sozialarbeiterinnen, z. T. mit psychotherapeutischen Zusatzausbildungen, angestellt waren. Es wurde schnell deutlich, dass großer Wert auf inhaltliche Diskussionen und ideologische Legitimation gelegt wurde, Förmlichkeiten oder gar Rituale aber keinen Stellenwert im Team hatten, was aus der Geschichte der Organisation als Teil der Frauenbewegung verstehbar war. Bei der Auswahl des Supervisors wurden daher auch ideologische und inhaltliche Kriterien benutzt, indem ich daraufhin überprüft wurde, welche Haltung ich z. B. zur Abtreibung, zum § 218 hätte etc.

Es gab zwar eine benannte Leitung, welche offenbar von dritter Seite, nämlich dem Träger bzw. den Zuschussgebern, gefordert war, in der teaminternen Diskussion aber keine große Rolle spielte. Die Geschichte und Ideologie der Einrichtung forderte – ungeachtet der verschiedenen Ausbildungen und Funktionen sowie der unterschiedlichen Bezahlung – gleichen Status und gleiche Berechtigung aller Mitarbeiter und Mitarbeiterinnen, die Organisationsprozesse mitzugestalten, wobei untergründig ein Machtkampf um ideologische Positionen im Gange war. Dieser Kampf wechselte sehr schnell auf eine moralische Ebene und blockierte dann die sachliche Auseinandersetzung mit den arbeitsbezogenen Aufgaben der Einrichtung. Zum Zeitpunkt des Supervisionsbeginns war bereits klar, dass die dominierende ideologische Führungsfigur, eine sehr eloquente, die anderen ziemlich einschüchternde ärztliche Kollegin war, die den anderen vorwarf, sich im Zuge ihrer individuellen Professionalisierungsprozesse von den ursprünglichen Zielen der Bewegung zu entfernen und die Einrichtung als Privatpraxisersatz zu missbrauchen, sich selbst bald verabschieden und in der Privatpraxis niederlassen würde.

Das Fehlen einer verbindenden Kultur wurde schon nach wenigen Wochen deutlich, als sowohl die Vorbereitung zum 20-jährigen Jubiläum der Einrichtung wie auch ihre Durchführung zu heftigen Konflikten im Team führten, in deren Gefolge es auch nicht mehr gelang, eine geschätzte Kollegin wie geplant in den Mutterschaftsurlaub zu verabschieden. Im Vordergrund standen persönliche Kränkungen durch vermeintlich herabsetzende Bemerkungen, fehlendes Einbezogensein in gemeinsame Aktionen bzw. fehlende Anerkennung für eigene Beiträge und Leistungen. An die Supervision wurde die Erwartung gerichtet, diese Kränkungen auf der Beziehungsebene zu bearbeiten und aufzulösen.

Meine Frage nach Ritualen legte die Ambivalenz gegenüber symbolischen Formen offen. Einerseits erschien das als unechter, sozialromantischer Blödsinn, der nur von den eigentlichen Aufgaben ablenke, auf der anderen Seite wurde die Sehnsucht nach verbindlichen Formen deutlich.

So stellte sich heraus, dass die Kolleginnen in der Anmeldung alle Geburtstagstermine im Kopf hatten und auch jeweils einen Blumenstrauß in den Räumlichkeiten platzierten, ohne aber dass der Geburtstag offiziell zur Kenntnis gebracht oder genommen worden wäre. Rituale wurden sozusagen immer unter der Prämisse vollzogen, dass man ihre Bedeutung jederzeit offen dementieren konnte, so eben auch die Jubiläumsfeier, die man nicht nur als Möglichkeit verstand, sich selbst und die Zugehörigkeit zur Organisation zu zelebrieren, sondern vor allem als besonders geschickte, wenngleich anstrengende Möglichkeit, sich den finanziellen Förderern öffentlich wirksam wieder einmal ins Gedächtnis zu rufen.

Nach dem Weggang der heimlichen Leiterin ließen die ideologischen Konflikte nach bzw. verloren an Schärfe, und es wurde nun möglich, über die Bedürfnisse nach symbolischer Kommunikation zu sprechen, sowohl in Bezug auf die Gestaltung von Feiern und Festen als auch auf den täglichen Umgang miteinander. Dieser Prozess vollzog sich dabei weniger als konzentrierte Organisationsberatung, sondern wurde immer wieder zu verschiedenen Zeiten und Anlässen in der Supervision angesprochen. In der Folge änderte sich das Klima nachhaltig, auch wenn immer wieder individuelle Kränkungen im Team als Problem angeboten wurden. Offensichtlich entwickelte sich zunehmendes Vertrauen in die Supervision als schützendes Ritual, in dessen Rahmen sich Verbindung stiftende Lösungen für allfällige inhaltliche und persönliche Spannungen finden ließen. Auch ich hatte zusehends weniger das Gefühl, mich anstrengen zu müssen, um neuen Sichtweisen Platz verschaffen zu können.

In den folgenden Jahren entwickelte das Team eine formbewusste, aber warmherzige und engagierte Haltung bezüglich der eigenen Kultur – verbunden mit einem hohen Interesse an angemessenen Ritualen. Dies wurde besonders im Zuge einer grundlegenden mehrjährigen Neukonzeption von Leitungsfunktionen deutlich, die vom Trägerverein als Arbeitgeber angestoßen wurde und mittlerweile abgeschlossen ist. Die angestrebte tatsächliche – und nicht nur vorgebliche – Übernahme von Leitungsaufgaben durch Teammitglieder weckte viele Befürchtungen in Hinblick auf den Umgang mit Macht bzw. ihren möglichen Missbrauch durch die neu bestimmte Leitung, auch wenn die Notwendigkeit einer solchen Formalisierung allen Beteiligten einsichtig war. Schließlich fand das neue Leitungskonzept, das explizit eine Entmachtung des Teams als Leitungskollektiv beinhaltete, nicht nur die Akzeptanz aller Teammitglieder, sondern erhielt auch mit einem angemessenen Ritual zur Inauguration der Leiterin und ihrer Stellvertreterin einen explizierten Stellenwert in der Organisationskultur.

Das Interessante daran ist, dass die Ritualisierung der Teamprozesse letzten Endes ein Ergebnis der reflexiven Arbeit in der Supervision sowie vieler anderer Teambesprechungen ist – die Rituale werden sozusagen nicht naiv, sondern gewissermaßen mit einem Augenzwinkern, aber dennoch im Bewusstsein, sich etwas Gutes zu tun, vollzogen. „Gerade in der Tatsache, daß sie von sozialen Subjekten und Gruppen unterschiedlich interpretiert werden können, ohne dadurch an Wirksamkeit zu verlieren, liegt ihre soziale Wirksamkeit und Bedeutung. Selbst Brüche im szenischen Arrangement mindern häufig die Wirkung eines Rituals nur wenig" (Gebauer u. Wulf 1998, S. 134).

Zum schönen – und rituellen – Abschluss dieses Supervisionsprozesses erhielt ich übrigens eine Einladung des Teams zum Essen. Die Kolleginnen und Kollegen, zur Hälfte übrigens Mitarbeiter, die zu Beginn der Supervision noch nicht in der Beratungsstelle arbeiteten, hatten den Gruppenraum der Einrichtung zu einem italienischem Restaurant umgebaut. Jeder hatte etwas zu essen oder zu trinken vorbereitet oder sich am Umbau beteiligt. Es war ein rauschendes Fest, das ich noch lange in Erinnerung behalten werde, nicht zuletzt, weil ich im Nachhinein noch eine schöne Mappe mit Fotografien dieses Abends zum Geschenk erhielt.

Ritualisierung der Supervision und Beratung

Wie schon beschrieben, bringt sich die Kultur von Organisationen nicht nur auf der Makroebene zum Ausdruck, sondern in hohem Maße auf einer Mikroebene sozialer Alltagshandlungen, mit denen die Handelnden versuchen, zu einem Gleichgewicht sozialer Anerkennung zu gelangen, welches durch die Vernachlässigung sozialer Formen und die Überbetonung inhaltlicher Unterschiede latent bedroht ist. Goffman schreibt hierzu: „Ich verwende den Terminus *Ritual*, weil ich mich auf Handlungen beziehe, durch deren symbolische Komponente der Handelnde zeigt, wie achtenswert er ist oder für wie achtenswert er die anderen hält. Das Bild des Gleichgewichts ist hier angemessen, weil Dauer und Intensität der korrektiven Anstrengung genau auf die Hartnäckigkeit und Intensität der Bedrohung abgestimmt sind. Das Image eines Menschen ist etwas Heiliges und die zu seiner Erhaltung erforderliche expressive Ordnung deswegen etwas Rituelles" (Goffman 1996, S. 25).

Aus diesem Grund ist es mir wichtig, gerade in unterritualisierten Organisationseinheiten Supervisions- und Beratungssitzungen selbst zu ritualisieren, um den Beratungsprozess deutlich als besondere Veranstaltung, eben als Unterschied, zu markieren. Auf diese Weise findet eine andere Fokussierung der Aufmerksamkeit statt. Wenn nämlich „Leute auf vertrautem Fuß miteinander stehen und glauben, daß sie kein Zeremoniell brauchen, dann könnten leicht Unaufmerksamkeiten und Unterbrechungen grassieren und Gespräche zu einem glücklichen Geplapper unorganisierter Töne degenerieren" (ebd., S. 47).

Ich lasse es mir deshalb nicht nehmen, alle Beteiligten namentlich und per Handschlag zu begrüßen, neu Hinzugekommene in der Supervision willkommen zu heißen und nach ihren Vorerfahrungen zu befragen usw., was gerade in antiritualistischen und ausgesprochen informellen Teams zunächst Befremden auslöst. Auch die Art und Weise, in der Fälle besprochen, Konzepte ausgewertet oder Teamkonflikte angesprochen und bearbeitet werden, versuche ich gemeinsam mit den Teams zu ritualisieren, es bilden sich in der Regel dabei organisationsspezifisch ganz bestimmte Ausdrucksgestalten heraus. Gerade systemische Methoden wie zirkuläres Befragen, Reframing, Reflecting Team usw. sind durch ihre Strukturiertheit geeignet, die Ritualisierung von Beratungsprozessen zu fördern.

Ist mir auf Dauer unbehaglich zumute bei diesen Prozessen, ohne dass ich dies auf inhaltliche Gründe zurückführen kann, werte ich das als Hinweis darauf, dass ich die kulturellen Regeln des Systems nicht ausreichend verstanden habe und deshalb ein Klärungsbedarf besteht – oder aber als Hinweis auf eine kulturelle oder konzeptuelle Inkompatibilität zwischen den Klienten und mir, die eine wechselseitige Anschlussfähigkeit verhindert und eher eine Trennung nahe legt.

Die Konzentration auf Mikrorituale scheint mir besonders wichtig in Organisationen oder Teams zu sein, deren interne Dynamik von offener Feindseligkeit beherrscht wird. In diesen Fällen ist eine offene Bearbeitung der Konflikte nur unter ganz bestimmten Umständen sinnvoll, u. a. muss der Rahmen der inhaltlichen Auseinandersetzung für alle Beteiligten sicher sein, soll die Klärung der Konflikte nicht selbst zum Teil der Konfliktmasse werden. Die Betonung formalisierter Umgangsweisen unter Hintanstellung individueller Motivationslagen ist dabei eine mögliche, wenngleich angesichts der hohen affektiven Intensität solcher Konstellationen nicht immer leicht durchzuhaltende Haltung. „Die rituelle Inszenierung der Konflikte verhindert" am ehesten „ihre Zuspitzung und ihre gewaltsame Austragung" (Gebauer u. Wulf 1998, S. 155). Es geht dabei um die Stärkung der Bereitschaft der Mitarbeiter, auf eine unstrukturierte Diskussion und Beziehungskommentare zu verzichten und stattdessen dem anderen ritualisierte Kooperationssignale wie formelle Begrüßungen, den Austausch sachlicher Informationen und gemeinsame Teilnahme an trivialen und informellen sozialen Aktivitäten (Kaffeepause o. Ä.) anzubieten. Auch die Auswertung der Veränderung in der Arbeitsbeziehung kann ähnlich ritualisiert und zeitlich begrenzt vonstatten gehen. Besonders wichtig ist dabei, Mitteilungen als solche formell auszusprechen und zur Kenntnis zu nehmen, anstatt sie als Anlass für eigene Stellungnahmen zu nutzen.

Rituale als Krisenbewältigung

Abschließend möchte ich noch von der kurzfristigen und kurzzeitigen Krisenberatung einer Organisation berichten, die eher eine positionale denn personale Orientierung aufwies, die aber über einen längeren Prozess von Auseinandersetzungen an Integrationskraft eingebüßt hatte. Die Thematisierung des Umgangs mit Ritualen mit der Belegschaft in dieser Beratung verhalf offenbar zu einer teilweisen Revitalisierung einer substanziell vorhandenen Organisationskultur. Die Erarbeitung eines Rituals, auch in diesem Fall reflexiv abgesichert, war hier die Lösung eines definierten und eingrenzbaren Problems.

In diesem Fall wurde ich vom Personalchef eines bundesweit agierenden technischen Dienstleistungs- und Beratungsunternehmens angefragt, die kurzfristige Krisenberatung einer Filiale des Unternehmens zu übernehmen, bei der sich ein Mitarbeiter in den Firmenräumen suizidiert hatte. Die Mitarbeiter, insgesamt ca. 25 Angestellte, seien schockiert und ratlos, es sei ungeklärt, wie man mit möglicher Schuld und Verantwortung umgehen solle, die Frage sei, wie man wieder zu einem geregelten Miteinander kommen könne. Auch solle geklärt werden, wie der Raum des betreffenden Mitarbeiters zukünftig genutzt werden solle. Wir vereinbarten ein Gespräch in der regionalen Niederlassung mit den beiden örtlichen Geschäftsführern sowie ein weiteres, separates Gespräch mit der Belegschaft und den Geschäftsführern ohne die Teilnahme des Personalchefs.

Die Firmenräume befanden sich in einer lang gestreckten, düsteren Altbau-Büroetage, die von ihrer Atmosphäre an ein städtisches Verwaltungsamt alter Provenienz erinnerte. Der Eingangsbereich war aber offen, hell und sachlich gestaltet und mit einem Empfang ausgestattet, in dem zwei Sekretärinnen arbeiten. Auffällig war eine Art Altar an der Wand, ein eingerahmtes Foto mit einer brennenden Kerze und frischen Blumen darunter.

Eine der Sekretärinnen führte mich dann in einen etwas heruntergekommenen, schmucklosen Raum mit vergilbten Gardinen, der – wie man an gestapelten Stühlen und Kisten sehen konnte – offensichtlich als Lagerraum und Behelfsraum für unterschiedlichste Zwecke benutzt wurde. Der Kontrast zu dem liebevoll hergerichteten Altar hätte nicht größer sein können. Hier fand dann das Gespräch mit dem Personalchef und den beiden Geschäftsführern statt. Der Personalchef zeigte sich sehr besorgt um das Wohl der Mitarbeiter, er hatte extra für diesen Termin eine recht weite Reise auf sich genommen, um einen persönlichen Eindruck von mir zu gewinnen. Die Geschäftsführer vor Ort, beides Ingenieure, waren recht unterschiedliche Persönlichkeiten. Der Wortführer, ein Spanier, mit der Außenvertretung und Verwaltungsleitung betraut, war offensichtlich derjenige, der sich für die Regulation der sozialen Beziehungen in der Belegschaft zuständig fühlte – ein temperamentvoller, warmherziger, schnell reagierender Mensch. Sein Kollege, technischer Leiter, eher schweigsam, fühlte sich offensichtlich in psychosozialen Belangen unsicher und hielt sich in Bezug auf die aktuelle Krise zurück; ihm war in erster Linie an einem weiteren störungsfreien Arbeiten gelegen.

Ich erfuhr, dass sich der Verstorbene, der seit 20 Jahren in der Firma gearbeitet hatte, an einem Wochenende Zutritt zu den Firmenräumen verschafft und sich im Kopierer- und Druckerraum aufgehängt hatte. Die Türe war von innen verschlossen und musste von der Feuerwehr aufgebrochen werden. Über die Hälfte der Mitarbeiter, auch die Geschäftsführer, fanden an sie persönlich gerichtete Briefe des Kollegen auf ihren Schreibtischen, in denen er ihnen mitteilte, dass er den Druck nicht mehr aushalte, und sie (und den Betrieb) mehr oder weniger persönlich für seinen Tod verantwortlich machte und ihnen strikt untersagte, an seiner Beerdigung teilzunehmen. Diese Briefe hatte er offensichtlich schon einige Wochen vorher verfasst.

Die Mitarbeiter waren insofern besonders schockiert, als der Suizid am Jahrestag des tödlichen Unfalls eines ausländischen Kollegen stattfand, der in der Belegschaft ausgesprochen beliebt war und dem auch der Gedenkaltar im Empfang galt.

Es wurde deutlich, dass der Suizidant in der Mitarbeiterschaft eher isoliert gewesen war, sich über die Jahre hinweg zunehmend aus allen gemeinsamen Initiativen (Essen gehen, Kaffee trinken etc.) zurückgezogen hatte und nur noch mit einigen Kollegen Oberflächlichkeiten ausgetauscht hatte. Er lebte alleine bei seiner Mutter und war offensichtlich in eine private Science-Fiction-Welt abgetaucht, zu der keiner Zutritt hatte. Der spanische Geschäftsführer: „Wir waren der einzige Halt, den er hatte." Im vergangen Jahr war einigen Mitarbeitern eine Alkoholproblematik bei ihm aufgefallen, diese Information landete beim Personalchef, daraufhin wurde zwischen diesem und dem Kollegen Einvernehmen darüber erzielt, dass er einen stationären Entzug machen solle, wozu es dann aber aus ungeklärten Gründen nicht kam. Der technische Leiter äußerte die Vermutung, dass der Kollege vielleicht auch vor der möglichen arbeitsmäßigen Überforderung kapituliert haben könne. Sein Arbeitsbereich sei auf Computerarbeit umgestellt worden, er selbst habe diese aber gescheut und sich auch lange vor entsprechenden Fortbildungen gedrückt.

Nach dem Suizid seien erstmals offene Konflikte in der Belegschaft aufgetaucht, inwiefern der Tod die Mitarbeiter betreffe bzw. inwiefern man genug für den Kollegen getan habe. Der Verwaltungsgeschäftsführer hatte eine Belegschaftsversammlung einberufen, um eine freie Aussprache zu ermöglichen, die aber diese Konflikte nicht lösen konnte.

Keiner wolle nun mit seinem Arbeitsplatz in das Zimmer des Verstorbenen umziehen, eine Entscheidung darüber stehe aber an. Gleichzeitig äußerten die Geschäftsführer Zweifel, dass es richtig war, dem Verbot des Verstorbenen Respekt zu erweisen und nicht an der Bestattung teilzunehmen.

Ich schlug vor, das am übernächsten Nachmittag anstehende Belegschaftstreffen mit einer Deklaration der Geschäftsleitung dahin gehend einzuleiten, dass sie einen eigenständigen Abschied der Firma als Organisation von dem Toten für sinnvoll und rechtens halte, da ein Abschied nicht von einer Seite alleine determiniert werden könne. Im weiteren Verlauf sollten dann in der Belegschaft Ideen gesammelt werden, welche Formen für einen solchen Abschied infrage kommen könnten. Schließlich könnten auch noch Wünsche und Erwartungen an die zukünftige Kommunikation in der Belegschaft, die kollegialen Beziehungen betreffend, erörtert werden.

Die Geschäftsführer erklärten sich mit dieser Vorgehensweise einverstanden und eröffneten die – insgesamt dreistündige – Belegschaftsversammlung auch in diesem Sinne. Ich bat dann alle Mitarbeiterinnen und Mitarbeiter (etwa ein Fünftel der Belegschaft waren Frauen), kurz ihren Namen, ihre Position und die Dauer der Betriebszugehörigkeit zu nennen sowie sich zu ihrem Verhältnis zu dem Verstorbenen und ihrer Reaktion auf seinen Tod zu äußern. Bei einigen war anfangs Missmut und Ablehnung in Bezug auf diese förmliche und gleichzeitig offenbar intime Vorgehensweise spürbar, die Geschäftsführer machten dann jedoch den Anfang, und es kam eine recht bewegende Runde zustande, in der die zugrunde liegenden Konflikte und Spannungen deutlich wurden. Einige weinten, weil ihnen der Tod sehr nahe gegangen war, andere zeigten eher Ärger über den Verstorbenen oder über Kollegen, wieder andere hatten keine sichtbaren Gefühlsbewegungen. Einige Kollegen lasen die Briefe vor, die sie erhalten hatten, andere betonten, dass sie große Schuldgefühle hätten, einer Entwicklung zugesehen zu haben, ohne rechtzeitig zu helfen, wieder andere stellten heraus, dass man doch in einem Betrieb arbeite, in dem jeder für sich selbst zurechtkommen müsse, dass der Tod zwar bedauerlich sei, aber einem selbst in einer ähnlichen Situation auch nicht geholfen werde usw.

Ich schlug nach dieser Runde vor, Vorschläge für einen gemeinsamen Abschied zu sammeln, und brachte in diesem Zusammenhang auch das Wort Ritual ins Spiel, worauf das Gespräch in eine Grundsatzdiskussion über den Wert von Ritualen schlechthin umzukippen drohte. Es kam aber dann anhand des Vorschlages, gemeinsam das Grab zu besuchen, zum Punkt, ob man angesichts der unterschiedlichen inhaltlichen Reaktionen auf den Suizid und angesichts der Beziehungskonflikte untereinander überhaupt eine gemeinsame Form finden wolle oder ob dies nicht eine Heuchelei wäre, die die wahren Verhältnisse in der Firma nur verschleiern würde. Es gab dabei drei Positionen: Die ritualistische Position wurde von der Mehrheit der Kollegen vertreten. Sie sahen in einem solchen Abschied aus unterschiedlichen Gründen eine Gelegenheit, diese Episode abzuschließen und die Arbeit wieder in den Vordergrund zu rücken; einige erhofften sich darüber hinaus eine Verbesserung des Betriebsklimas. Die antiritualistische Position, die nur von drei Kollegen vertreten wurde, gründete auf dem Argument, dass die einzige Verbindung zwischen Person und Organisation im Arbeitsvertrag und im Gehalt liege, was man auch daran erkennen könne, dass die Beziehungen in der Firma in den vergangenen Jahren immer schlechter und unpersönlicher geworden seien. Rituale seien daher lächerlich und gar nicht angebracht – und im Übrigen gelte dies auch für andere Bereiche des eigenen Lebens. Die dritte, „authentische" Position machte die Teilnahme an einem Ritual von inhaltlichen Aspekten abhängig. So betonte eine Kollegin, dass es ihr unmöglich sei, gemeinsam mit der Belegschaft von dem Toten Abschied zu nehmen, gerade weil sie wisse, dass andere dann daran beteiligt seien, denen der Tod überhaupt nicht so nahe gehen würde wie ihr. Es gehe ihr in erster Linie um Authentizität – wäre sie gewährleistet, könne man auch ein Ritual abhalten.

Auf meine Frage nach dem bisherigen rituellen Leben der Firma und den damit verknüpften positiven und negativen Erfahrungen entspann sich eine interessante Diskussion, die vor allem von den Sekretärinnen in Gang gebracht wurde, welche auch für den Altar im Eingangsbereich verantwortlich waren. Sie zeichneten das Bild einer arbeitsbezogenen, sachorientierten positiven Gemeinschaft, die in den vergangenen Jahren immer weniger Pflege erfahren hatte – wie der besagte verwahrloste Besprechungsraum, der den Wunsch weckte, ihn so schnell wie möglich nach Erledigung des gesetzten Zieles wieder zu verlassen. Sie klagte, dass seit einiger Zeit keine Betriebsausflüge mehr stattfänden, die gemeinsamen Weihnachtsfeiern und andere Belegschaftstreffen nicht mehr zustande kämen, kurz, dass das Klima stark gelitten habe, ohne dass dies in der Absicht der Beteiligten gelegen habe. Positiv hob sie die Abschiedsfeier für den vor einem Jahr verunglückten Kollegen hervor, die für alle ein sehr intensives und bewegendes Erlebnis war. In diesem Fall stimmten offenbar Form und Inhalt überein. Der Beitrag der Sekretärin erhielt positiven Widerhall, und es wurde zunehmend mehr Interesse an einer Neugestaltung der Teamsituation spürbar, was sich daran festmachen ließ, dass einige Vorschläge zur Verbesserung der räumlichen und beziehungsmäßigen Atmosphäre geäußert wurden. Ich griff dieses Interesse auf und hob hervor, dass es offenbar hilfreich sei, Gelegenheiten zu schaffen, in denen spontan neue Formen entwickelt oder alte wieder belebt werden könnten, und schlug vor, nun eine Entscheidung bezüglich des bevorstehenden Abschiedsrituals zu treffen. Die Mehrheit war mit dem Vorschlag des Verwaltungsgeschäftsführers einverstanden, gemeinsam das Grab zu besuchen. Über die Gestaltung bestand keine Einigkeit. Einige wollten etwas zum Abschied sagen, andere ihre Briefe zurückgeben, wieder andere innehalten und schweigen, der Geschäftsführer kündigte ein paar Abschiedsworte an.

Schließlich bestimmte der Verwaltungschef Tag und Uhrzeit für das Ritual. Alle Mitarbeiter seien eingeladen, daran teilzunehmen und auf ihre individuelle Weise ihren Abschied zum Ausdruck zu bringen, nachdem er für den Betrieb ein paar Worte gesagt hätte. Dann bestünde die Gelegenheit, noch gemeinsam etwas zu trinken oder nach Hause zu fahren. Gearbeitet würde an dem Nachmittag nicht mehr, auch nicht von denen, die sich dafür entscheiden würden, dem Ritual fernzubleiben.

Die Neubelegung des Arbeitsraumes wurde aus Zeitgründen und mit der Zuversicht einer Regelungsmöglichkeit aufseiten der Geschäftsführung in dieser Sitzung nicht mehr thematisiert. Nach ca. sechs Wochen hatte ich die Gelegenheit zu einem Auswertungsgespräch mit dem spanischen Geschäftsführer, von dem ich erfuhr, dass ca. zwei Drittel der Belegschaft an dem Ritual teilgenommen hätten und dies auch zufrieden stellend vor sich gegangen sei. Die Kommunikation am Arbeitsplatz sei entspannt, bezüglich der Raumbesetzung habe es eine unkomplizierte Regelung gegeben, das Klima habe sich allgemein verbessert. Besonders bemerkenswert sei Folgendes: Er habe früher immer zu Weihnachten die ganze Mitarbeitergruppe zu sich nach Hause eingeladen und für alle ein spanisches Essen gekocht. Die Teilnahme an diesem Ereignis habe aber immer mehr abgenommen, sodass es in den vergangenen Jahren zunehmend zu einer Privatveranstaltung einiger weniger Kollegen mutiert sei. In diesem Jahr habe er das erste Mal wieder das ganze Team eingeladen, und diesmal seien alle vollständig versammelt gewesen.

Abschließende Bemerkung
Es dürfte an den dargestellten Fallbeispielen deutlich geworden sein, dass Beratung und Supervision auch in komplexen Organisationen, die sich durch personale Orientierungen auszeichnen sowie über einen reflexiven Code in der internen Kommunikation verfügen, Rituale in der beraterischen Praxis einsetzen kann. Das beschriebene Paradox von Ritualen ist also nicht nur kein Hindernis, sondern kann fruchtbar gemacht werden, weil es ein Spannungsverhältnis erzeugt, das für Bewegung sorgt, die letztlich in den Dienst positiver Veränderungen gestellt werden kann. Umgekehrt gilt auch, dass in eher positional orientierten Organisationen die Arbeit an Ritualen sinnvoll sein kann, dann allerdings mit einer anderen Stoßrichtung, nämlich der Auflockerung erstarrter und sinnentleerter, bedeutungsverminderter Strukturen.

Rituale in der Politik[1]

Moritz Leuenberger

Bevor ich das erste politische Ritual zelebriere, ohne dass Sie es merken, möchte ich Sie doch vorher auf dieses aufmerksam machen: auf die Anrede. Ich habe sie keineswegs vergessen. Wie könnte ich auch, weiß ich doch als Politiker sehr wohl, welch große rituelle Bedeutung ihr zukommt:

Frau Tagungspräsidentin,
meine Damen und Herren,
    die Begrüßung ist ein politisches Ritual und bringt eine inhaltliche Ordnung zum Ausdruck, zum Beispiel:

„Herr Nationalratspräsident, Herr Präsident des Kantonsparlamentes, Frau Regierungsrätin, Herr Stadtpräsident."

Dies ist die klassische Reihenfolge, die zeigt: Die Bundesbehörden stehen in der Hierarchie über den kantonalen und diese über den Gemeindebehörden. Innerhalb dieser Kategorien kommen die Parlamentsvertreter zuerst, weil das Parlament über der Regierung steht – gemäß Schweizer Verfassung. In Deutschland gilt, was die Parlamentarier betrifft, die gerade umgekehrte Reihenfolge.
    Nun ist es so, dass ich heute als Erster spreche. Das widerspricht jedem Ritual: Ein Bundesrat spricht zuletzt, ein Bundespräsident sowieso. Also breche ich auf diesem Kongress ein politisches Tabu – was wohl als Revolution in die Geschichte eingehen wird. Ich hoffe

1 Es handelt sich um die unveränderte Abschrift des Kongressvortrags. Der Autor war zu diesem Zeitpunkt amtierender Schweizer Bundespräsident. (Anm. der Hrsg.)

211

sehr, dass meine Nachredner Beat Kappeler und Richard Reich sich ihrer Jahrtausendverantwortung bewusst sind.

Wer einen politischen Inhalt infrage stellen will, durchbricht das Ritual. Es gibt ParlamentarierInnen (mit großem I, wohlgemerkt), die lassen bei ihren Interventionen die Anrede vollständig weg.

Sie wollen nicht etwa unhöflich sein, sondern zeigen, wie unabhängig von allen Konventionen, traditionellen Ehrerbietungen und Hierarchien sie sind.

Die traditionelle Eröffnungsrede beim Automobilsalon begann ich mit:

„Sehr geehrte Damen und Herren,
sehr geehrte Automobile und Automobilinnen."

Durch ein verändertes Ritual wurde so die mythische Überhöhung des Automobils in diesem Salon angesprochen, wie sie dort mittels weiblicher Attribute, wie etwa der Miss Schweiz, gepflegt wird, die sich mitunter auch auf Bundespräsidenten stürzen. Ich bediente mich dazu der leichten Veränderung eines Rituals, der Anrede nämlich, und die Botschaft wurde denn auch verstanden, jedoch nicht überall goutiert, wie bissige Kommentare bewiesen.

DEFINITION DES RITUALS

Als mich Ihre Präsidentin vor langer Zeit eingeladen hat, hier über „Rituale in der Politik" zu reden, habe ich mich spontan gefreut und mir gedacht: „Das wird lustig. Soll ich mich von meinem Weibel[2] begleiten lassen?" Das wird von mir vor allem für Jubiläumsreden immer wieder verlangt („Bitte, unsere ausländischen Gäste haben das so gern").

Spontan glaubte ich also zunächst, Rituale seien stets etwas Überholtes, ja Lachhaftes, ertappte mich dann aber dabei, dass ich nur an überlebte Rituale und damit an überlebte Inhalte dachte. Die Heiterkeit ist dann also rasch verflogen. Das ist zwar immer der Fall, wenn ein Auftritt naht. Hier kam aber durch die nähere Auseinan-

2 Der Bundesweibel ist der persönliche Amtsdiener eines Bundesrats (= Ministers) mit repräsentativen Pflichten. Er begleitet den Magistraten bei offiziellen Anlässen und trägt eine traditionelle Uniform.

dersetzung mit dem Thema die Erkenntnis dazu, dass ein Ritual als solches ja gar nicht lustig ist. Lachhaft wird es nur, wenn es oder sein Inhalt nicht mehr akzeptiert wird. Nur gerade mit solchen Beispielen aus der Politik will ich mich aber heute nicht begnügen. So einfach darf ich mir es nicht machen – und Ihnen auch nicht.

- Das Ritual selber ist wertfrei. Es transportiert aber einen Inhalt, der nie wertfrei ist.
- Ein Ritual ist eine wiederkehrende Handlung, die nach einer festgelegten Ordnung vorgenommen wird und einen Inhalt – nicht nur, aber auch – durch Symbolik vermittelt.

Rituale in der Politik

Jede Staatsform kennt ihre Rituale. Denn schließlich muss die Politik ja für alle fassbar und sichtbar gemacht werden.

Bei der Monarchie kennen wir verschiedene Inthronisationsrituale, je nachdem, ob es sich um eine konstitutionelle oder von Gott abgeleitete Monarchie handelt.

Es gibt auch verschiedene 1.-Mai-Feiern: Eine 1.-Mai-Militärparade in Moskau stand für ein totalitäres System, während in Zürich eine so genannte 1.-Mai-Nachdemo heute zum Anarchoritual geworden ist.

Auch die Demokratie kennt ihre Rituale.

Sie sind zwar oft nicht gar so eindrücklich und spektakulär wie diejenigen der Monarchien, und ich werde deshalb oft den Eindruck nicht los, es gebe auch bei uns Demokraten und Demokratinnen den verborgenen Wunsch nach Königen und Prinzessinnen. So bereitet die Boulevardpresse ihre Leserschaft offensichtlich auf die Hochzeit einer echten Prinzessin vor – in einem schweizerischen Zirkuszelt. Das wird gewiss eine glanzvollere Sache sein als die Inkraftsetzung unserer total revidierten Bundesverfassung: Dies geschah seinerzeit mittels einer Agenturmeldung der Schweizerischen Bundeskanzlei.

Man kann diese etwas spartanische Ritualkultur der Schweiz bedauern. Peter von Matt zum Beispiel schreibt: „Die Demokratie hat im Arsenal der großen Träume keinen Platz. Ihr Wesen ist der Kompromiss, sie ist unansehnlich von Natur aus, es mangelt ihr an phallischen Armaturen, sie widerspricht dem biogenetischen Programm des

Homo sapiens" (von Matt 1995, S. 355). Der Mensch sehne sich nach Kaisern, Königen und Zaren, er habe ein Bedürfnis nach dem rhythmisierten Kollektiv, nach Glanz und nach Kitsch auch in der Politik.

„Das ist doch das einzige Land, wo ein Bundespräsident ohne Bodyguards herumspazieren kann", höre ich stets wieder auf dem Markt oder im Bahnhof. Es scheint mir manchmal, da schwinge auch ein wenig Bedauern mit, dass die Macht hierzulande nicht etwas auffälliger, würdiger und gepanzerter daherkomme. Viele hätten lieber einen „richtigen" Auftritt von mir, das heißt: noch eine kleine Entourage mit Knöpfen im Ohr. Oder zumindest einen Bundesweibel im Hintergrund.

Nach einem Auftritt in einer Region, sei es zu einem Jubiläum, sei es zu einem politischen Streitgespräch, erhält der bundesrätliche Redner oft einen Korb mit lokalen Produkten der Landwirtschaft. Ich glaube, das ist auf den Zehnten zurückzuführen und wird heute als Tradition weitergepflegt, als eine Art Huldigung an die Nachfahren der ehemaligen Vögte.

Doch andrerseits sind die Schweizerinnen und Schweizer sehr findig, wenn es darum geht, die Nüchternheit der hiesigen politischen Rituale anderswo zu kompensieren: Fast nirgendwo auf der Welt ist das Vereinswesen so ausgeprägt wie in der Schweiz mit ihren zehntausenden von Vereinen, wo die Mitglieder ihr Bedürfnis nach Ritualen und Symbolik mit Kränzen, Medaillen, Pokalen, Fahnen und sonstigen Trophäen, Umzügen und Trachten kompensieren können.

Rituale der schweizerischen Demokratie

Wahlen

Wahlen stellen sicher, dass die Demokratie eine Demokratie bleibt. Am augenfälligsten ist das bei so genannten „Stillen Wahlen" zum Beispiel in Bezirksschulpflegen oder Bezirksanwaltschaften, wo gedruckte Listen vorliegen.

Auch ohne diese Wahlen würde zwar alles weiterfunktionieren; aber der demokratische Gedanke wird gestärkt. Dasselbe geschieht auch bei der Wahl des Bundespräsidenten, wo das Resultat jeweils zum Vornherein feststeht. Auch mit diesem Ritual wird der Demokratiegedanke gefestigt.

Der gemeinsame Gang an die Urne ist ein zentrales Ritual einer Demokratie: Schweizer Bürger – und um einiges später dann auch Bürgerinnen – konnten am Sonntagmorgen vor dem ganzen Dorf oder Quartier stolz die Erfüllung ihrer Staatsbürgerpflicht demonstrieren. Heute verliert dieses Ritual an Bedeutung. Es wird nüchtern brieflich abgestimmt. Ich vermag mich an die Diskussion bei der Einführung zu erinnern. Sie erinnert mich stark an die heutige Diskussion um die Schließung von Poststellen: Die Symbolik des gemeinsamen Ganges an die Urne verschwinde; eine Anonymisierung der Gesellschaft trete ein, wird gesagt. Damals wie heute wurden Inhalt und Ritual verwechselt. Der Gang an die Urne ist das Ritual. Die Teilnahme an der Abstimmung ist der Inhalt. Im Postbüro Schlange zu stehen ist das Ritual. Briefe und Pakete aufzugeben und abzuholen (vielleicht nicht im Postbüro, dafür zu Hause oder in einem Bahnhof) ist der Inhalt, nämlich die Grundversorgung.

Trauern wir nicht den geliebten Formen nach, denn für sie finden sich ja auch neue Inhalte. Der gemeinsame Gang an die Urne wird heute ersetzt durch den gemeinsamen Gang zur Altflaschensammelstelle – auch eine staatsbürgerliche Pflicht! –, wo wir uns gegenseitig die Weine zeigen können, die wir getrunken haben. Im Gegensatz zum Stimmlokal, wo die Meinungen schon gemacht und auf dem Stimmzettel fixiert sind, findet bei den Altflaschen sogar noch ein Lernprozess und eine Meinungsbildung statt, etwa wenn wir über die durchaus grundsätzliche Frage diskutieren, ob eine blaue Flasche zu den Grünen oder den Braunen gehöre ...

Abstimmungen

Nach Abstimmungswochenenden findet eine Medienkonferenz statt. Erst wenn die Resultate aller Kantone vorliegen und auch wenn das Endergebnis längst bekannt ist, tritt – eine Hommage an die Stimmenzähler – der zuständige Bundesrat vor die versammelten Medien und kommentiert den Abstimmungsausgang. Dies ist meist eine Reverenz ans Initiativ- oder Referendumsrecht. Denn oft gibt es eigentlich nicht sehr viel zu sagen, weil das Resultat schon vor der Abstimmung klar war, wie etwa bei der Tempo-30-Initiative.

Viersprachigkeit

Bei nationalen Anlässen ist es Brauch, in allen vier Landessprachen zu sprechen, selbst wenn dies größte Mühe bereitet und die vierte Sprache nur deshalb als Rätoromanisch erahnt wird, weil sie, so wie sie von den Unkundigen artikuliert wird, niemand verstehen kann. Es soll durch dieses Ritual immer wieder unterstrichen werden, dass diese Willensnation Schweiz ständig gepflegt wird und dass wir allen sprachlichen Minderheiten die Ehre erweisen.

Kohäsion

Der politische Inhalt (nämlich, dass alle großen politischen Parteien, alle Regionen und Sprachgruppen in der Regierung vertreten sind), wird durch viele Rituale unterstrichen:

- Das rotierende Bundespräsidium.
- Die jährliche Wahlfeier in des oder der Gewählten Herkunftskanton.
- Die gemeinsame Schulreise des gesamten Bundesrates ebenfalls in die Herkunftsregion des Bundespräsidenten. Das ermöglicht der Gesellschaftsschicht, aus der er stammt, sich mit der Landesregierung zu identifizieren.
- Darum ist auch das mediale Ritual um die „Zauberformel"[3] so wichtig. Es beginnt mit der Rücktrittsankündigung eines Bundesrates und führt unweigerlich zu Forderungen wie „SP aus dem Bundesrat!" oder „SVP aus dem Bundesrat!" oder „Ein Sitz weniger für die Romandie!" oder zur Frage: „Erträgt die Schweiz zwei Zürcher?" Nachgeliefert werden Sprengkandidaturen, später Interviews mit Politologen und Politologinnen, die erklären, warum eine Mitte-links- bzw. eine Mitte-rechts-Regierung für das Land besser oder schlechter wäre bzw. warum die heutige Zusammensetzung, die alle relevanten Kräfte einbindet, unentbehrlich sei. Sinn und Zweck des Rituals: Am Tag der Wahl des neuen Bundesrats weiß das ganze politisch

---

3 Bei der Zauberformel handelt es sich um ein ungeschriebenes Gesetz, wonach seit 1959 in der siebenköpfigen Schweizer Landesregierung die vier stärksten Parteien des Landes entsprechend ihrer Stärke vertreten sind: Zwei Sitze hat die freisinnige Partei (FDP), zwei Sitze haben die Sozialdemokraten (SP), zwei Sitze die Christdemokraten, einen Sitz hat die nationalkonservative Schweizer Volkspartei (SVP).

interessierte Land, warum die Schweiz die Konkordanz braucht und dass wir in der Landesregierung weiterhin alle wesentlichen (referendumsfähigen) Kräfte einbinden wollen und warum alles beim Alten bleibt.

Der Röstigraben[4]
Noch ein Demokratieritual, das Röstigrabenritual. Eine Debatte über die „drohende Spaltung der Schweiz" findet nach praktisch jedem eidgenössischen Abstimmungssonntag statt und endet jeweils in der Beteuerung, bei den nächsten wichtigen Vorlagen die unterschiedliche Empfindlichkeit der unterlegenen Minderheit in die Überlegungen mit einzubeziehen.

Die Kollegialität
Wir sprechen uns im Bundesrat in den offiziellen Sitzungen per Sie oder gar mit Herr Präsident, Herr Finanzminister etc. an. Wir wollen damit hervorstreichen, dass politische Differenzen nicht persönlich zu nehmen, sondern eine Folge unserer Funktion sind.

Wenn der Finanzminister zum Sparen mahnt, ist er nicht ein schlechter Kollege, der den anderen dreinreden will. Er nimmt vielmehr seine Rolle wahr: Er muss von Amtes wegen sparen. In der Pause sind wir dann alle wieder per du.

Unterschiedliche politische Kulturen und Rituale
Die Romandie und die deutschsprachige Schweiz haben unterschiedliche Auffassungen von der Aufgabe des Staates. In der Debatte über die Liberalisierung der Bundesbetriebe bekomme ich dies deutlich zu spüren. Die Romandie baut, wie Frankreich übrigens auch, auf einen starken Staat, während sich die deutschsprachige Schweiz eher der Eigenverantwortung und auch den Kräften des Marktes anvertraut – wie Deutschland und England übrigens auch. Diese unterschiedliche Haltung äußert sich auch in den Ritualen.

Fahre ich nach Genf oder Neuenburg, wartet an der Kantonsgrenze eine Polizeieskorte, die meinen Wagen leitet und diesen über Rotlichter und Gegenfahrbahnen in rasendem Tempo zum Bestim-

---

4 Beim „Röstigraben" handelt es sich um eine politische und mentale Grenze zwischen dem deutschsprachigen und dem französischsprachigen Landesteil der Schweiz, die sich jeweils in Abstimmungsergebnissen vor allem zu sozialen Fragen und zu Fragen der internationalen Politik ausdrückt.

mungsort führt – und dies alles unter offensichtlicher Zustimmung der Fußgänger, auch wenn diese mitunter nur knapp dem Tod entrinnen.

Ganz anders in der Deutschschweiz: Eine Mercedeskolonne kann noch so langsam durch Bern oder Zürich fahren, sie wird sie mit Sicherheit unterbrochen: von einem Birkenstocksandalenträger mit vorwurfsvollem Blick, der so seinen Fußgängervortritt und damit die Demokratie als solche in Erinnerung ruft.

Ein anderer kultureller Unterschied manifestiert sich im Ritual des Essens. Zwar wird auch in der deutschsprachigen Schweiz viel gegessen, und ich kann mich sehr gut an die Rituale der Zürcher Regierung erinnern, wo bei den Mittagessen zuerst Weiß- dann Rotwein kredenzt wurde. Da aber mittags keiner von uns Alkohol trinken mochte, blieb es beim gegenseitigen Zuprosten, und die Gläser blieben voll: Das Ritual blieb gewahrt und die Interessen des Wirtes ebenfalls.

In der Romandie spielt das Essen hingegen eine gewichtige Rolle. Schon nur der Versuch, eine Einladung zu einem Essen abzuwimmeln, wird dort gar nicht gnädig aufgenommen. Während in der deutschsprachigen Schweiz Arbeitslunchs mit Sandwichs gang und gäbe sind, wird die soziale Geselligkeit in der Romandie oder der italienischsprachigen Schweiz viel ausführlicher zelebriert und ritualisiert.

RITUALE ZWISCHENSTAATLICHER BEZIEHUNGEN

Unflexibler als die innerstaatlichen Rituale unserer Demokratie empfinde ich diejenigen, die im Verkehr zwischen den Staaten gepflegt werden. Das mag wohl einerseits daran liegen, dass verschiedene Kulturen, Staatsformen und Sprachen ganz besonders darauf angewiesen sind, keine Missverständnisse über die gegenseitige Hochachtung aufkommen zu lassen, weswegen sich international gültige Rituale etabliert haben und kaum verändert werden. Die Unbeweglichkeit liegt wohl auch daran, dass die Sittenwächter, „das Protokoll", sich professionell nur gerade den Ritualen als solchen widmen, ohne deren Hintergründe zu erfragen, sodass gelegentlich gespottet wird, es gehe nur darum, die eigene Berufsgattung am Leben zu halten:

– Offiziell erfolgt ein Briefwechsel zwischen Ministern heute immer noch durch den Botschafter. In Wirklichkeit telefonieren, faxen oder mailen sich die Minister heute direkt. Meist mit einer Verspätung von etwa zehn Tagen überbringt dann auch noch der Botschafter – feierlich und mit telefonischer Vorankündigung – den schon längst beantworteten und in den Medien ausführlich kommentierten Brief und schreibt über die Übergabezeremonie einen Rapport, der an zahlreiche Adressen gefaxt wird.
– Minister, als Vertreter ihres Volkes, begrüßen sich mit den gebührenden und richtigen Titeln, obwohl sie sich alle duzen. Ich erinnere mich an die Vorbereitung eines Anlasses in Genua: Zusammen mit dem italienischen Verkehrsminister hatte ich den Kontrollturm im Hafen einzuweihen. Der Schweizer Botschafter in Rom faxte mir – in ständiger Angst, ich mache alles falsch – noch eine genaue Anweisung in den VIP-Salon des Flughafens – „Eilt! Dringlich!" –, wie der Onorevole korrekt zu begrüßen sei. Während ich das Papier studiere, klopft mir einer von hinten auf die Schultern: „Ciao, come va!" Es war der Verkehrsminister von Italien in einer Windjacke.

Tradition und Erneuerung

Die beiden Episoden zeigen, wie Rituale sich verfestigen und perpetuieren, während die Inhalte sich schon längst gewandelt haben. Doch auch neue Inhalte wollen ihre Rituale, auch sie wollen emotionale Verankerung, auch sie brauchen ihre Symbolik. Rituale werden also auch immer wieder verändert, oder neue werden geschaffen. Das ist nicht immer so einfach.

Zwischenstaatliche Rituale

Da gibt es die schiere Unmöglichkeit, gerade solche zwischenstaatlichen Rituale abzuschaffen! Jeder Staatspräsident ist vom „Protokoll" umgeben, einer Art Korsett, das bis ins letzte Detail die internationalen Kontakte regelt, die der Bundespräsident pflegt, und das nicht politisch, sondern rein formell, traditionell denkt. In der Bundesverwaltung gibt es dafür sogar eine Art Zeremonienmeister, eine speziell ausgebildete diplomatische Person, die mich immer instruieren muss, auf dass ich nichts Falsches mache, was ihr leider nicht immer gelingt.

Anderen Staatsoberhäuptern geht es da nicht besser. Der tschechische Staatspräsident Václav Havel hat sich in einem Interview einmal bitter über die protokollarische Strenge beklagt, die ihn dazu zwinge, „unnormal zu leben". Er halte das Protokoll nur deshalb aus, weil er vom Internat, vom Militär und vom Gefängnis her „trainiert" sei. Ich selber brachte keine dieser Voraussetzungen mit in mein Amt, und so können Sie sich vorstellen, welche Qualen ich erleide.

In einigen Monaten werde ich Václav Havel empfangen. Zu einem Staatsbesuch gehören die militärischen Ehren. Ich ließ Václav Havel fragen, ob er sich eine Alternative vorstellen könne. Er ließ mir ausrichten: Ja. Nun habe ich ein Problem:

Militärische Ehren gibt es seit ein paar tausend Jahren, sie haben schon im Römischen Reich stattgefunden, und sie laufen heute überall auf der Welt – mit kleineren Variationen – nach genau demselben Ritual und einer detaillierten Choreographie ab. Jedes Jahr nach dem gleichen Muster, auch in Bern auf dem Bundesplatz: Zuerst werden die beiden Nationalhymnen gespielt. Der Staatsgast – an seiner Rechten der Bundespräsident, zwei Meter schräg links hinten ein Dreisternegeneral – wartet das Anmelden des militärischen Grußes des Kompaniekommandanten ab, dann bewegt sich die Formation auf dem roten Teppich zu den Soldaten. Diese stecken alle im Tarnanzug, stehen stramm und haben einen Helm an. Vor zwei Jahren wurde anstelle des Helms das Béret eingeführt; aber Protokollexperten haben daran gar keine Freude, denn so sehe man, dass die Köpfe der Soldaten unterschiedlich groß seien und die Haarfarbe variiere. Dies störe die Einheitlichkeit des Bildes empfindlich, sagen sie.

So suche ich denn nach neuen Formen. Václav Havel wäre einverstanden. Aber das ist gar nicht so einfach. Ich wurde mit vielen Ideen beglückt: Männerchöre, Frauenchöre, Kinderchöre, die beiden Nationalhymnen, die in Beethovens Neunte, also die Europahymne, überflössen (nicht in die EU-Hymne, wie ich vorsorglicherweise und leserbriefverhindernd festhalten will) – und so weiter. Die ideale Lösung habe ich noch nicht gefunden. Sie sind alle herzlich eingeladen, mir Ideen zukommen zu lassen.

Neue Rituale

Neue politische Inhalte wollen auch neue Rituale, damit sie emotional verankert sind und Unterstützung durch Symbolik erhalten.

Neue Rituale werden zum Teil dadurch geschaffen, dass ein einmaliger symbolischer Akt eine derartige Bedeutung erhält, dass er von anderen repetiert wird.

- J. F. Kennedy gab nach 100 Tagen Regierungstätigkeit eine Medienkonferenz, um seine erneuernde Effizienz unter Beweis zu stellen. Dies ist zu einem Ritual geworden. Kein Gemeinderat kommt heute mehr um dieses 100-Tage-Ritual herum.
- Willy Brandt hat sich in Polen – offenbar spontan – auf die Knie geworfen und tat so symbolisch Buße für sein Land. Eine Geste, die heute immer wieder kopiert wird und so zum Ritual geworden ist.
- Es ist, um in bescheidenere Gefilde abzusteigen, ein Ritual, dass der Bundespräsident den Automobilsalon besucht, ein Ritual, das zu hinterfragen wäre. Andere Veranstalter ringen um dasselbe Ritual, das *Albisgüetli* (müsste das erklärt werden?) [5] zum Beispiel oder das Forum Crans Montana: Beide möchten, dass der Bundespräsident jährlich zu ihnen kommt.
- Im Zug der Globalisierung hat sich in den letzten Jahren ein neues Ritual zu etablieren begonnen, bei dem sich übrigens auch die Grenzen zwischen Politik und Kirche vermischen: Nach dem Absturz der SR 111 vor Halifax haben zeitgleich in New York, in Zürich und in Genf Trauerfeierlichkeiten für die Angehörigen stattgefunden. Es haben Politiker geredet, es sind aber auch religiöse Elemente – eine Kerze für jeden Gestorbenen, besinnliche Musik – eingesetzt worden, wobei den vielen verschiedenen Religionen der Angehörigen Rechnung getragen wurde.

---

5 Für die mit der Schweizer Politik nicht vertrauten Leserinnen und Leser schon: Im Zürcher Gasthof *Albisgüetli* trifft sich jedes Jahr die nationalkonservative Schweizer Volkspartei (SVP), die zwar in der Landesregierung vertreten ist, jedoch im politischen Alltag die tragende Oppositionsrolle spielt. Seit Jahren versucht die SVP, eine Tradition dahin gehend zu begründen, dass der/die jeweilige Bundespräsident/-in bei ihrem jährlichen Treffen jeweils auftritt. Das ist der SVP aber nicht gelungen, weil eine Zusage nur sporadisch erfolgte und mehrere Bundespräsidenten die Einladung nicht annahmen.

Das Primat gehört der Politik

Jede Politik hat ihre Rituale. Die Rituale leben von Symbolik und sprechen zunächst das Herz an, erst danach den Verstand. Die Politik lebt vom Verstand und vom Herz. Politik, die sich einzig und allein auf die Ratio berief, hat auch die Guillotine und Verbrechen gegen die Menschlichkeit legitimiert. Politik, die einzig aus dem Bauch heraus betrieben wird, kann zur Demagogie und Beliebigkeit verkommen.

Die Kunst der Politik besteht aus der ausgewogenen Mischung der beiden Elemente, wie die Kunst der Küche, die mit Säure und Base, Öl und Essig, Rahm und Zitronensaft umgehen können muss. Wie Nähe und Distanz beim Lösen eines Problems, wie Ruhe und Training beim Sport.

Die Symbolik und somit auch das Ritual ersetzen aber die Emotionalität der Politik selber nicht. Diese muss der Politik selber inhärent sein. Die Rituale und ihre Symbole unterstreichen bloß einen politischen Inhalt, sprechen dabei vorwiegend dessen emotionalen Teil an.

Es besteht die Gefahr, dass das Ritual sich verfestigt und somit die Politik inhaltlich prägt, statt sie nur zu unterstreichen. Auf diese Weise zementiert das Ritual eine Politik, die möglicherweise längst überholt ist. Sowenig also eine Wechselwirkung von Ritual und Politik wegzudiskutieren ist, so wenig darf sich die Politik dem Ritual unterwerfen.

Aus der Architektur kennen wir die These *Form follows function*: Die Form dient der Funktion. Diese These wurde infrage gestellt. Es gebe noch andere Inhalte als die bloße Funktion, und in Tat und Wahrheit beeinflusse die Form auch den Inhalt. Das trifft gewiss zu, und die Debatte könnte ohne weiteres auf die Politik übertragen werden. Ein Ergebnis steht für mich fest: Das Ritual hat dem Inhalt zu dienen und nie der Inhalt dem Ritual!

Und so schließe ich mit einem Klassiker der politischen Rituale, einem Ritual, das Cato begründete, nämlich mit einem *ceterum censeo*. Was ich bei Diskussionen über das Verhältnis von Wirtschaft und Politik stets wiederhole, gilt auch im Verhältnis der Politik zum Ritual:

Das Primat gehört der Politik!

Rituale oder Ratio in der Wirtschaft

Beat Kappeler

Das Menschenbild des Homo oeconomicus legt den Grundstein zu allen Annahmen klassischer Ökonomie. Rationales Verhalten, gesteuert durch das wohlverstandene Eigeninteresse, wird vorausgesetzt. Das Individuum setzt seinen Rhythmus, und Gesellschaft entsteht erst durch die Summe solcher rationaler Einzelschritte, wenigstens gemäß dem methodologischen Individualismus. Rituale haben in diesem Verhaltensbild hier keinen Platz, wenn wir unter Ritualen

- beschwörend wiederholte Verhaltensweisen verstehen,
- die nicht weiter erklärt werden müssen,
- die für alle Teilnehmenden verbindlich sind und
- sie zu Eingeweihten machen.

Wirtschaftliches Geschehen müsste also rational, als direkte Tauschhandlung, ablaufen.

Und dennoch gibt es Rituale im wirtschaftlichen Geschehen. Um sie zu sehen, müssen wir uns daher von der klassischen wirtschaftlichen Theorie etwas lösen und praktisches Beobachten betreiben, und um die Rituale zu erklären, benötigen wir die Hilfe vielleicht der Soziologie, der Psychologie oder kritischer Alternativlehren zur Wirtschaft.

So beginnen wir mit der Beobachtung. Als erstes, nicht nur wirtschaftsspezifisches Ritual drängen sich die *Sitzungen* auf. Strikt rationale Überlegungen, was denn geldwerte Verhaltensweisen seien, müssten von zwei Dritteln der im Lande und anderswo abgehaltenen Sitzungen abraten. Natürlich wird man sie damit begründen, dass sie eine breitere Kommunikation bieten als jene, welche bloß über Sprache oder Datenträger vonstatten geht. Doch legen viele Gremien ihre Sitzungen weit übers Jahr voraus fest und bleiben dabei, ob nun eine solche Kommunikation nötig wird oder nicht. Bei den Sitzungen selbst treten die viel beschrieenen Abläufe ein – Präsidenten reden zuerst, sie reden am meisten, sie reden zuletzt, der Kaffee wird von Frauen hereingereicht. Nationale Unterschiede zeichnen sich ab, Amerikaner beginnen mit selbstironischer Rede und schwenken unvermittelt zum Angriff über, Deutsche erläutern sich in längerer Vorrede, Hauptrede und enden in Behauptungen, aus denen sie nur schwer wieder herauskommen, Schweizer in ihrer Lakonie aber, im Falle, dass sie strikt gegen etwas sind, wenden vorsichtig ein, dass man dies oder jenes vielleicht noch näher abklären sollte. Dann sagen sie nichts mehr, und es ist an den andern, den Grad an Beleidigung herauszuspüren.

Die *Kleidung* spielt im Wirtschaftsleben noch immer eine Rolle: Man kann die Schichten zwischen unten und oben immer noch gut auseinander halten. Nur in der Freizeit tragen alle Männer Schlotterwesten oder Trainingsanzüge oder die immer stärker durch die einzelnen Sportarten festgelegten ritualisierten Kleidungen – für Tennis, Reiten, Golf, Radfahren. Auseinander halten kann man auch meist die Leute aus der Industrie oder von den Banken, die Dreißig- oder Sechzigjährigen. Angelsächsische Regeln setzen sich neuerdings stärker durch – die Krawattenspitze muss den Gürtel berühren, dunkel ist besser als hell, und nach einem Arbeitstag muss zum Abendanlass in der Firma oder auf Tagungen unverbrüchlich zum dunklen Anzug gewechselt werden. Schick für höher gestellte Männer sind auch leicht aufdringliche Parfums geworden.

Geschäftshäuser, Hauptsitze gehorchen ebenfalls mehr als nur zweckrationalen Bestimmungen. Sie verschwenden meist das ganze Erdgeschoss als Eintritts- und Orientierungsraum. Sie haben Schaufassaden, die dem Barock nicht nachstehen. (Im Unterschied zum immer schön zentrierten Barock allerdings merkt man bei Bauten der Moderne nicht mehr, wo der Eingang ist.) Die innere Architektur differenziert die Größe der Büros und ihre vertikale Anordnung nach der Stellung ihrer Benutzer. Fügen wir noch die Parkplatzordnung an sowie die internen Telefonnummern, die oft sehr direkt die Rangnummern von 1 an abwärts andeuten, so wie sie beim Bund[1] für den

---

1 Gemeint ist die Schweiz.

Departementschef immer mit der 01 enden. Allerdings hat sich vielerorts einiges geändert – die Hierarchien wurden flach, die Gebäude sind nur noch zugemietet und nicht mehr sorgfältig ausdifferenziert. Die Virtualität künftiger Wertschöpfungsketten, die ihre Akteure nur noch über Netze verknüpfen, wird wohl dünnere Rituale bringen – oder andere.

Viele dieser Rituale sind auch einfach Moden, sie sind schon oft beschrieben worden. Wenden wir uns daher tieferen Schichten wirtschaftlicher Rituale zu. Wir begeben uns von der betriebswirtschaftlichen auf die *volkswirtschaftliche Ebene*. Da sind größere Zusammenhänge zu begutachten, die Rituale lassen sich weniger nur als kuriose Verhaltensweisen der Individuen im Alltag beschreiben. Vielmehr sehen wir auf dieser Ebene breites, gleichförmiges Verhalten, das rational erklärt, durch Theorie verbrämt wird, das aber geradeso gut auch als nichtvernunfthaltiger Wiederholungszwang gedeutet werden kann.

Wir haben mit den Jahren 2000 und 2001 denkwürdige Börsenjahre hinter uns. Zuerst stiegen die Kursbewertungen der Internetgesellschaften innert Tagen um 40, 50 Prozent, um schließlich Mitte März 2000 einen Stand zu erreichen, der oft dem Fünfzig- bis Hundertfachen nicht nur der Gewinne, sondern gar der Umsätze entsprach. Die Kurswerte der amerikanischen Technologiebörse NASDAQ zusammen übertrafen den Wert aller deutschen oder japanischen Firmen. Aber auch die übrigen Aktienkurse erreichten ein Rekordniveau. Wiederum im März entsprachen sie im Durchschnitt der Aktien im Standard & Poors-Index dem Dreiunddreißigfachen der Gewinne pro Aktie. Noch in den frühen 80er-Jahren bezahlten die Aktionäre kaum mehr als das Zehn- bis Zwölffache, sodass diese Änderung der Bewertungspraxis für sich allein schon fast eine Verdreifachung der Kurse erklärt und bewirkte.

Die Erklärungen der Analysten wurden mehr und mehr zur Grundlage der Anlageentscheide von Millionen der Kleinaktionäre. Teils waren diese Erklärungen selbstreferenziell, indem Aktien, die noch nicht das Dreißigfache des Kurs-Gewinn-Verhältnisses erreicht hatten, als „günstig" empfohlen wurden, teils lag ein neues Bewertungsritual zugrunde: Nach dem Konzept des Shareholder-Value war erstens nicht wie früher die Substanz einer Firma maßgebend für den Kurs der Aktie, also ihre geronnene Geschichte, sondern die auf heute abdiskontierten Gewinne der nächsten Jahre, die noch nicht geschehene Zukunft. Zweitens mussten diese Gewinne den Renditen alternativer Anlagemöglichkeiten der letzten Jahre auf den Aktienmärkten entsprechen – das Eigenkapital der Firmen wurde mit einem hohen Renditeanspruch versehen, der ebenfalls – systemisch gesehen – selbstreferenziell war.

Hinzu kamen die üblichen Taktiken des Schönschreibens von Firmenbilanzen: Kaufte eine Firma eine andere zu höheren Preisen, als es ihrem Buchwert entsprach, trat ein Posten „Goodwill" in die Bilanz oder wurde gleich zulasten des eigenen Kapitals abgeschrieben, denn Substanz spielte keine Rolle mehr. Einzelne Firmenteile mit hohem Technik-Appeal wurden an die Börse gebracht, wobei die Mutterfirma einen Teil behielt. Wertete sich der verkaufte Teil an der Börse auf das Drei- bis Fünffache auf, war auch der zurückbehaltene Teil so viel mehr wert – und die Mutterfirma eben auch, ihre Kurse stiegen ihrerseits. Wieder andere Firmen bezahlten ihre Kader, Mitarbeiter, ihre Anwälte, Bankiers und Werber mit immer neu gedruckten Aktien und Optionen, sodass sie keine Kosten, große Gewinne und deshalb immer weiter steigende Aktienkurse kannten. Aktien wurden zur selbst gedruckten Währung, die von allen willfährig angenommen wurde.

Nun, im März 2000 stiegen die ersten klugen Anleger aus, dann die größeren, dann brachen die Kurse ein, im September nochmals. Heute hat sich alles mehr als halbiert, manchmal auch durch zehn geteilt. War das alles nun rational oder Ritual? Rational war sicher einiges, etwa die Bereitschaft, höhere Kurs-Gewinn-Verhältnisse zu bezahlen, denn das Risiko, Aktien zu halten, ist gegenüber den inflationären, ölgeschockten und sozial turbulenten 70er-Jahren geringer geworden. Aber es war irrational, weit über einen Wert von 20 oder 30 hinauszugehen. Rational war an sich die Erwartung, dass aufgrund der neuen Bewertungsmuster der Analysten immer weitere Dritte bereit sein würden, hoch bewertete Aktien abzukaufen. Aktien sind eben nur so viel wert, wie der nächste Käufer zu berappen bereit ist. Doch gerade dieses selbstreferenzielle Element führt Irrationales, Rituelles ein. Man bewertet Aktien nicht mehr nach den zugrunde liegenden Realitäten, sondern nach der Wahrscheinlichkeit, dass andere noch mehr zu bezahlen bereit sind. Dieses wirtschaftliche Verhalten beruht auf seiner Verallgemeinerung, es beruht auf „Fortführungswerten", wie die Bilanzkunde dies nennt. Nur wenn die Sache weiterläuft, sind die Werte gerechtfertigt, sonst nicht.

Eine Turbinenfabrik hat einen riesigen Wert, wenn sie viel produziert. Muss sie abgebrochen werden, ist ihr Wert sogar negativ, sie kostet noch, anstatt etwas einzubringen.

Somit müssten wir, wie eingangs angesprochen, auch Psychologie oder Soziologie zur Erklärung heranziehen. Die Psychologie findet in diesem Kreise bessere Fachleute als mich, sodass ich aus der Soziologie das holistische Konzept dem hier bisher geübten methodologischen Individualismus gegenüberstellen möchte. Wirtschaftliches Verhalten gehorcht nicht nur rationalen Einzelentscheiden, die sich zu kollektiven Schüben aufaddieren, sondern wir können vom andern Ende her diagnostizieren, dass in der Gesellschaft „soziale Fakten" (nach Émile Durkheim 1979) vorhanden sind „als Verhaltens-, Denk- und Wahrnehmungsweisen, die außerhalb des Individuums bestehen und die sich ihm mit zwingender Macht auferlegen". Wenn wir diese sozialen Fakten als Rituale bezeichnen, erweitert sich das Thema des Rituals auf weite Bereiche wirtschaftlichen Verhaltens. In unserem Beispiel stehen wir vor einer Technik des Geldbeschaffens für Firmen über Ausgabe von Aktien und deren Handel unter Anlegern, vor einer Übereinkunft, wie solche Aktien zu bewerten seien, was richtige Kurse und Renditen wären, vor großen anlagesuchenden Kapitalien, vor Moden, Gerüchten, Ängsten und Gier. Dies alles zusammen schafft den sozialen Fakt „Börsenkult", die Börsenwelt, die Börsenhaussen und Börsenkrisen. Das ist kein „Kasinokapitalismus", wie manche meinen, das ist ein Fakt, der funktioniert, welcher Realkapital beschafft und verteilt in Maschinen, Programme, Labors, Werbefeldzüge, Verkaufsketten.

Wir könnten aber auch alternative Wirtschaftslehren statt die klassischen heranziehen, etwa die *Institutionenökonomie*, welche viele Erscheinungen als Institutionen beschreibt, oder den oppositionellen Marx, der in den zentralen Verhaltensweisen des marktgesteuerten, privatbesitzenden Systems nur Fetische sieht. Fetische sind Geld, Waren, Werte, Wachstum und Akkumulation. Und wann bedient man sich der Fetische, wenn nicht in Ritualen! Marx könnte also als Kronzeuge für Rituale in der Wirtschaft genommen werden. Robert Kurz (2000) greift in seinem Marx-Reader diesen verdrängten Aspekt des alten Kritikers auf, der seinerzeit den realen Sozialisten unbequem war und der auch den Konsumismus des siegreichen Systems künftig aus den Angeln heben könnte. Denn Marx ging es nicht darum, einfach die Direktionsetage auszuwechseln, das System würde nicht besser, wenn die Ausgebeuteten die stinkenden Fabriken besäßen anstelle der dickbäuchigen Kapitalisten.

Sondern seine Kritik gliederte die Werte in Gebrauchswerte und Tauschwerte – Gebrauchswerte erzeugte der frühere selbstständige Handwerker, der Arbeiter im kapitalistischen System aber produziert irgendwas in Masse, damit der Besitzer dies tauschen, gegen Geld verkaufen kann, und der sodann damit wieder Ware einkauft, sie verwandelt, abstößt und Geld gewinnt, dieses wieder in noch größere Fabriken investiert, noch mehr tauschen kann. Man produziert an sich Nützliches, aber nicht dieser Nützlichkeit wegen, sondern seines Tauschwerts wegen, um am Schluss als Kapitalist mit immer mehr „Werten" dazustehen, ausgedrückt in abstrakten Geldzeichen. Der Kapitalismus produziert nicht Sinn, sondern Geldzeichen. Das ist der Fetisch, und vor ihm liegen Arbeiter wie Kapitalisten auf den Knien, sie ersehnen Geldzeichen, Tauschwerte, Wachstum, obwohl sie alle doch eigentlich nur gern gut äßen.

Das ist eine packende Sicht, welche sich sogar bei hart arbeitenden Spitzenleuten oft von selbst auch einstellt – all die Plackerei, nur um irgendwelche Metallprofile noch schneller herzustellen, sie in noch weiterer Ferne abzustoßen und die Bankkonten weiter zu füllen ... Doch dürfte sich Kurz täuschen, wenn er aus dieser Sicht eine bessere gesellschaftliche Organisation ableiten möchte, indem er weiterhin auf den Kollaps des Systems hofft.

Denn erstens müsste eine Gesellschaft, die nur Gebrauchswerte herstellt – durch frei assoziierte „Produzenten" (Arbeiter), wie Marx wünschte – sich klar darüber verständigen, was denn zulässige Gebrauchswerte sind. Das heißt, irgendwelche gesellschaftlichen Instanzen dürften über Sinn befinden. Das aber war die Todsünde des realen Sozialismus, hier fand er nicht den Sinn, sondern den Gulag. Letztlich führt von der *volonté générale* Rousseaus eine Blutspur zu Stalin, wenn die Gesellschaft eben irgendwo verbindlich weiß, was ihr eigener Sinn sein soll. Das kann und soll sie nicht wissen, denn sie soll offen sein, evolutiv, spontan. Was im Haushalt, im Einzelleben gesucht werden soll als dessen Sinn, das darf die Gesellschaft nur als Summe solcher Sinnsuche haben, wechselnd, vorübergehend verständigt, nicht fix und für immer.

Und zweitens kann Geld, kann Arbeitsteilung, kann unterschiedlicher Gelderfolg auch als klare implizite wie explizite gesellschaftliche Verständigung angesehen werden, als sozialer Fakt. Denn es ist heute, in einer gebildeteren, erfolgreicheren, ja reicheren Volkswirtschaft als zu Marxens Zeiten allen klar, dass diese Arbeitsteilung, wo alle nicht einfach das letztlich Sinnvolle, Gebrauchsrichtige herstellen, sondern einen beliebigen Teil, schließlich durch die freie, wettbewerbliche Koordination das Ganze dann doch hervorbringt: Irgendwo entstehen dank des vielfachen Tausches dann Gebrauchswerte, die man ihrer selbst wegen kaufen kann, reichlich, weil wir dank Arbeitsteilung (gleich Rationalisierung, Ratio) reich sind. Das Geld ist damit nur Schmiermittel, Gutschein, welcher den Waren in der Gegenrichtung folgt und welcher die Berechtigungen dazu festhält. Da die Gesellschaft offen ist, da niemand den Sinn, den Status oder den Gebrauch befehlen darf, kann jedermann auch aufsteigen, selbstständig werden, Gebrauchswerte herstellen, seine Arbeitszeit entsprechend variieren, Lebenszeit statt Tauschzeit beziehen. Dank Geld kann jeder auch Leistungen heute erbringen, den Lohn aber später, als Feriengeld, als Pension beziehen.

Damit dieser soziale Fakt aber klappt, muss diese Gesellschaft marktausgerichtet sein, müssen Eigentums- und Handlungsrechte definiert und bis vor Gerichte verteidigt werden, muss Geld einen stabilen Wert über Jahrzehnte hinweg behalten und auch dann einlösbar sein in die erst dannzumal ad hoc produzierten Gebrauchswerte. Dies alles setzt eine unerhörte gesellschaftliche Stabilität und gesellschaftliche Auffächerung voraus – gleichzeitig und diachron, über unsere Zeit hinaus. Wir glauben daran, sowohl implizit und augenzwinkernd wie auch explizit in Verfassungsabstimmungen wie im Jahr 1999, mit ihrer Garantie der Eigentums- und Grundrechte. Wir glauben daran, indem wir kapitalfundierte Pensionssysteme errichten, Anlagen fürs Alter tätigen.

Von Marx aus gesehen, vom Mars aus gesehen, sind dies Rituale, wenn ich mich gleichförmig wie alle andern auf solche Rationalitäten einlasse und hoffe, ich kriege, wenn ich nur fleißig irgendetwas herstelle und leiste, gleich in der Bäckerei nebenan dafür mein Brot, heute und in 30 Jahren. Nur wenn der soziale Fakt hält, wenn der Kitt der Gesellschaft dauert, ist dies rational. Viele Rituale der Wirtschaft sind rational, solange diese Selbstreferenz[2] der Gesellschaft anhält. Wenn sie nicht hält, dann waren diese Rituale irrational. Das aber wüssten wir erst im Nachhinein.

---

2 Vielleicht auch: αντοποιησισ, Niklas Luhmann.

Heavy Mental

Richard Reich

EIN SPIELBERICHT

Als die Welt noch heil war und der Ball noch rund, hatte auch das Kuscheltier noch seinen festen Platz im Fußballstadion. Egal welche Mannschaft gerade spielte, im Tor hockte mit Sicherheit der Teddybär. Lässig lehnte er im Netz, wie ein Tourist in der Hängematte. Er trug je nachdem einen blauweißen, einen gelbroten oder einen grünschwarzen Strickpullover und strahlte jede Menge Optimismus aus. – Glücklich der Torhüter, der so einen Bär in seinem Rücken wusste! Da konnte nun wirklich fast nichts passieren.

Als die Welt noch rund war und der Ball noch heil, gehörte der Teddybär so gut wie die Eckfahne und die Pausenbratwurst zu jedem Fußballspiel. Unterm Arm des Torhüters betrat er den Rasen, während eine Militärkapelle positive Blasmusik spielte. Die 22 Fußballer und die zwei Bären reihten sich im rechten Winkel zur Mittellinie auf, um den Zuschauern zuzuwinken. Dann wurden, falls es sich etwa um ein Länderspiel oder sonst ein bedeutendes Treffen handelte, die Nationalhymnen gespielt.

Nach den Hymnen nahm der Schiedsrichter, der früher durchaus noch ein bisschen wie ein Ständerat ausschauen durfte, mit den beiden Captains die Platzwahl vor. – Kopf oder Zahl? Der Gast hatte die Wahl. Die Münze wirbelte durch die Luft, und der Captain, der richtig gesetzt hatte, durfte bestimmen, in welche Richtung er mit seiner Mannschaft antreten wollte – oder ob er lieber den Anstoß ausführen mochte. Die Platzwahl ist nur scheinbar eine banale Angelegenheit. Mitunter ist sie von vorentscheidender Bedeutung. Manche Mannschaften möchten ihre Spiele nämlich immer mit dem eigenen Anhang im Rücken beginnen. So fühlen sie sich sicherer. Andere Mannschaften wiederum sind überzeugt, dass sie nur dann gewinnen können, wenn man sie zuerst gen Osten angreifen lässt. Das hat sie die Erfahrung gelehrt.

Nach der Platzwahl wurde der Teddybär vom Torhüter zum linken oder zum rechten Tor getragen und dort in die linke oder in die rechte Torecke gesetzt. In welche Ecke der Bär zu sitzen kam, hing von verschiedenen Faktoren ab. Erstens vom Umstand, ob der Torhüter ein Links- oder ein Rechtshänder war. Zweitens von der Frage, ob die rechte oder die linke Ecke die starke beziehungsweise die schwache Ecke des Torhüters war. – Manche Torhüter setzten den Teddybär im Sinne einer Verstärkung immer in die schwache Ecke. Andere Torhüter hingegen ließen den Bären lieber ostentativ in ihrer guten, in ihrer sicheren Ecke thronen. Damit hofften sie, das positive Grundgefühl im ganzen Goal zu akzentuieren.

Mitunter hatte der Torhüter allerdings gar keine Wahl. Denn wenn er nach dem Münzenwurf endlich mit seinem Teddy in seinem Tor angelangt war, saßen dort bereits mehrere Bären, welche aus den Reihen der Fans auf den Stehplätzen zugewandert waren. Dieses erhöhte Bärenaufkommen brachte die Torhüter nun in Verlegenheit. Denn einerseits fühlte sich damals jeder Goalie sogleich verunsichert, wenn der eigene Teddybär, der Stammbär sozusagen, während des Spiels nicht wie üblich in der angestammten Ecke saß. Andererseits aber wäre es als Affront, als Risiko taxiert worden, wenn der Torhüter die Teddybären der Fans kurzerhand versetzt hätte oder vollends aus dem Tor verbannt. – Vertriebene Maskottchen rächen sich bestimmt! Also musste der Torhüter manch ein Spiel wohl oder übel mit einem oder mehreren Fremdbären im Nacken überstehen. Er musste sich bei Eckbällen mit einem ungewohnten Teddy im rechten oder linken Augenwinkel abfinden. Und er konnte nur hoffen, dass diese irritierende Konstellation keine unerfreulichen Auswirkungen auf seine Leistung und auf den Spielverlauf hatte.

Trotzdem gehörte der Teddy, als die Welt noch kein Dorf, sondern die Welt war und der Mensch noch nicht allmächtig, sondern ein Mensch, zum Fußball wie das Hufeisen zum unfallfreien Auto. Der Bär wurde überallhin mitgeschleppt, wurde gehätschelt und gepflegt. Nicht wenige Torhüter lobten oder tadelten ihren knopfäugigen Wegbegleiter je nach Spielverlauf. Das Kuscheltier war, genau wie einst im Kinderbett, ein gutes, einfaches, aber effizientes Medium. Ein Ventil, um äußeren und inneren Druck auszugleichen. Ein Mittel, um sich selber von sich abzulenken.

Niemand kann heute noch sagen, wann und wie genau der Teddybär aus den Fußballtoren dieser Erde verschwand. Das Warum hingegen liegt auf der Hand.

Wohl werden manche Sporthistoriker nicht müde zu behaupten, es seien übervorsichtige Trainer gewesen, die den Teddybären des Feldes verwiesen hätten. Nämlich mit der Begründung, die gegnerischen Stürmer würden die in den Torecken kauernden Kuscheltiere bei Fernschüssen gern als Orientierungshilfe und Zielscheibe benutzen. Aber in Tat und Wahrheit wurde der zottelige Glücksbringer durch ein Zauberwort verdrängt. Von einem Moment auf den andern sah sich das konkrete Maskottchen durch eine abstrakte Größe ersetzt. Nämlich durch die Mens, oder genauer: durch das Mentale.

Laut einer privaten Statistik haben allein seit dem Jahrtausendwechsel 253 168 Athletinnen, Fußballer, Trainerinnen und Präsidenten gegenüber deutschsprachigen Medien das Wort „mental" in den Mund genommen, und zwar im Durchschnitt 1,7-mal pro Satz. Diese Sätze lauten in der Regel ungefähr so:

Der Mittelstreckenläufer X: Ich habe mich mental sehr genau auf diese Strecke eingestellt.

Die Schwimmerin Y: Ich habe mich im mentalen Bereich entscheidend verbessert, und zwar vor allem, was den mentalen Durchhaltewillen im Schlussspurt betrifft.

Der Fußballer Z: Der Trainer sagt, dass jedes Spiel mental im Kopf entschieden wird, und wenn du mental optimal spielst, hast du von der Mentalität her nämlich auch die nötige Aggressivität.

Der Begriff des Mentalen, die Sehnsucht nach mentaler Stärke hat inzwischen alle Gesellschaftsteile und -schichten erreicht. Und in der Tat ist die Vorstellung natürlich schon verlockend, dass man sich – ähnlich wie einst der Baron von Münchhausen am eigenen Haar – nun sozusagen am eigenen Hirn aus dem Sumpf der eigenen Mittelmäßigkeit ziehen könne. Auf entsprechend fruchtbaren Boden ist diese Idee gefallen.

Wenn man unter dem Stichwort „mental" das Verzeichnis lieferbarer Bücher absucht, stößt man auf 429 Eintragungen. Zitiert seien hier nur die ersten paar Autoren und ihre Titel in streng alphabetischer Reihenfolge:

Ackermann, Andreas: *Easy zum Ziel – Wie man zum mentalen Gewinner wird*.

Ackermann, David: *Handlungsspielraum, mentale Repräsentation und Handlungsregulation am Beispiel der Mensch-Computer-Interaktion. Untersuchungen zum Prinzip der differentiellen und dynamischen Arbeitsgestaltung*.

Ackermann, Rita: *Ab heute tu ich, was ich will – Mit Mentaltraining das Leben bewusst gestalten*.

Allmen, Marianne von: *Mit Mental-Trainig erfolgreich abnehmen*. (Auch als Sprechkassette erhältlich.)

Ambrosch, Ulrich: *Unternehmensentwicklung und mentales Re-Engineering*.

Es ist bekannt und erwiesen, dass die Gesellschaft mithilfe solcher mentalen Trainingslehre unter Umständen kollektiv weiterkommen und individuelle Erfolge erzielen kann. Die mentale Aufrüstung vermag jenen Menschen zu helfen, die sich mit Ängsten selber im Wege stehen. Sie kann Leute entlasten, die sich von einem diffusen Erwartungsdruck lähmen lassen. Sie kann die Performance von Individuen oder Gruppen stabilisieren, die permanent oder wiederkehrend im Ausnahmezustand agieren und funktionieren müssen – wie etwa Spitzensportler. Eine Siebenkämpferin, die ständig scheitert, weil sie im Hundertmeterlauf einen Fehlstart nach dem anderen verursacht, ist wie eine Schülerin mit Prüfungsangst. Hier ist mentales Training ein Möglichkeit. Einem Fußballer, der vor dem leeren Tor immer daneben schießt, weil er vor seinem geistigen Auge das eigene Danebenschießen immer schon antizipiert, kann das Mentaltraining ebenso helfen wie einem Tennisspieler, der in entscheidenden Spielphasen notorisch zu Doppelfehlern neigt.

Interessanter als das beträchtliche Ausmaß der allgemeinen mentalen Aufrüstung ist ihre konkrete Ausprägung in der alltäglichen Anwendung oder, anders gesagt: ihre Ritualisierung. Mag es am Anfang beim mentalen Training noch um den Versuch gegangen sein, gewisse psychische Unsicherheitsfaktoren nach objektiven Kriterien und mit objektivierbaren Methoden zu reduzieren oder auszuschalten, so wirkt die ganze Übung mittlerweile speziell im Spitzensport wie eine einzige gigantische Suggestion ... beziehungsweise: Autosuggestion.

„Du kannst es!"
„Du weißt, dass du das im Training schon geschafft hast!"
„Was auch geschieht, du musst dich nur auf dich allein konzentrieren!"
„Du willst mit deinem ganzen Ich, dass dieser Ball jetzt ins Netz geht!"
Und so weiter und so fort.

Wie Prediger reden die Trainer ihren Athletinnen und Athleten buchstäblich den Kopf voll. Und wie Sektenmitglieder murmeln diese die Leitsätze dann endlos vor sich hin. Die infiltrierte, rasch verinnerlichte Wahrheit wird so lange vor und während des Wettkampfes repetiert, bis sie sich wieder äußerlich materialisiert und manifestiert und sich später auch für die Mikrophone der Medien reproduzieren lässt:

„Ich war sicher, dass das Potenzial dazu in mir steckt."
„Ich habe gewusst, dass ich für diesen Rekord bereit war."
„Die Mannschaft hat sich nur auf ihr eigenes Spiel konzentriert."
„Wir haben gewonnen, weil wir diesen Sieg mehr wollten."

Um ihre Schützlinge in diesen Bewusstseinszustand bzw. in diesen Selbstbewusstseinszustand zu versetzen, greifen die Trainer wie Druiden und Medizinmänner zu allerlei Tricks. Ein bekannter Fußballtrainer pflegt den Erfolg zu veranschaulichen. Er hält seinen Spielern bei jeder Gelegenheit Symbole des Sieges vor Augen. Zum Beispiel malt er ein so genanntes Wunschresultat wie ein Programm an die Wandtafel. Auch hat er vor wichtigen Spielen schon mal kleine Schokolade-Remakes des zu gewinnenden Meisterpokals an seine Spieler verteilt. Ein berühmter Eishockey-Nationaltrainer versucht während der Vorbereitung wichtiger Ereignisse, mit seinen Spielern ständig mentalen Kontakt zu halten. Etwa indem er übers Handy aufbauende SMS-Mitteilungen verschickt – damit auch ja keiner im Kino sitze, ohne hin und wieder erinnert zu werden: „Come on, boys! Noch 48 Stunden, noch zwei Siege, und das Saisonziel ist geschafft."

In dieser Form ist das mentale Training im Prinzip nichts anderes als eine Synergie zweier schon längst kultivierter Motivationstechniken: nämlich des *Positive Thinking*, also die Kraft des positiven Denkens, und des *Visualizing*, also der Sichtbarmachung eines möglichen Weges zum Erfolg.

Der Terminus „das Mentale" hat gegenüber diesen beiden Fachbegriffen nun aber den unschätzbaren Vorteil, dass ihn die Mehrheit der Menschen nicht so ganz versteht. Positiv denken. Sichtbar machen. Das sind Tätigkeiten, die im Bereich unserer Möglichkeiten liegen. Die wir beginnen und beenden können. Die wir uns zutrauen. „Mentale Stärke" hingegen – da schwingt doch allerlei Unerhörtes und Unvorstellbares und Unbegreifliches mit. „Mental" – das zielt doch direkt in die unergründlichen Tiefen des menschlichen Gehirnes und der menschlichen Psyche. Und je tiefer und diffuser wir uns diese Tiefen vorstellen, desto ungehemmter können wir da eine geballte Ladung Hoffnung hineinprojizieren. Desto leichter fällt es uns, eine völlig irrationale Heilserwartung gegenüber dieser scheinbar rationalen Technik zu entwickeln. Desto problemloser können wir ganz einfach daran glauben.

Damit ist der Bogen geschlagen vom armen veralteten Teddybären zu dieser faszinierend eleganten, modernen Lehre vom Mentalen, die das Kuscheltier aus der Sportwelt verdrängt hat. Lebte schon das zottelige, trottelige Maskottchen seinerzeit von Projektion und einer latent abergläubischen Heilserwartung, so konnte auch die Lehre vom Mentalen nur deshalb so flächendeckend greifen, weil ihre Anwender von vorneherein praktisch unbesehen und kritiklos bereit sind, daran zu glauben. War schon der Teddybär als Glücksbringer ein rituell integrierter Bestandteil der Sportwelt, so ist auch der Weg zum mentalen Hoch mit rituellen, teilweise stur repetitiven Vorgängen gepflastert.

Genau wie einst der Teddybär dient das mentale Training in erster Linie dazu, einen Menschen im Ausnahmezustand von seinem Inneren samt seiner bedrohlichen Umgebung abzulenken. Es ist ja tatsächlich hilfreich, in Momenten höchster Konzentration die Komplexität der Welt auszublenden und den Blick und die Kräfte auf eine einzige Aufgabe zu fokussieren. Und weil diese auszublendende Welt, verglichen mit der Teddybärzeit, komplexer geworden ist, muss eben auch ein raffinierteres Ablenkungsmanöver, ein komplizierterer Heilsbringer her. Eine Lehre, die sich mental auf der Höhe unserer durch und durch psychologisierten Zeit bewegt, die aber ihre Jünger gleichzeitig auch wieder zu Gläubigen werden lässt.

Hohepriester der mentalen Erbauung wie die erwähnten Fußball- und Eishockeytrainer sind längst über den Spielfeldrand hinaus gefragte Leute. In jeder freien Minute halten sie gut bezahlte Referate vor den mental zu stählenden Nachwuchsabteilungen von Industrieriesen. Sie trainieren die Junioren der Politikerkaste. Sie stärken den Geist zukünftiger Finanzgladiatoren. Das ist weiter kein Wunder. Denn dass die Welt der Wirtschaft und der Politik mindestens so irrational funktioniert wie der Sport, das haben die letzen Wochen und Monate wohl doch hinreichend bewiesen.

Nützlichkeit und Grenzen von Ritualen und ritualisierten Übergängen in der Praxis systemischer Therapie

Rosmarie Welter-Enderlin

Rituale als Bewahrer von Bezogenheit und Zugehörigkeit in einer Welt, die sich täglich ändert und kaum Orientierung für kritische Lebensübergänge, für Abschied, Tod oder Weiterleben vermittelt, haben in den letzten Jahren im therapeutisch-beraterischen Setting einen festen Platz bekommen. Der auf die Wende der 68er-Jahre zurückzuführende kritische Umgang mit bewahrenden Ritualen, welche ja auch durchaus repressiven Charakter haben können, hat in den letzten zwei Jahrzehnten einem Enthusiasmus für den Nutzen therapeutischer Rituale Platz gemacht, der auch Schattenseiten hat.

Im Trend „lösungsorientierter Kurzzeittherapien" gerieten Rituale bzw. ritualisierter Umgang mit unabgeschlossenen Geschichten oder redundanten Mustern von Schuldzuweisung zu schematischen Interventionstechniken. Seit zum Beispiel Evan Imber-Black auf unserem Kongress in Zürich 1990 zeigte, wie sie einer jungen Frau half, alte Kränkungen auf Zettel zu schreiben, diese im Aschenbecher im Therapieraum zu verbrennen und durch das Erzählen der entsprechenden Geschichten von ihnen Abschied zu nehmen, erlebe ich in Supervisionen, dass das Verbrennen solcher „Schuldkarten" da und dort zu einer hastigen Wunderlösung abgeflacht ist. Die ausführliche Fallbeschreibung von Evan Imber-Black findet sich in *The Changing Family Life Cycle* (Carter a. McGoldrick 1988, p. 157), sie zeigt, wie differenziert sie an die Sinn- und Lebenswelt der betreffenden Klientin anschließt. Ich will mich darum bei den Schlussüberlegungen zum vorliegenden Buch mit Möglichkeiten und Grenzen therapeutischer Rituale befassen und anhand einer Fallskizze aus meiner Praxis zeigen, dass eine maßgeschneiderte therapeutische Verwendung von Ritualen nicht normativ angelegten Schienen folgt, sondern anschließt an die Sinnstrukturen und den individuellen Rhythmus von Klienten.

THERAPEUTISCHER UMGANG MIT STECKEN GEBLIEBENEN PROZESSEN

Wer als Professionelle/r nicht weiterweiß im stecken gebliebenen Prozess einer Therapie, hat diverse Möglichkeiten:

- Er oder sie geht mit dem „Fall" in Supervision, und gemeinsam denkt die Gruppe laut über das nach, was in einigen Therapieschulen als *Widerstand* gegen Wandel oder gegen die Lösung von Problemen bezeichnet wird. Die Frage, warum zum Kuckuck diese Familie oder jenes Team sich in jeder Sitzung genau gleich leidend-klagend-fordernd um die eigene Achse dreht, wird zum Beispiel unter Aspekten betrachtet, welche Aggressivität oder Depressivität oder andere defizitäre Persönlichkeitsmerkmale ins Zentrum rücken. Dabei hilft es den Betroffenen im ersten Moment, die Gründe für diese Merkmale und den darauf basierenden Widerstand gegen Wandel jemand anderem in die Schuhe zu schieben: Mütter sind hierzu gut geeignet, weil sie in den meisten Fällen mehr Zeit mit dem (ehemaligen) Kind verbracht haben als Väter oder beispielsweise Lehrer/-innen. Vorgesetzte eignen sich ebenfalls für die Rolle der Verhinderer von Wandel. Ideen, die in dieser Denkweise zum Thema Widerstand aus der Gruppe kommen, haben denn auch häufig mit dem Auf-, Ab- und Durcharbeiten schädigender Erfahrungen zu tun. Rituale sind bei diesem Konzept eher selten im therapeutischen Handlungsrepertoire zu finden.
- Eine beliebte zeitgenössische Variante im Umgang mit stecken gebliebenen therapeutischen Prozessen beruht auf der Annahme, dass Klientinnen und Klienten ihre „Lösungen" immer schon selber kennen und lediglich durch noch geschicktere Fragetechniken oder noch positivere Suggestionen herausgefordert werden müssen, an ihr bestehendes Lösungswissen anzuknüpfen. Im Gegensatz zum ersten Beispiel sind bei diesem therapeutischen Konzept Blicke in den Abgrund Leid bringender Geschichten unbeliebt, direkte Fragen nach solchen ver-

pönt. Hingegen wird gerne nach positiven Ausnahmen bezüglich problematischer Situationen gefragt oder auch nach möglichen Wunderlösungen. Die Idee ist, dass derartige Fragen im Kopf der Betroffenen Unterschiede zu ihren bisherigen Annahmen sowie die Motivation zur Verflüssigung des Leid bringenden Ist-Zustandes erzeugen.

Bei Therapeutengruppen, welche eine solche „Lösungsorientierung" vertreten, fällt mir die interventionsfreudige Unbeschwertheit auf, mit der sie zu Ritualen als Technik des Auftauens greifen, sobald Prozesse des Wandels eingefroren scheinen. Therapeutische Übergangs- oder Heilungsrituale werden hier schlicht als symbolisches „Reframing" einengender Problembeschreibungen eingesetzt: Wenn dein Partner dich zum Beispiel bösartig im Stich gelassen hat, kannst du in der Therapie ein Ritual machen, mittels dessen du dich von ihm endlich trennen kannst. Dabei sind die kleinen Karten handlich, auf die du alles aufschreibst, was dir jetzt fehlt bzw. was er dir angetan hat. Dann sollst du diese im Therapieraum laut vorlesen und wahlweise verbrennen oder vergraben. Allerdings wird bei solch einfachen Interventionen ignoriert, was Evan Imber-Black (Imber-Black et al. 1993) als Hauptbestandteil therapeutischer Rituale bezeichnet: das maßgeschneiderte Suchen nach oder das Entwerfen von Symbolen, die an die Kultur von Klienten anschließen und ihnen auf der emotionalen, kognitiven und affektiven Ebene vielschichtige Bedeutungen und Handlungsmöglichkeiten eröffnen. Eine implizite Annahme hinter solchen lösungsorientierten Ritualen scheint interessanterweise, dass bei stecken gebliebenen Prozessen kulturelles Lösungswissen eher bei den Therapeuten als den Klienten liegt. Vielleicht fällt es Letzteren einfach schwer, den Zustand des *Limbus,* also der Stagnation im Entwicklungsprozess, auszuhalten, mit welchem Begriff Dante in der *Göttlichen Komödie* den Raum zwischen Himmel und Hölle beschreibt, in dem die unerlösten Seelen auf Erlösung warten. Die Idee des Limbus passt ja wirklich nicht zu kurztherapeutischen Konzepten. „Und jetzt machen wir noch ein Ritual" passt eher dazu. Ich will anhand meiner Fallskizze auf die Nachteile solcher Kurzschlüsse zurückkommen.

Eine weitere Annahme, die dieser zweiten, lösungsfreudigen therapeutischen Variante zugrunde liegt, ist jene der unterritualisierten oder ritualentleerten zeitgenössischen Lebenspraxis. Therapeuten und Therapeutinnen müssen nach dieser Sichtweise der Reparatur verlorener kultureller Lösungsmöglichkeiten dienen und großzügig sein im Angebot von ritualisierten Interventionen, die ohne weiteres auch etwas vorgestanzt wirken dürfen.

- Im Konzept der systemischen Therapie als Begegnung, wie wir es 1996 beschrieben haben (Welter-Enderlin u. Hildenbrand, S. 47), gehen wir davon aus, dass therapeutische Rituale als „auftauendes Handeln" im Umgang mit Stagnation als Folge Leid bringender Ereignisse sinnvollerweise an bestehende Rituale im Lebenszyklus bzw. im Kontext von Kultur und Geschichte einer Familie oder einer Gruppe anschließen, also nicht beliebige „Erfindungen" sind. Dazu G. H. Mead (1969, S. 230): „Das Neue folgt – wenn es in Erscheinung tritt – immer aus der Vergangenheit, doch bevor es auftritt, folgt es per definitionem nicht aus der Vergangenheit."

Für die Verbindung von Vergangenem und Neuem im therapeutischen Prozess dienen einerseits das Geschichtenerzählen, aus dem Zukunft sprießen kann, und anderseits Rituale des Übergangs und der Heilung. Therapeutische Rituale stellen Muster dar, welche auf einer grundlegenden, nicht weiter befragten Ebene „Rollenzuschreibungen, Grenzziehungen und Regelhaftigkeiten" (Imber-Black 1990, S. 237) in Familien definieren. Rituale haben also, wie die ethnologischen Beiträge im vorliegenden Buch zeigen, eine besondere Bedeutung dort, wo es um Übergänge im Lebenszyklus geht. Dass solche Übergänge typischerweise mit *Phasen* verbunden sind, zeigt sowohl die ethnologische Forschung als auch die therapeutische Erfahrung. Die erste Stufe eines Übergangsrituals oder Rite de Passage (van Gennep 1986) beinhaltet die Trennung vom Bisherigen bzw. vom Alltäglichen. Sie bedarf der Markierung eines Rahmens, welcher das Ereignis des Übergangs abgrenzt vom Alltag und heraushebt durch entsprechende Vorbereitungen, die ihre eigene Zeit und ihren eigenen Raum beanspruchen. Die zweite Stufe des Übergangs ist jene, in der das eigentliche Ritual stattfindet: die Schwellen- oder Übergangsphase. Hier erfahren Menschen sich in neuen Rollen im Rahmen von erweiterten Sicht- und Handlungsmöglichkeiten. Diese Phase kann durchaus einen Zustand von Chaos und Ungewissheit mit sich bringen, aus dem erst mit der Zeit Neues entsteht, indem

Vieldeutigkeit aufgelöst wird und neue Lebensentwürfe und Entwicklungen möglich werden. Die dritte Stufe im Übergangsritual ist die Wiedereingliederung in den Alltag und in die Gemeinschaft, wobei die Erfahrungen und Emotionen des erlebten schmerzhaften Ereignisses sowie die neuen Entwürfe zum Weiterleben darin eingebettet werden.

Familie B.: Eine schwere Übergangskrise

Anhand der folgenden Fallvignette von Familie B. will ich illustrieren, wie im Meilener Konzept die Möglichkeiten von Ritualen im Rahmen von Fallverstehen in der Begegnung als Vorboten von Wandel verstanden werden. Ich werde eine schwere familiale Übergangskrise, verursacht durch das Verschwinden bzw. den vermuteten Suizid eines Sohnes und Bruders, den ich hier Toni nenne, und den therapeutischen Umgang damit beschreiben. Die Tatsache, dass ab dem Datum seines Verschwindens weder Lebenszeichen von ihm kamen noch seine Leiche gefunden wurde, erschwerten Abschied und Übergang in eine neue Lebensphase für seine Familie unendlich. Sie erlebte einen „uneindeutigen Verlust", wie er von Pauline Boss (2000) als eine Situation von Stressüberflutung und erschwerten Bewältigungsmöglichkeiten erforscht und beschrieben worden ist. Die Beobachtungsgruppen der erwähnten Autorin sind Familien von im Krieg Vermissten sowie Angehörige von an Alzheimer erkrankten Menschen.

Familie B. wurde mir von einem Familienfreund (Arzt) überwiesen mit der Information, sie sei im Trauerprozess nach dem Verschwinden ihres Sohnes und Bruders stecken geblieben und schwanke zwischen der Hoffnung, dass er sich ins Ausland abgesetzt habe und wiederkommen werde, und der verzweifelten Sicherheit, dass er sich umgebracht habe. Zu den ersten zwei Sitzungen kommen die Eltern, die Schwester des Verschollenen und ihr jüngerer Bruder. Später vereinbaren wir je nach Problemstellung jeweils einen Wechsel im Setting, indem nur die Eltern oder nur Geschwister kommen und für individuelle Anliegen die Mutter allein.

Das folgende Genogramm habe ich im Lauf der ersten zwei Sitzungen sozusagen nebenbei durch Fragen zu den Lebensverhältnissen und der Geschichte von drei Generationen der Familie B. erstellt, ohne dass ich damit das dramatische Ereignis von Tonis Verschwinden bagatellisierte. Meine therapeutische Erfahrung ist, dass Menschen gerade angesichts schwerer Verluste die Verankerung in ihrer persönlichen Geschichte bzw. ihren familialen Paradigmata gut gebrauchen können. Durch entsprechende therapeutische Nebenbeifragen zeige ich unaufdringlich, dass die Familie eine Vergangenheit und eine Gegenwart hat, aus der Zukunft sprießen kann (Welter-Enderlin 1999). Man könnte auch sagen, dass ich mit Fragen nach Vergangenheit und Gegenwart, wie sie im Genogramm und den darin enthaltenen Lebensthemen aufscheinen, indirekt in die erste Phase eines *Übergangsrituals* einleite, indem ich die Trauernden in ihre Beziehungen zwischen Herkunftsfamilien, Freunden und Gemeinde einbette.

Therapie Herbst 1994 bis Frühling 1998:
23 Gespräche in großen Abständen

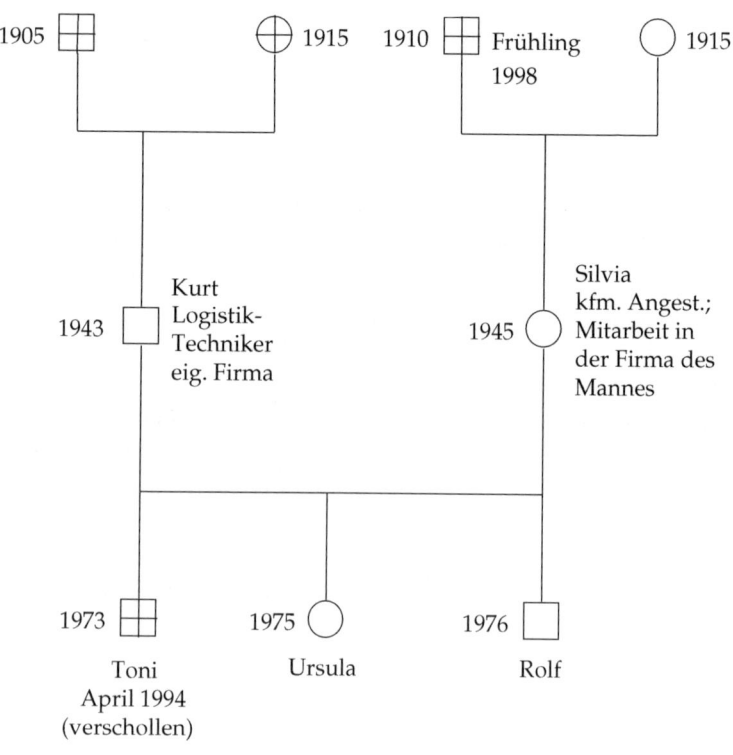

Zum therapeutischen Prozess

Hilflose Lähmung, versteckte Wut und Spannung zwischen zwei Segmenten der Familie lasten zentnerschwer auf den ersten Gesprächen in meiner Praxis. Ich kann mich dem Zustand des familialen Limbus zwischen Himmel und Hölle kaum entziehen und tauche selber in jedem Gespräch ein Stück weit darin ab. Das Segment „Toni hat sich ins Ausland abgesetzt und wird wiederkommen" besteht aus der Mutter und Rolf. Seit Tonis Verschwinden vor einem halben Jahr zahlt die Mutter monatlich einen namhaften Betrag auf sein Bankkonto ein, von dem Toni bisher nie etwas abgehoben hat. Das Segment „Toni hat seinen Suizid so geplant, dass wir ihn nie finden werden" besteht aus dem Vater und Ursula. Selber pendle ich von Stunde zu Stunde zwischen den beiden Positionen hin und her, die mir beide plausibel scheinen. Ein Brief, den die Familie auf Tonis Schreibtisch gefunden hat, unterstützt beide Positionen und zementiert in seiner Uneindeutigkeit ihr Dilemma. Natürlich denke ich seit der ersten Begegnung mit der Familie daran, dass hier ein Abschiedsbzw. Übergangsritual Schritte in die Zukunft ermöglichen könnte. Besonders das Gespräch mit Tonis Geschwistern zeigt mir, wie sehr auch sie stecken geblieben sind in der Entwicklung. Das normative Ereignis ihrer Ablösung vom Elternhaus, welches vor Tonis Verschwinden sich in Ursulas Rebellion gegen die allzu „konservativen" Eltern und Rolfs Angst vor seiner Berufswahl gezeigt hat, ist durch das kritische Lebensereignis von Tonis Verschwinden völlig blockiert. Die beiden mussten den Eltern, welche von einer Auslandreise zurückkamen, sechs Monate zuvor, am Flughafen die Nachricht von Tonis Verschwinden übermitteln. Beide Jugendlichen fühlen sich seither völlig auf sich selber geworfen. Obwohl die Eltern sie gebeten haben, sie nicht zu schonen, bekommen sie von ihnen so viele Signale verzweifelter Lähmung, dass sie sich ihnen nicht zuzumuten trauen.

In einem vergleichbaren Fall, nach dem Suizid einer 22-jährigen jungen Frau, bat ich die Mutter, den Vater und die beiden älteren Brüder in der ersten Stunde, mir bei der nächsten Sitzung ihre Geschichte als Folie für mein Verstehen nahe zu bringen, indem jedes Familienmitglied für die zweite Sitzung einen *subjektiven Stammbaum* skizzieren sollte. Die Subjektivität ihrer Darstellung wurde, angeregt durch den älteren Bruder, als Sprechblasen mit den Lebensmottos jeder wichtigen Bezugsperson im Leben der Verstorbenen und ihrer einzelnen Angehörigen dargestellt. Später im therapeutischen Prozess konnte ich mit dem gemeinsamen Entwurf eines Abschiedsrituals an diese Mottos anknüpfen.

In anderen Worten: Fragen nach biografisch bedingten Lebensthemen, nach Familiengeschichten und Sinnstrukturen von Anfang der Therapie an ermöglichen eine Neudefinition individueller und familialer Identitäten im Spannungsbogen dessen, was war, und dessen, was den Klienten nun zur Gestaltung aufgegeben ist.

Im Lauf dieser Therapie habe ich durch Versuch und Irrtum und emotionales Mitschwingen gelernt, was ich theoretisch eigentlich wusste: Wandel und die damit verbundenen ritualisierten Übergänge haben ihre eigene Zeit und können durch kreative und achtsame Therapeuten und Therapeutinnen angestoßen, aber keinesfalls hervorgerufen werden. Therapeutische Rituale sind die umfassendsten und elegantesten Interventionen im Prozess stecken gebliebener Entwicklungen. Imber-Black (1990) vermittelt die Idee, dass solches Vorgehen lehr- und lernbar sei, aber Erfahrung mit dem Fallverstehen von familialen Sinnstrukturen voraussetze.

ZUSAMMENFASSUNG WICHTIGER EREIGNISSE IN DER THERAPEUTISCHEN BEGLEITUNG VON FAMILIE B.

Die erste Phase, insgesamt drei Paar- und zwei Familiengespräche, ist geprägt von der beschriebenen Spaltung in der Familie mit den Segmenten Toni lebt/Toni ist tot. Es gibt für mich zwei Möglichkeiten, mit diesem Dilemma umzugehen, und ich schließe mich mit beiden den uneindeutigen Familienanliegen an:

– Zeit geben zum Erzählen, was im Vorfeld von Tonis Verschwinden war und wer wie reagiert hat auf sein Verschwinden. Toni hatte wenige Wochen vor seinem Verschwinden ein Examen als Chemiestudent verfehlt und sich von seinen Freunden in der Wohngemeinschaft zurückgezogen. Bevor die Eltern ins Ausland verreisten, kam er nach Hause. Niemand hat gemerkt, wie schlecht es ihm ging, sonst wären die Eltern nicht (übrigens zum ersten Mal, seit sie Kinder haben!) allein in Urlaub gefahren, sagen sie jetzt. Ich gebe ihnen Raum für ihre Erzählungen über die schwierige, von Grübeln und Minderwertigkeitsgefühlen belastete Kindheit ihres sensiblen, überdurchschnittlich intelligenten Sohnes, welcher die Mutter mit „Überbehütung" und der Vater mit herausfordender Ermutigung begegnet sei. Beide anwesenden Geschwister erzählen ihre Erfahrungen mit Toni und dass er ihnen ein guter großer Bruder, allerdings intellektuell immer weit voraus, gewesen sei. Von den Lebensplänen ihres Bruders wissen sie, dass der Großvater mütterlicherseits, welcher eine chemische Firma gegründet und inzwischen verpachtet hat, seinem Enkel schon früh seinen Familienbetrieb versprochen habe. Toni habe den Geschwistern oft erzählt, dass er bestimmt mit 25 Jahren seine erste Million verdient haben würde.

– Die zweite Möglichkeit ist, auf konkrete Alltagsthemen zu fokussieren im Sinn von „Das Leben geht weiter", selbst wenn keiner weiß, ob Toni zurückkommt oder nicht. Ich nehme ein vor Schuldgefühlen beinahe erstarrtes, hilfloses Elternpaar wahr, aber auch zwei Jugendliche, die dringend Halt und eine sichere emotionale Basis brauchen, und biete mich als Coach für die dringend nötigen „normalen" Auseinandersetzungen zwischen Vater und Mutter und Eltern und Kindern an. Dabei kommen ganz gewöhnliche Probleme dieser Lebensphase zur Sprache: Die Angst der Mutter, dass Ursula die Matura nicht besteht, weil sie sich hektisch in Vergnügungen wie Tanzen und Marathonlaufen stürzt, und die Rückzugstendenzen von Rolf (mit der Frage des Vaters: „Könnte er depressiv sein?"), bis dieser endlich eine zu ihm passende Lehrstelle als Grafiker findet.

– Ein weiteres konkretes Thema ist die Frage, ob eine Verschollenenanzeige eingereicht werden sollte, weil immer noch alle offiziellen Papiere wie Steuerformulare etc. für Toni ins Haus kommen. Eine andere Frage ist, ob Rolf Tonis Zimmer beziehen könnte, das lichter und geräumiger ist als das seine, was vom Vater, nicht aber von der Mutter unterstützt wird. Natürlich bricht bei all diesen Fragen das Dilemma des uneindeutigen Verlustes mächtig auf. Und weil auch ich den Limbus-Zustand schwer aushalte, frage ich, ob es einen Ort gebe, der Toni gewidmet werden könnte, damit die Familie dorthin gehen und regelmäßig an ihn denken und von ihm Abschied nehmen kann. Er ist ja schließlich gegangen – ob ins Ausland oder in den

Tod, weiß niemand. Der Vater und Ursula schlagen für ein solches Ritual mit Begeisterung eine alte Eiche in der Nähe des Hauses vor, die von Vaters Vater gepflanzt wurde. Die Mutter wehrt mit dem Hinweis ab, so etwas wirke auf sie wie eine Bestattung. Mein vorzeitiger Pragmatismus war fehl am Platz. Die Zeit für Abschied und Übergang war noch nicht reif.

– In dieser Phase rückt das Paar mit seiner Situation ins Zentrum. Durch ihre Geschichten erfahre ich, dass der Vater (Kurt) als heiß ersehnter Sohn bei seiner Mutter und seinem Vater intensive Bindungserfahrungen machte und teilweise dem hohen Druck zur Konformität mit ihnen durch Auslandaufenthalte auswich, dann aber reumütig als „guter Junge" zurückkehrte. Kurts Lebensthema ist die Angst vor zu hohen Erwartungen in der Intimität, während er in der Welt des Berufes durchsetzungsfähig und jovial ist. Die Mutter (Silvia), ebenfalls Einzelkind, erlebte äußerst ambivalente Bindungen an ihre Eltern. Sie hatte Angst vor den hohen Leistungserwartungen ihres Vaters und fühlte sich bei ihrer eigensinnigen, auf sich selbst bezogenen Mutter wenig geborgen. Silvias Lebensthema ist, dass sie eigentlich keinen Anspruch auf einen eigenen Raum in ihrer Familie hatte. Als Toni, ihr erstes Kind, zur Welt kam, sah sie dies als Möglichkeit, „alles gutzumachen, was ihre Eltern bei ihr verfehlt hatten". Der Übergang von der Paarsituation zur Elternschaft misslang; das Paar verlor sich in Familie und Geschäft. Toni wurde zum Ersatzpartner für die Mutter.

In dieser Phase bot ich der Frau auf ihren Wunsch neben den Paargesprächen Einzelstunden an mit der Idee, ihr und ihren Geschichten endlich Anerkennung zu geben. Sie brachte Fotos von ihren Eltern und von Toni und den anderen Kindern aus früheren Jahren mit, und ich erlebte eine Lebendigkeit und Wärme bei ihr, die mich anrührte und die mich auch bei den folgenden Paargesprächen begleitete.

– In dieser Phase gingen Mann und Frau „auf den Einkaufstrip", wie sie ihre Suche nach Eindeutigkeit in Bezug auf Tonis spurloses Verschwinden nannten. Sie besuchten gemeinsam verschiedene Hellseher im In- und Ausland, die ihnen kontroverse Informationen über Tonis Verbleib gaben. Miteinander fand

das Paar erstmals in seinem gemeinsamen Leben Kontakt zu einer kirchlichen Gruppe, „die uns zwar nicht helfen konnte, aber emotional wohl tat". Im Zusammenhang mit einer solchen Gruppe machten sie eine so genannte Familienaufstellung bei einem Theologen. Als dieser die Beschwörungsformel zum Nachsagen der Mutter gegenüber äußerte: „Ich lasse dich jetzt gehen, lieber Toni", lief sie weg und kehrte, wie auch ihr Mann, nie mehr in die Gruppe zurück.
- Als der 25. Geburtstag von Toni Anfang 1998 nahte, fanden die Mutter und der Vater sich auf meinen Vorschlag hin zu einer kleinen Zeremonie zusammen. Sie luden die beiden Kinder, die inzwischen beide auswärts wohnten, die noch lebenden Eltern der Mutter sowie die Patin und den Paten von Toni zu einem gemeinsamen Mittagstisch ein. In der Tischrede, die beide Eltern abwechslungsweise hielten, erzählten sie ihre Geschichten mit dem verschollenen Sohn, zu welchen die Anwesenden eigene Erinnerungen hinzufügten. Zum ersten Mal berichtete das Paar der Familie von seinem finanziellen Engagement für ein tibetisches Entwicklungsprojekt in Südindien, welches sie vielleicht in der nahen Zukunft besuchen wollten.
- Einige Monate nach diesem kleinen Ritual melden sich Frau und Mann zu einem Abschiedsgespräch bei mir. Es ist April, die Zeit, als Toni fünf Jahre zuvor verschwunden ist. Die beiden kommen mit einem wunderbaren Frühlingsstrauß und überraschen mich mit ihrer ungewohnten Leichtigkeit. Es seien ein paar Samen aufgegangen, die ich über die vielen Jahre gesät hätte, berichten sie mir. Vor einiger Zeit sei der betagte Vater der Mutter gestorben, der bis zu seiner letzten Stunde an der Überzeugung festgehalten habe, Toni werde zurückkommen und sein Geschäft übernehmen und ausbauen. Einmal am Krankenbett sei bei seiner Tochter ein solcher Zorn ausgebrochen über Vaters Besitz ergreifende Art, dass sie schreiend – „Toni gehört nicht dir!" – in den Spitalhof gelaufen sei. Ihr Vater habe überdies angeordnet, dass seine Asche im Garten von Kurt und Silvia verstreut werden müsse. Gemeinsam hat das Paar dieser Anweisung gegenüber Widerstand geleistet, ein Familiengrab auf dem Dorffriedhof gekauft und auf dem Grabstein nicht nur Namen und Lebensdaten von Silvias Vater, sondern auch Geburtsdatum und Datum des Verschwindens von

Toni eingravieren lassen. Inzwischen haben sie das Begräbnis des Großvaters im kleinen Kreis abgehalten und eine Woche später, am Tag vor Karfreitag, ein Abschiedsritual am Grab und im Kirchengemeindehaus für Toni gestaltet, zu dem das halbe Dorf und viele junge Menschen gekommen seien.

Das Schema der Übergangsrituale, wie van Gennep (1986) es darstellt, war mir in dieser Familientherapie hilfreich:

- Der Anfang, mit Erweiterung auf die Jugendlichen und ihre Alltagsthemen, sowie die Erschließung der biografischen Lebensthemen der Eltern leitete den therapeutischen Prozess im Sinn einer Vorbereitung auf ein Übergangsritual ein.
- Im „Limbus" zwischen uneindeutigem Verlust und Abschied und Neuanfang gab es chaotische, beschwerliche Auf- und Abwärtsbewegungen, die in der Therapie affektiv sicher gerahmt wurden und schließlich zum Übergangsritual und Neuanfang führten.
- In einer familiären kleinen „Zeremonie" und später in einem öffentlichen Ritual gelang der Abschied von Toni, fünf Jahre nach seinem Verschwinden. Die Wiederaufnahme von Beziehungen zu den Freunden der nächsten Generation sowie zur Dorfgemeinschaft und schließlich zu einem Entwicklungsprojekt markierte den lange Zeit verzögerten Neuanfang.

Kritische Übergänge und therapeutische Anregungen

Aufgrund der vorliegenden Falldarstellung bin ich zu folgenden Anregungen für die Praxis gekommen:

1. Säe Ideen für Übergansrituale mit konkreten Vorstellungen schon früh im therapeutischen Prozess, ohne zu erwarten, dass die Klienten diese aufnehmen oder darin Sinn sehen. Versuche, zuerst die Sinnstrukturen und Lebensthemen mit den Klienten zu erschließen und dich auf sie zu beziehen.
2. Öffne Möglichkeiten, um den Klienten einen sicheren Raum für das Erzählen in der Therapie sowie ein Gefühl der Zugehörigkeit zueinander zu vermitteln. Auch in tiefen Lebenskri-

sen läuft der Alltag weiter. Fokussiere außer auf das „nicht normative" kritische Ereignis auch auf die ganz normalen (normativen) Themen wie z. B. Adoleszenz und Ablöseprozesse.
3. Erschließe, über die realen Ereignisse hinaus, die emotionale Bedeutung des kritischen Geschehens sowie die bekannten familialen Bewältigungsmuster, um nicht bei schnellen Lösungen bzw. vorgegebenen „Ritualen" zu bleiben. Auf diese Weise kann Vergangenheit Schritt um Schritt zu neuen Zukunftsentwürfen führen. Diese Kommunikation mit Vergangenheit und Zukunft ermöglicht schließlich einen Übergang.
4. Therapeutische Rituale sind keine Wunderlösungen! Darum ist es wichtig, ein gutes Gefühl dafür zu entwickeln, ob die Zeit dafür reif ist und ob alle am Übergang Beteiligten bereit sind dazu.
5. Wenn Verluste uneindeutig sind, ist zu erwarten, dass Menschen lange Zeit zwischen Hoffnung und Hoffnungslosigkeit hin und her pendeln. Rasche Handlungsvorschläge (z. B. zu Übergansritualen) bringen meist „mehr desselben", nämlich Verharren im Zustand des Limbus. Sorgfältiges Beachten der eigenen und der Kultur der Klienten kann am besten zu hilfreichen ritualisierten Übergängen führen.
6. Die im Alltag verankerten „Ritualanbieter" wie Kirchen oder andere Gruppierungen sind oft besser geeignet zum Feiern von Übergängen als selbst gestrickte Rituale.

Literatur

Bell, C. (1997): Ritual – Perspectives and Dimensions. New York/Oxford (Oxford University Press).
Bere, R. M. (1966): The African Elephant. London (Barker)/New York (Golden Press).
Bernstein, B. (1964): Elaborated and Restricted Codes: Their Origins and Some Consequences. In: J. J. Gumperz a. D. Hymes (eds.): The Ethnography of Communication. Sonderheft *American Anthropologist* 66 (6) Teil 2: 55–69.
Bernstein, Basil (1977): Beiträge zu einer Theorie des pädagogischen Prozesses. Frankfurt a. M. (Suhrkamp).
Bichsel, P. (1990): Die Zeit und das Erzählen. In: L. Ciompi u. H. P. Dauwalder (Hrsg.): Zeit und Psychiatrie. Sozialpsychiatrische Aspekte. Bern (Huber), S. 217–230.
Bilstein, J. (2000): Die Beichte und ihre Bedeutung im Sozialisationsprozess. *Zeitschrift für Erziehungswissenschaft* 4: 609–628.
Boss, P. (2000): Leben mit ungelöstem Leid. Ein psychologischer Ratgeber. München (Beck).
Boszormenyi-Nagy, I. u. G. Spark (1973): Unsichtbare Bindungen. Die Dynamik familiärer Systeme. Stuttgart (Klett-Cotta).
Bourdieu, P. (1976): Entwurf einer Theorie der Praxis auf der ethnologischen Grundlage der kabylischen Gesellschaft. Frankfurt a. M. (Suhrkamp).
Carter, B. a. M. McGoldrick (eds.) (1988): The Changing Family Life Cycle. New York (Gardner).
Cazaneuve, J. (1985): Rites. Dans: P. F. Baumberger (ed.) : Encyclopaedia Universalis. Paris (France S.A.), p. 1156–1157.
Ciompi, L. (1982): Affektlogik. Über die Struktur der Psyche und ihre Entwicklung. Ein Beitrag zur Schizophrenieforschung. Stuttgart (Klett-Cotta).
Ciompi, L. (1997a): Die emotionalen Grundlagen des Denkens. Entwurf einer fraktalen Affektlogik. Göttingen (Vandenhoeck & Ruprecht).
Ciompi, L. (1997b): Zu den affektiven Grundlagen des Denkens. Fraktale Affektlogik und Kommunikation. *System Familie* 10: 128–134.
Dahrendorf, R. (1993): Europäisches Tagebuch. IV. *Merkur* 47 (1): 83–88.
Darwin, C. R. (1859): On the Origin of Species by Means of Natural Selection, or the Preservation of Favoured Races in the Struggling for Life. London (John Murray).

Darwin, C. R. (1872): The Expression of Emotion in Man and Animals. Chicago (University Chicago Press).
Dauwalder, H. P. (Hrsg.): Zeit und Psychiatrie. Sozialpsychiatrische Aspekte. Bern (Huber), S. 217–230.
Deag, J. M. a. J. H. Crook (1971): Social Sehaviour and „ Agonistic Buffering " in the Wild. Barbary Macaque. *Folia primatologia: international journal of primatology – official journal of the European Federation for Primatology* 15: 183–200.
Douglas, M. (1981): Ritual, Tabu und Körpersymbolik. Sozialanthropologische Studien in Industriegesellschaft und Stammeskultur. Frankfurt a. M. (Suhrkamp).
Douglas-Hamilton, I. u. O. Douglas-Hamilton (1976): Unter Elefanten. München (Piper).
Durkheim, É. (1979): Regeln der soziologischen Methode. Neuwied/Berlin (Luchterhand).
Eibl-Eibesfeldt, I. (1967): Grundriß der vergleichenden Verhaltensforschung. München (Piper).
Elias, N. (1978): Der Prozeß der Zivilisation. Erster Band: Wandlungen des Verhaltens in den westlichen Oberschichten des Abendlandes. Frankfurt a. M. (Suhrkamp).
Elster, J. (1984): Aktive und passive Negation. Essay zur ibanskischen Soziologie. In: P. Watzlawick (Hrsg.): Die erfundene Wirklichkeit. München (Piper), S. 163–191.
Erdheim, M. (1999): Ritual und Reflexion. In: C. Caduff u. J. Pfaff-Czarnecka (Hrsg.): Rituale heute. Berlin (Reimer), S. 165–178.
Gebauer, G. u. C. Wulf (1998): Spiel, Ritual, Geste. Mimetisches Handeln in der sozialen Welt. Reinbek (Rowohlt).
Geertz, C. (1983): Dichte Beschreibung. Beiträge zum Verstehen kultureller Systeme. Frankfurt a. M. (Suhrkamp).
Gehlen, A. (1961): Anthropologische Forschung – Zur Selbstbestimmung und Selbstentdeckung des Menschen. Reinbek (Rowohlt).
Gennep, A. van (1986): Übergangsriten. Frankfurt a. M. (Campus).
Glasl, F. u. B. Lievegoed (1996): Dynamische Unternehmensentwicklung. Bern (Haupt)/Stuttgart (Freies Geistesleben).
Gluckmann, M. (1963): Order and Rebellion in Tribal Africa. New York (Free Press).
Goffman, E. (1982): On Face Work. In: E. Goffmann: Interaction Ritual – Essays on Face-to-Face Behavior. New York (Pantheon).
Goffman, E. (1996): Interaktionsrituale. Über Verhalten in direkter Kommunikation. Frankfurt a. M. (Suhrkamp).
Goodall, J. (1986): The Chimpanzees of Gombe. Patterns of Behavior. Cambridge, MA/London, UK (Belknap).
Gromann, P. (2000): Regionale Kooperation – Fallstricke und Lösungen. Regionale Versorgungsqualität aus Patientensicht. (Vortrag auf dem Symposium „Systemische Therapie und Organisationsentwicklung in psychiatrischen Einrichtungen – Zum Stand der Kunst". Heidelberg, 3.–4. Februar 2000.)

Groth, K. (2000): Verhandeln in der Erwachsenenpsychiatrie. 10-Jahres-Verträge. (Vortrag auf dem Symposium „Systemische Therapie und Organisationsentwicklung in psychiatrischen Einrichtungen – Zum Stand der Kunst". Heidelberg, 3.–4. Februar 2000.)

Hatfield, E., J. T. Cacioppo a. R. L. Rapson (1994): Emotional Contagion. Paris (Cambridge University Press).

Hess, J. (1992): Familie 5. Berggorillas in den Virungawäldern. Basel/Kassel (Friedrich Reinhardt).

Hess, J. (1996): Menschenaffen – Mutter und Kind. Basel (Friedrich Reinhardt).

Hess, J. (2001): Tier, Tod und Trauer. *Zeitschrift Reformatio* 50 (Januar).

Hirschenberger, N., E. Nicolai, J. Schweitzer u. G. Weber (1998): Das Projekt „Organisationsentwicklung in psychiatrischen Einrichtungen" – Zielsetzung, Geschichte und Forschungsansatz. In: E. J. Brunner, P. Bauer u. S. Volkmar (Hrsg.): Soziale Einrichtungen bewerten. Freiburg i. Br. (Lambertus).

Huxley, J. S. (1923): Courtship Activities in the Red-Throated Diver (Colymbus stellatus). Together with a Discussion of the Evolution of Courtship in Birds. *The journal of the Linnean Society of London (Unterreihe Zoology)* 53: 253–292.

Imber-Black, E. (1990): Rituale des Heilens und des Feierns. *System Familie* 3 (4): 237–250.

Imber-Black, E. a. J. Roberts (1992): Rituals for our time. Celebrating, healing and changing our lives and our relationships. New York (Harper Perennial).

Imber-Black, J. Roberts u. R. A. Whiting (1993): Rituale in Familien und Familientherapie. Heidelberg (Carl-Auer-Systeme), 3. Aufl. 1998.

Kurz, R. (Hrsg.) (2000): Marx lesen. Die wichtigsten Texte von Karl Marx für das 21. Jahrhundert. Frankfurt a. M. (Eichborn).

Langer, S. K. (1963): Philosophy in a New Key. Cambridge, MA (Harvard university Press) [dt. (1992): Philosophie auf neuem Wege. Das Symbol im Denken, im Ritus und in der Kunst. Frankfurt a. M. (Fischer).]

Lorenz K. (1950). So kam der Mensch auf den Hund. Wien (Borotha-Schoeler). [Ungekürzte Ausgabe, 29. Aufl. (1998): München (dtv).]

Lorenz, K. (1963): Das sogenannte Böse. Zur Naturgeschichte der Aggression. Wien (Borotha-Schoeler). [2. Aufl. (1983): München (dtv).]

Luckmann, T. (1991): Die unsichtbare Religion. Frankfurt a. M. (Suhrkamp).

Luhmann, N. (1982): Liebe als Passion. Frankfurt a. M. (Suhrkamp).

Luhmann, N. (1984): Soziale Systeme. Grundriß einer allgemeinen Theorie. Frankfurt a. M. (Suhrkamp).

Luhmann, N. (1997): Die Gesellschaft der Gesellschaft. Frankfurt a. M. (Suhrkamp).

Maed, H. G. (1969): Philosophie der Sozialität. Aufsätze zur Erkenntnisanthropologie. Frankfurt a. M. (Suhrkamp).

Marías, X. (1997): Alle Seelen. Stuttgart (Klett-Cotta).

Matt, P. von (1995): Verkommene Söhne, mißratene Töchter. Familiendesaster in der Literatur. München/Wien (Carl Hanser).

Matthiesen, U. (1992): Weltbilder im Strukturwandel. Deutungsmusteranalysen in der Dortmunder Region (1985–1992). *Umbrüche – Studien des Instituts für Empirische Kultursoziologie* 3.
Mecklenburg, H. u. A. Ruth (2000): Verhandeln in der Erwachsenenpsychiatrie. Verträge in der Versorgungsregion. (Vortrag auf dem Symposium „Systemische Therapie und Organisationsentwicklung in psychiatrischen Einrichtungen – Zum Stand der Kunst". Heidelberg, 3.–4.Februar 2000.)
Merz, E. (1976): Beziehungen zwischen Gruppen von Berberaffen auf La Montagne des Singes. *Zeitschrift des Kölner Zoos* (2): 59–67.
Müller, M. (1984): Kleines philosophisches Wörterbuch. Freiburg i. Br. (Herder).
Nicolai, E., J. Schweitzer, G. Weber, N. Hirschenberger u. R. Verres (2001): Woran erkennt man, daß psychiatrische Organisationen „systemisch arbeiten"? *Familiendynamik* 26 (2).
Parsons, T. (1997): Das Inzesttabu und seine Beziehung zur Sozialstruktur und Sozialisation des Kindes. In: T. Parsons: Sozialstruktur und Persönlichkeit. Frankfurt a. M. (Fachbuchhandlung für Psychologie), S. 73–98.
Rapaport, R. A. (1971): Ritual Sanctity and Cybernetics. *American Anthropologist* 73 (1): 59–76.
Roberts, J. (1993): Den Rahmen abstecken. Definition, Funktion und Typologie von Ritualen. In: E. Imber-Black, J. Roberts u. R. A. Whiting: Rituale. Rituale in Familien und Familientherapie. Heidelberg (Carl-Auer-Systeme), S. 16–72.
Scheidt, P., J. Schweitzer, L. Maischein, B. Tebbe, N. Hirschenberger, M. Enßle, U. Krause u. W. Voigtländer (2001): „Wenn ich hier der Chefarzt wäre ..." – Interventive Interviews mit den Patienten und Mitarbeitern einer psychiatrischen Abteilung. *Psychiatrische Praxis* 4 (28): 158-162.
Schenkel, R. (1956): Zur Deutung der Phasianidenbalz. *Der Ornithologische Beobachter* 53: 182–201.
Schenkel, R. (1958): Zur Deutung der Balzleistungen einiger Phasianiden und Tetraoniden. *Der Ornithologische Beobachter* 55: 65–95.
Schreyögg, A. (1995): Organisationskulturen von Human Service Organizations. *OSC Organisationsberatung-Supervision-Clinical Management* 2: 15-34.
Schütz, A. (1971): Gesammelte Aufsätze I. Den Haag (Nijhoff).
Schweitzer, J. (1995): Kundenorientierung als systemische Dienstleistungsphilosophie. *Familiendynamik* 20 (3): 292–313.
Schweitzer, J. (1998): Gelingende Kooperation. Weinheim (Juventa).
Schweitzer, J. u. D. Reuter (1991): Systemisches Denken in der Heimerziehung. Anregungen für Pädagogik, Beratung und Organisation. *Praxis der Kinderpsychologie und -psychiatrie* 40: 171–176.
Schweitzer, J., G. Weber, E. Nicolai, N. Hirschenberger u. R. Verres (2000): Besuche mit der Reflexionsliste – Ein Instrument systemischer Organisationsentwicklung in psychiatrischen Einrichtungen. *Organisationsentwicklung* 19 (4): 40–49.
Selvini Palazzoli, M. (1979): Gerade und ungerade Tage. *Familiendynamik* 4: 138–147.

Senge, P. (1999): Die fünfte Disziplin. Kunst und Praxis der lernenden Organisation. Stuttgart (Klett-Cotta).
Spencer-Brown, G. (1979): Laws of Form. New York (Durron).
Stierlin, H. (1997): Verrechnungssnotstände. Familiendynamik 22: 136–155.
Strauss, A. (1968): Spiegel und Masken. Die Suche nach Identität. Frankfurt a. M. (Suhrkamp).
Teleki, G. (1973a): Group Response to the Accidental Death of a Chimpanzee in Gombe National Park, Tanzania. Folia primatologia: international journal of primatology; official journal of the European Federation for Primatology 20: 81–94.
Teleki, G. (1973b): The Predatory Behavior of Wild Chimpanzees. Cranburry, NJ (Associated University Press).
Tembrock, G. (1968): Grundriß der Verhaltenswissenschaften. Stuttgart (Fischer).
Turner, V. (1969): The Ritual Process. Chicago (Aldine).
Turner, V. (2000): Das Ritual – Struktur und Anti-Struktur. Frankfurt a. M. (Campus).
Welter-Enderlin, R. (1999): Wie aus Familiengeschichten Zukunft entsteht. Freiburg i. Br. (Herder).
Welter-Enderlin, R., und B. Hildenbrand (1996): Systemische Therapie als Begegnung. Stuttgart (Klett-Cotta), 4., völlig überarb. u. erw. Aufl. 2004.
Welter-Enderlin, R. u. B. Hildenbrand (Hrsg.) (1998): Gefühle und Systeme. Die emotionale Rahmung beraterischer und therapeutischer Prozesse. Heidelberg (Carl-Auer-Systeme).
Willke, H. (1989): Systemtheorie entwickelter Gesellschaften. Weinheim (Juventa).
Willke, H. (1993): Systemtheorie I. Eine Einführung in die Grundprobleme der Theorie sozialer Systeme. Stuttgart (Fischer).

Über die Herausgeber

Rosmarie Welter-Enderlin (1935–2010), MSW; Paar-, Familien- und Organisationsberaterin, langjährige Lehrbeauftragte an der Universität Zürich; Autorin zahlreicher Fachartikel und Bücher, darunter „Resilienz und Krisenkompetenz" (2010), „Einführung in die systemische Paartherapie" (2. Aufl. 2010) und „Wie aus Familiengeschichten Zukunft entsteht" (2006). 2003 erhielt sie den „American Family Therapy Academy Award" für herausragende Beiträge zur Familientherapie. Im Jahr 2006 ehrten zahlreiche Kollegen Rosmarie Welter-Enderlins Beitrag zur Entwicklung der systemischen Therapie und Beratung mit der Festschrift „Erhalten und Verändern" (hrsg. von Bruno Hildenbrand).

Bruno Hildenbrand, Prof. Dr.; Professor für Sozialisationstheorie und Mikrosoziologie am Institut für Soziologie der Friedrich-Schiller-Universität Jena; Dozent und Supervisor am Ausbildungsinstitut für systemische Therapie und Beratung in Meilen/Zürich. Veröffentlichungen u. a. „Unkonventionelle Familien in Beratung und Therapie" (2009), „Einführung in die Genogrammarbeit" (4. Aufl. 2015) sowie „Genogrammarbeit für Fortgeschrittene" (2018); gemeinsam mit Rosmarie Welter-Enderlin u. a. Herausgeber von „Resilienz. Gedeihen trotz widriger Umstände" (5. Aufl. 2016).

Ausbildungsinstitut Meilen

Ausbildungsinstitut für systemische Therapie und Beratung Meilen / Zürich

Unser Angebot

- Postgraduale Weiterbildung in systemischer Psychotherapie und Beratung (vom Bundesamt für Gesundheit akkreditiert; FSP und FMH anerkannt)
- Weiterbildung in systemischem Coaching und systemischer Supervision (in Zusammenarbeit mit dem Institut für Ökologisch-systemische Therapie Zürich)
- Weiterbildung in Multifamilienarbeit
- Fortbildungen und Workshops (z.B. zu Ego-States und EFT)

Unser Team

Ulrike Borst, Dr. rer. nat., Co-Leiterin des Instituts
Cornelia Schubert, Dipl. psych., Co-Leiterin des Instituts

Rochelle Allebes, Sozialarbeiterin FH
Ursula Fuchs, med. pract.
Urs Hepp, Prof. Dr. med.
Charlotte Kläusler-Senn, MSSW, MA
Andrea Lanfranchi, Prof. Dr. phil.
Brigitta Lienhard, lic. phil. I
Gitti Mahn, Sozialarbeiterin FH

Stockerstrasse 45, 8002 Zürich
www.ausbildungsinstitut.ch

Zeitfracht Medien GmbH
Ferdinand-Jühlke-Straße 7
99095 Erfurt, Deutschland
produktsicherheit@kolibri360.de